Christof Kessler

MÄNNER, DIE IN SCHRÄNKEN SITZEN

Weitere Titel des Autors:

Wahn. Stories

CHRISTOF KESSLER

MÄNNER, DIE IN SCHRÄNKEN SITZEN

Panik, Zwang und
andere Störungen

Durch die tägliche klinische Arbeit wird der Neurologe mit einer Vielzahl unterschiedlicher Krankheiten konfrontiert und sieht die tiefen Einschnitte, die die Erkrankungen in den Biographien der Betroffenen hinterlassen. Da die Krankheitsverläufe und die Schicksale trotz aller Unterschiedlichkeiten häufig sehr ähnlich sind, mag es vorkommen, dass der eine oder andere Leser sich in einer der Figuren wiederzuerkennen glaubt. Dies wäre aber purer Zufall. Denn alle Geschichten könnten sich zwar auf die beschriebene Weise zugetragen haben und basieren auf den Erfahrungen des neurologisch Praktizierenden. Sie sind aber samt den handelnden Personen komplett erfunden.

Eichborn Verlag in der Bastei Lübbe AG

Originalausgabe

Copyright © 2015 by Bastei Lübbe AG, Köln

Textredaktion: Matthias Auer
Umschlaggestaltung: ZERO Werbeagentur, München
Einband-/Umschlagmotiv: © FinePic®, München
Satz: Dörlemann Satz, Lemförde
Gesetzt aus der Sabon und Gotham Condensed
Druck und Einband: GGP Media GmbH, Pößneck

Printed in Germany
ISBN 978-3-8479-0596-7
5 4 3 2 1

Sie finden uns im Internet unter www.eichborn.de
Bitte beachten Sie auch www.luebbe.de

VORWORT

In der im September 2013 erschienenen Fallsammlung »Wahn« schilderte ich in zwölf Storys Schicksale von Menschen mit neurologischen Krankheitsbildern. Das Spektrum reichte vom Schlaganfall über die Multiple Sklerose bis zum Hirntumor. Im vorliegenden zweiten Buch »Männer, die in Schränken sitzen« verlasse ich zum Teil das Gebiet der reinen Neurologie und widme mich der Schnittstelle zwischen neurologischen und psychiatrischen Krankheitsbildern. Das Gehirn hat nämlich nicht nur die Aufgabe, die Sinneseindrücke aufzunehmen und unsere Motorik zu steuern, es ist auch Sitz unseres Bewusstseins, mithin also das Organ, mit dem wir denken, fühlen und mit unserer Umgebung interagieren.

Eine ganze Reihe von Erkrankungen gehört sowohl zum Fachgebiet der Neurologie als auch zu dem der Psychiatrie, wobei hier besonders zwei Gruppen von Patienten dominant sind: zum einen diejenigen mit »somatoformen Störungen«, zu denen Spannungskopfschmerz, Schwindelzustände, das Erschöpfungs- oder auch Fatigue-Syndrom, chronische Rückenschmerzen sowie der nichtkardiale Herzschmerz gezählt werden; zum anderen die Patienten mit Neurosen, die häufig körperliche Symptome ohne eine organische Ursache haben. Diese Patienten kommen, wie das Beispiel von Bernd Freytag in der titelgebenden Geschichte »Der Mann im Schrank« zeigt, zunächst mit Verdacht auf eine Hirnerkrankung in die neurologische Notaufnahme, und dem Neurologen obliegt es dann, eine körperliche Ursache der Symptomatik auszuschließen. Hinter einem chronischen Schwindel oder chronischen Kopfschmerzen kann sich schließlich ein Hirntumor verbergen, und chronische Rückenschmerzen können durch entsprechende Bandscheibenschäden verursacht werden.

Mit meinem Buch möchte ich Sie unterhalten – sowie auch immer wieder auf die höchst emotionale Seite meiner beruflichen Tätigkeit hinweisen (wie in »Wasserkopf« oder »MRSA«) – und gleichzeitig auf kurzweilige Art Ihr Wissen über das geheimnisvolle Organ Gehirn vermehren. Aus diesem Grund werden authentische Krankengeschichten als spannende Storys erzählt, allerdings ohne die medizinischen Tatsachen zu verändern. Die Verfolgungsjagd auf der Autobahn in »Wasserkopf« hat also beispielsweise in dieser Form nicht stattgefunden, und die Hühnerfarmen haben nicht wie in »MRSA« gebrannt. Der gleichsam »medizinische Kern« der Geschichten aber entspricht der Wirklichkeit.

Durch die Fußnoten und Anmerkungen habe ich den Storys zusätzliche Informationen hinzugefügt, damit Sie sich über die spannende Unterhaltung hinaus gleichzeitig auch ganz sachlich über die Funktion des Gehirns und medizinische Aspekte informieren können.

Christof Kessler

TRAUMATISIERT

Andreas Weinheimer drehte den Kopf zur Seite und blickte auf die Leuchtziffern des Weckers. Es war vier Uhr in der Früh. Warum nur hatte er immer diese schrecklichen Albträume? Wieder hatte er sich wie in einem Fieberdelirium die ganze Nacht hin und her gewälzt und war schweißgebadet aufgewacht. Die Morgendämmerung drang bereits durch die Lamellen des Rollos, und die Konturen des Schranks, seines Sekretärs und der alten Truhe traten allmählich aus dem Dunkel hervor. Er hatte Angst, sich noch einmal der Traumwelt auszuliefern, die übersät war von zerstückelten Menschenleibern und in der literweise Blut floss.

Andreas spürte Claudias kühle Hand auf der Wange. »Du Ärmster, komm, ich mach dir Milch mit Honig.«

Sie stand auf und ging die Treppe hinunter in die Küche. Die Geduldige, die Opferbereite. Als im Flur das Licht anging, sah er ihren birnenförmigen Hintern, sie hatte nur ein T-Shirt an. Vor nicht allzu langer Zeit hätte ihn dieser Anblick erregt, schlagartig hätte er nur an das Eine denken können und ihre Nähe gesucht. Seit einiger Zeit aber kam Sex in seiner Gedankenwelt immer weniger vor, und das Gefühl, sexuell stimulierbar zu sein, war ihm vollkommen abhandengekommen.

Dann brachte ihm Claudia die Milch ans Bett, die er in kleinen Schlucken trank. Die Süße des Honigs nahm ihm den herben Geschmack der Tablette. Zwar war es nur Zolpidem[1], ein unbedenkliches Schlafmittel, wie sein Hausarzt sagte, aber trotzdem hatte er immer wieder aufs Neue Mühe, es runterzubekommen. Die Tablette blieb regelmäßig gallebitter am Gaumen kleben, sodass er die ganze Nacht über einen Brechreiz verspürte. Da war die warme Honigmilch gerade richtig.

Langsam beruhigte er sich und schlief wieder ein. Im Traum rannte er an einer Reihe parkender Pkw entlang. Schon sah er das Heck seines eigenen Wagens, als sich der Regen mit unerwarteter Gewalt über ihn ergoss. Die Tropfen waren klebrig und rot, sie nahmen ihm die Sicht, sodass er über das Gesicht wischen musste, um sein Fahrzeug im Blick zu behalten. Von den Innenflächen seiner Hände tropfte es ebenfalls rot, wie Blut, als hätte er in den geöffneten Kadaver eines ausgeweideten Tieres gefasst.

Als er endlich im Wagen saß, hörte er seinen gehetzten Atem. Er stellte die Scheibenwischer an, damit die grellroten Blutstropfen von der Frontscheibe gewischt wurden und er endlich losfahren konnte.

Der Wecker schnarrte, es war sechs Uhr fünfzehn. Er klammerte sich an Claudia. »Wieder so ein fürchterlicher Traum, ich kann nicht mehr«, keuchte er. Er hielt die blassen Hände in das Licht der Nachttischlampe: nur abgenagte Nägel, kein Blut, kein Gedärm. Das Auf und Ab der Wischerblätter jedoch, die abwechselnd breite und feine rote Schlieren wie einen Barcode auf die Scheibe malten – dieses Bild wurde er auch jetzt nicht los.

Andreas und Claudia Weinheimer besaßen ein kleines Reihenhaus am Rande der Stadt. Zu DDR-Zeiten nannte man diese Eigenheime mit Garage im Erdgeschoss und einer hohen Treppe zum Hauseingang im ersten Stock »Neckermannhäuser«. Sie wurden von einer westdeutschen Firma für Funktionäre des nahe gelegenen Kernkraftwerks gebaut, die sowohl über gute Beziehungen als auch genügend Devisen verfügten. Damals hatte Andreas Weinheimer oft staunend und voller Ehrfurcht vor diesen Häusern gestanden und die Bonzen, die darin wohnten, bewundert.

Nach der Wende konnte er eines der Endhäuser preiswert erwerben und in mühsamer Eigenarbeit schrittweise renovieren. Zuletzt baute er noch einen Wintergarten an. Hier, zwischen den liebevoll gepflegten Palmen und Kakteen, saß er dann nach Feierabend am liebsten auf seinem rötlich-braunen Rattan-Sessel und beobachtete den Abendhimmel, wie die Wolken sich rosarot färbten, als hätte jemand einen Topf Farbe ausgekippt. Er sah schnatternde Wildgänse über sich hinwegfliegen oder eine Formation riesiger Kraniche sich für den Flug nach Süden sammeln.

Seit geraumer Zeit jedoch hatte er die Freude an diesem grandiosen Schauspiel verloren. Ganz plötzlich war sie von ihm gewichen – wie nach einem Kurzschluss alle Lichter ausgehen und die Bewohner gezwungen sind, sich mühsam im Halbdunkel zu orientieren. Er konnte sich nur noch entfernt daran erinnern, wie es sich anfühlte, etwas zu genießen oder sich über etwas zu freuen. Daran zum Beispiel, wie er letztes Jahr eines Morgens in den Wintergarten getreten war und an dem kleinen, vor sich hin darbenden Kaktus, den er schon längst hatte entsorgen wollen, auf einmal eine wunderschöne feuerrote Blüte entdeckte. Als Claudia dann auch noch feststellte, dass die Blüte wohl ein Geschenk der Pflanze zu ihrem »Kennenlern-Tag« vor siebenundzwanzig Jahren sein müsse, hatte er gerührt ihren weichen schönen Körper umfasst und ein wohliges Glücksgefühl empfunden.

Dazu wäre er heute nicht mehr in der Lage, die Freude an den kleinen Dingen war erloschen. Ist es das Älterwerden, fragte er sich oft. Oder der Beruf? Als Zugführer bei der

Deutschen Bahn kam er viel herum. München, Köln, Frankfurt, überall blieb er nur eine Nacht, mindestens viermal in der Woche schlief er in einem Hotelbett. Rezeption, Minibar, Zappen durch das Fernsehprogramm – es war immer das Gleiche: Monotonie und Routine gepaart mit der Sehnsucht nach seinem Haus und einem friedlicheren Dasein.

Erst letzte Woche war er von einer längeren Dienstfahrt nach Hause gekommen. Claudia hatte ihn bei der Begrüßung besorgt angesehen und gefragt: »Du siehst erschöpft aus, fühlst du dich krank?«

Unsinn, ihm gehe es so wie immer, war seine barsche Antwort gewesen. Trotzdem saß er wenig später erschöpft und ausgelaugt vor dem Flachbildschirm und versuchte sich auf das Länderspiel Deutschland gegen Kamerun zu konzentrieren, den letzten Test vor der Fußballweltmeisterschaft in Brasilien.

»Da stehen sie herum, die Herren Millionäre, als wäre längst schon Feierabend!«, kommentierte er. Neuerdings wechselte seine Stimmung unvermittelt und übergangslos von tiefster Traurigkeit in den Zustand schlimmster Gereiztheit.

Tatsächlich wurden die deutschen Spieler von den wieselflinken Kamerunern ein ums andere Mal umlaufen. Und bei jedem Rückpass eines deutschen Spielers rastete er aus.

»Vorwärts«, rief er, »ist das die Möglichkeit! Leute, Fußball ist ein Laufsport.«

»Reg dich bitte nicht so auf, Andi«, versuchte ihn Claudia zu beruhigen, die sich das Bügelbrett in den Wintergarten gestellt hatte und die kleinen weißen Gästehandtücher bügelte. Besorgt schaute sie ihren Mann an. Längst war er nicht mehr der ruhige und ausgeglichene Mensch, den sie all die Jahre gekannt hatte. Häufig saß er nun völlig apathisch in seinem Sessel, nur um stundenlang vor sich hinzustarren, kaum noch auf sie reagierend. Und dann wieder war er plötz-

lich böse und aggressiv, ohne dafür einen ersichtlichen
Grund zu haben.

Burnout², dachte sie. Sie hatte sich im Internet informiert,
die Symptome passten: die Veränderung seines Wesens, das
Fehlen jeglicher Lebensfreude und die Gefühlsarmut, die ihr
entgegenschlug wie ein eisiger Wind. Aber wenn sie versuchte
mit ihm darüber zu sprechen oder ihn dazu zu bewegen, einen
Arzt aufzusuchen, erzeugte das nur erneute Wutanfälle bei
ihm und vergiftete die wenigen gemeinsamen Stunden ganz
und gar.

Seine Ausbrüche fürchtete sie ganz besonders. Banalitä-
ten machten ihn vom einen auf den anderen Moment so wütend, als wäre er von einer Hornisse gestochen worden. Zuletzt war er sogar außerstande gewesen, sich im Fernsehen
die Nachrichten anzusehen. Allein schon das Auftreten von
Wladimir Putin, Angela Merkel oder Barack Obama lösten
schlimmste cholerische Anfälle aus, beim Betrachten der
Günther-Jauch-Diskussionsrunde oder von Anne Wills Talk-
show konnte ihn ein unkontrollierter Furor erfassen, ganz
so, als würden die Streitgespräche über die Ukraine oder die
Autobahnmaut ihn persönlich betreffen.

»Unausgeglichen« nannte ihn Claudia in diesen Momen-
ten, und das war noch eine sehr beschönigende Bezeichnung
für das, was sie in den letzten Monaten über sich hatte erge-
hen lassen müssen ...

Während Claudia dann in die Küche gegangen war, um
sich um das Geschirr zu kümmern, erregte der Spielverlauf
Andreas zunehmend. Gegen Mitte der zweiten Halbzeit verspürte er im Stirnbereich, exakt zwischen den Augenbrauen,
urplötzlich ein Stechen, das sich wellenförmig und hämmernd
über den gesamten Schädel ausbreitete. Es war so, als hätte er
einen zu engen Stahlhelm an, der tonnenschwer auf seinem
Kopf lastete. Dazu drehte sich auf einmal die Welt um ihn herum: das Wohnzimmer samt Terrassentür, die große Yucca-

Palme und das Regal mit der Kakteen-Sammlung gerieten in karussellartige Bewegung. Wie wenn man beim Walzertanzen abrupt stehenbleibt und der Raum sich weiterdreht!

Er krallte sich an die Lehne des Sessels. Ihm wurde übel. Und wenn er die Augen schloss, wurde es noch schlimmer.

Andreas versuchte aufzustehen, fiel lang auf den Boden hin und rief: »Claudia, du musst mir helfen. Ich muss auf die Toilette. Alles dreht sich.« Erschrocken stürzte Claudia aus der Küche. Sie fasste ihm unter die Arme und richtete ihn auf. Er schwankte.

Um sein Gleichgewicht zu stabilisieren, starrte er auf die roten Tupfen des Klatschmohnfeldes auf dem gerahmten Poster über der Couch. Als er sie fokussierte, vergrößerten sie sich und wuchsen zu großen Ketchup-Flecken heran. Vor dem weißen Hintergrund sahen sie aus wie Blutlachen im Schnee.

Mit Claudias Hilfe erreichte er schließlich das Badezimmer. Dort beugte er sich über das Klobecken und erbrach schwallartig die Landjäger und das Bier vom Abendbrot. Ihm war noch immer elend zumute, und er krümmte sich zusammen. Seine Umgebung nahm er wie durch eine Milchglasscheibe wahr, alles weit weg, gedämpft und fremdartig.

Claudia öffnete das Badezimmerfenster: »Du brauchst Sauerstoff, komm, steh auf und schnapp etwas frische Luft!«

Mit letzter Kraft stand er auf, wischte sich das Gesicht ab und drückte sich einen Zentimeter Colgate in den Mund, um den säuerlichen Geschmack des Erbrochenen loszuwerden. Dann folgte er Claudia zur weit geöffneten Tür des Wintergartens. In tiefen Zügen atmete er die kühle Luft ein, das Drehen des Raumes wurde langsam erträglicher.

Er setzte sich in einen Plastiksessel und schaute in Richtung Ostseezentrum. In diesem Moment bemerkte er, dass seine Hände nicht mehr funktionierten, er konnte seine Hände nicht mehr zur Faust ballen, sie muteten gefühllos an, als gehörten sie nicht mehr zu ihm, als wären sie abgestorbene Anhängsel, die er nicht mehr steuern konnte.

Das ist das Ende, schoss es ihm durch den Kopf.

»Ich spüre meine Arme nicht mehr«, stammelte er. »Sie kribbeln und sind ganz gefühllos, wie tot.«

»Andi, ich rufe jetzt den Notarzt, ich mache mir ernsthaft Sorgen.«

Erst neulich hatte sie im Fernsehen einen Gesundheitsratgeber gesehen: Lähmungen, Empfindungsstörungen oder Sprachstörungen, hatte es dort geheißen, könnten Symptome eines Schlaganfalls[3] sein, bei denen man dringend einen Notarzt rufen solle.

»Quatsch, das wird schon wieder«, erwiderte er, ohne seinen Worten Glauben zu schenken. »Ich gehe jetzt erst mal ins Bett.«

Doch Claudia hatte das Telefon schon in der Hand: »Du hast einen Schlaganfall, du gehörst in ein Krankenhaus!«

Es war Montagmorgen und der Konferenzraum abgedunkelt, damit wir die an die Wand gebeamten radiologischen Aufnahmen gut erkennen konnten. Wie so oft zu Wochenanfang herrschte eine schläfrige, fast schon erschöpfte Stimmung. Über das Wochenende waren viele Patienten aufgenommen worden – vierzehn an der Zahl. Es war Sommer, und die Touristen auf Rügen und Usedom mussten von uns mitversorgt werden. Auch sie wurden im Urlaub krank, erlitten Schlaganfälle, Migräneattacken oder Bandscheibenvorfälle. Wir besprachen in der Morgenkonferenz jeden Patienten einzeln, der neu aufgenommen worden war. Das konnte dauern, vor allem am Montagmorgen.

Das Ritual lief immer gleich ab: Ich rief den Namen der Neuaufnahme auf, und der zuständige Arzt schilderte die Symptome des Patienten.

Zwischenzeitlich war es schon neun Uhr dreißig, und in

einer halben Stunde begannen die Sprechstunden der Oberärzte. Die noch offenen Vorstellungen mussten also knapp
behandelt werden.

»Der Patient hatte sich gerade zwei Spiegeleier in die
Pfanne gehauen …«, begann einer der Ärzte mit der Schilderung einer Krankengeschichte.

»Fassen Sie sich bitte kurz«, warf ich streng ein. »Wir
müssen zu einem Ende kommen.«

Der junge Arzt mit verwegenem Dreitagebart und Beat-
nik-Frisur sah mich verunsichert an, dann machte er mit dem
rechten Arm eine entschlossene Bewegung, als würde er mit
einer Lanze zustechen, und sagte: »Jedenfalls, als er die beiden Spiegeleier essen wollte, bemerkte er Schwindel, Doppelbilder und konnte plötzlich nicht mehr sprechen. Seine Frau
hat dann den Notarzt verständigt …«

Der Rest war Routine, man führte eine Computertomographie durch, untersuchte außerdem mit Ultraschall die
Halsarterien, um zu sehen, ob eine der lebenswichtigen Arterien, die das Gehirn mit Blut versorgen, von einem Gerinnsel
verstopft wurde. Bisher waren indes alle Befunde normal.

Anschließend wurde der nächste Patient besprochen: »Aufgenommen haben wir auch Andreas Weinheimer, zweiund-
fünfzig Jahre alt, Bundesbahnbeamter mit Verdacht auf einen
Schlaganfall. Akut auftretende Symptome von Kopfschmerzen, Drehschwindel mit Erbrechen und sensiblen Störungen
in beiden Armen«, berichtete die diensthabende Ärztin, die
trotz einer anstrengenden Schicht, bei der sie garantiert nicht
eine Minute die Augen zugemacht hatte, perfekt geschminkt
mit akkuratem Lidstrich vor uns saß.

»Beidseitige Sensibilitätsstörung?«, fragte ich. »Das klingt
eher nicht nach einer Schlaganfallsymptomatik.«

Bei Schlaganfällen tritt in der Regel eine Halbseitensymp-
tomatik auf. In Folge der Minderdurchblutung einer Hirnhälfte sind in der gegenüberliegenden Körperhälfte Gesicht,

Arm oder Bein gelähmt beziehungsweise das Empfinden gestört. Die Ausnahme von dieser Faustregel ist ein Schlaganfall im Bereich des Übergangs zwischen Großhirn und Rückenmark, des sogenannten Hirnstamms. In diesem Teil des Gehirns liegen die Leitungsbahnen beider Hirnhälften sehr eng beieinander und werden gemeinsam von einer einzelnen Arterie, der Basilararterie, mit Blut versorgt. Bei einem Verschluss dieser wichtigen Arterie können beidseitige Lähmungen oder Sensibilitätsstörungen auftreten.

»Gibt es Hinweise auf einen Hirnstamminsult[4]?«, fragte ich Dr. Schröder, den diensthabenden Oberarzt, einen hageren Mann mit scharfen Gesichtszügen, der aber um die Augen herum Lachfalten hatte und aktuell für einen Iron Man in Norwegen trainierte. Bisher hatte er wie geistesabwesend dagesessen und sich an den Gesprächen nicht beteiligt, obwohl er Andreas Weinheimer nachts persönlich untersucht hatte. Stattdessen starrte er die ganze Zeit versonnen den Kaffeefleck auf der Platte des Konferenztisches an. Vermutlich war er hundemüde.

»Nein«, sagte er, ohne von der Tischplatte aufzublicken. »Keine weitere Symptomatik. Als der Patient bei uns eintraf, war der klinische Befund normal. Wir haben außerdem die Halsarterien mit dem Ultraschall untersucht, auch hierbei fand sich nichts Verdächtiges, vor allem war die Basilararterie frei durchgängig.«

Dann schaute er plötzlich doch hoch und deutete auf die Leinwand. »Die Magnettomographie ist ebenfalls normal, kein Hinweis auf einen Schlaganfall. Ich glaube, dass es tatsächlich etwas anderes gewesen sein muss.«

»Und was kommt Ihrer Meinung nach in Frage?«, wollte ich wissen.

»Es kann ein Morbus Menière gewesen sein.« Er knetete seinen Unterarm, als wollte er mir signalisieren: »Jetzt haben wir aber genug über Andreas Weinheimer gesprochen.«

Morbus ist das lateinische Wort für Krankheit, danach folgt häufig der Name jenes Arztes, der die Krankheit als Erster beschrieben hat. Der Pariser Mediziner Prosper Menière hatte 1861 ein Syndrom von anfallartigem Schwindel mit Hörstörung und Erbrechen beschrieben und es als Symptomatik des im Innenohr gelegenen Gleichgewichtsorgans erkannt.

»Ich glaube nicht, dass es ein Menière war. Kein Ohrgeräusch, die Symptomatik war nicht heftig genug, dann die Kopfschmerzen …«, meinte daraufhin Frau Dr. Husenke, eine der älteren, selbstbewussten und erfahrenen Oberärztinnen, die sich für alle Krankheiten interessierte, bei denen Patienten ein Drehen, Rotieren oder Wackeln verspürten, und die für die Schwindelsprechstunde zuständig war.

Ich schaute auf die MRT-Bilder des Patienten, die an die Wand projiziert wurden.

»Ein Schlaganfall ist unwahrscheinlich. Normales MRT, normaler Ultraschall, die Symptomatik ist völlig untypisch.«

»Was war es dann?«, fragte Dr. Husenke nachdenklich.

Wir beschlossen, eine ausführliche Diagnostik zu machen. Vor allem wollten wir eine transitorische ischämische Attacke, kurz TIA[5], ausschließen. Dabei handelt es sich um Vorboten eines Schlaganfalls, bei denen Schlaganfall-Symptome nur kurzzeitig auftreten und von allein wieder verschwinden. Wenn eine wichtige Hirnarterie durch ein Gerinnsel verstopft wird, bemerkt der Patient eine entsprechende Symptomatik: Lähmungserscheinungen, Empfindungs- oder Sprachstörungen. Manchmal auch Schwindel. Das Gerinnsel kann sich dann aber von alleine wieder auflösen, sodass sich die akute Symptomatik nicht mehr manifestiert. Die Patienten sind nach einer solchen TIA zwar beschwerdefrei und fühlen sich wohl; sie sind allerdings weiterhin stark gefährdet, doch noch einen Schlaganfall mit bleibender Behinderung zu erleiden.

Also wurde bei Andreas Weinheimer das TIA-Programm durchgeführt. Dieses beinhaltet unter anderem eine sorgfältige Untersuchung des Herzens. Im Herzen können sich Gerinnsel bilden, die sich bei einem unregelmäßigen Herzschlag ablösen und ins Gehirn verschleppt werden. Besonders gefährlich ist das Vorhofflimmern[6], bei dem das Herz unkontrolliert zu schlagen beginnt.

Ein Herzspezialist untersuchte also Weinheimers Herz mit einem Echogerät, aber es war alles normal. Dann hängten wir dem Patienten einen Recorder um, mit dem die Herzaktion vierundzwanzig Stunden lang ununterbrochen aufgezeichnet wurde. Es war kein Vorhofflimmern zu entdecken. Auch sämtliche anderen Untersuchungen brachten kein fassbares Ergebnis für die Symptomatik, mit der sich der Patient in seinem Wintergarten inmitten all der Palmen und Kakteen konfrontiert sah.

Während der Visite lernte ich Andreas Weinheimer schließlich persönlich kennen. Sein adrett nach hinten gekämmtes Haar war schon sehr ergraut, genauer gesagt, es war komplett weiß, wie eine gekalkte Wand, völlig depigmentiert. Dieses greisenhafte Haar stand in seltsamem Kontrast zu seiner ansonsten jugendlichen Erscheinung. Markante Gesichtszüge, zwischen Unterlippe und Kinn trug er ein kleines Haarbüschel, das jedoch ebenfalls schlohweiß war. Die muskulösen Arme zeugten von regelmäßigen Besuchen im Fitnessclub. Die Hände hielt er, ähnlich wie die Bundeskanzlerin, vor dem Bauch zu einer Raute gefaltet.

Trotz dieser sportlichen Erscheinung wirkte er allerdings bedrückt und niedergeschlagen. Fragen zur Krankengeschichte beantwortete er einsilbig und abweisend. Ich untersuchte ihn und konnte nur normale Befunde erheben. Symptome eines Schwindels hatte er auch nicht mehr. Ich besprach daraufhin mit dem Stationsarzt eine baldige Entlassung.

Am nächsten Tag jedoch steckte meine Sekretärin Frau Sommer nach der Sprechstunde den Kopf zur Tür herein: »Da ist noch ein Patient, Herr Weinheimer, er möchte Sie unbedingt persönlich sprechen.«

Zerstreut schaute ich von meinen Akten hoch.

»Ich habe ihn doch erst gestern während der Visite gesehen und mit ihm gesprochen.«

Frau Sommer legte mir eine Mappe auf den Schreibtisch. »Offensichtlich nicht ausführlich genug, er besteht darauf, noch einmal mit Ihnen zu sprechen.«

»Also gut, er soll reinkommen.«

In Weinheimers Stirn waren tiefe Sorgenfalten eingegraben. Den Kopf hielt er gebeugt wie bei einer Bußprozession. Ich musterte ihn erwartungsvoll.

Nachdem er sich gesetzt hatte, straffte sich sein Körper, was ihn große Anstrengung zu kosten schien. Als er schließlich kerzengerade wie ein Soldat vor mir saß, sagte er mit bebender Stimme: »Herr Professor, mir geht es schlecht.«

»Aus diesem Grund sind Sie Patient in unserer Klinik. Warum wollten Sie noch einmal gesondert mit mir sprechen? Was kann ich für Sie tun?«

»Ich finde, bei der Visite kam alles nicht deutlich genug rüber«, antwortete er. »Sie müssen mir glauben, dass ich ernsthaft krank bin, auch wenn Ihre junge Ärztin erzählt, ich sei symptomfrei.«

Weinheimer sah mich durchdringend an. »Aber das ist Unsinn, ich habe massive Symptome! Es dreht sich alles in meinem Kopf, außerdem höre ich ein inneres Klappern im Schädel.«

Er drehte den Kopf schnell nach rechts und links.

»Es ist so, als ob mein Gehirn hin und her schwappt, Herr Professor. Wenn ich gehe, merke ich, dass etwas in meinem Kopf nicht in Ordnung ist. Es ist unerträglich!«

»Wir sind dabei, die Ursache Ihrer Beschwerden zu finden. Ich schlage vor, dass wir uns in zwei bis drei Tagen noch einmal unterhalten. Vermutlich sind wir dann schon einen Schritt weiter. Fest steht, dass Sie mit Verdacht auf Schlaganfall bei uns eingeliefert worden sind, den wir ausschließen konnten.«

Andreas Weinheimer machte einen stark niedergedrückten und gehemmten Eindruck. Er wirkte blockiert. Es fehlte etwas, das man vielleicht am besten mit dem Begriff »emotionale Schwingungsfähigkeit« umschreiben kann. Bei einem Gespräch nimmt das Gegenüber in der Regel die feinen Nuancen der Konversation wahr. Es lächelt oder nickt, wenn es etwas bekräftigen, Zustimmung oder Aufmerksamkeit signalisieren möchte. Und in seiner Mimik spiegeln sich Unsicherheit, Vorsicht oder Distanz, wenn es zweifelt oder ängstlich ist. Weinheimer hingegen war zwar höflich und korrekt, wirkte im Gespräch jedoch so, als wären ihm die Gefühle vollkommen abhandengekommen. In seinem Gesicht tat sich gar nichts, während wir sprachen, es wirkte wie eine Maske.

Mir saß ein schwer depressiver Mensch gegenüber.

Konkrete Fragen nach seiner Lebenssituation beantwortete er knapp und sachlich: Bahnbeamter von Beruf, verheiratet seit fast fünfundzwanzig Jahren, ein Sohn, der in Wismar Ingenieurswissenschaften studierte.

Als ich fragte: »Wie ist Ihre Ehe?«, antwortete er knapp: »Gut.«

Auf die Frage, ob es Probleme am Arbeitsplatz gebe, erwiderte er: »Nein, überhaupt nicht.«

Dann jedoch fiel die distanzierte Haltung plötzlich wieder von ihm ab, als würde er einen zu engen Anzug ablegen, um es sich endlich gemütlich zu machen.

»Sie müssen mir helfen, mein Leben läuft aus dem Ruder«, flüsterte er mir zu. Er nahm einen Kugelschreiber vom Tisch und zeichnete auf das Blatt vor ihm Spiralen. Erst wollte ich ihn daran hindern, da es sich um eine Krankenakte handelte. Dann aber ließ ich ihn gewähren und betrachtete das Gekrakel.

»Sie zeichnen Labyrinthe«, sagte ich. »Befinden Sie sich aktuell vielleicht in einer schwierigen Situation?«

Da brach bei ihm der Damm. Er legte den Stift beiseite und klagte: »Ich kann kein normales Leben führen. Ich träume die schrecklichsten Dinge.«

Er streckte mir die Hände mit den Handflächen nach oben entgegen. »In meinen Träumen sind diese Hände voller Blut. Dabei habe ich nie etwas mit Blut zu tun gehabt.«

Als Neurologe war ich mit einer solchen Situation durchaus vertraut: Der Patient hatte keinerlei körperliche Symptome, seine Beschwerden rührten eindeutig von einem seelischen Konflikt her.

In der Neurologie kommt das nicht selten vor. Einer unserer Doktoranden hatte dieses Phänomen gesondert untersucht und festgestellt, dass rund zehn Prozent der Patienten einer neurologischen Klinik kein organisches, sondern ein psychisches Problem haben. Obwohl sie unter Symptomen wie Lähmungen oder Schwindelanfällen leiden, kann ihnen oft nur ein geschulter Psychotherapeut helfen.

So gab ich auf die Station durch, dass bei Andreas Weinheimer noch ein ausführlicher Termin bei unserem Psychologen nötig sei, da Verdacht auf eine dissoziative Störung[7] bestehe.

Abschließend einigte ich mich mit ihm auf ein erneutes Gespräch kurz vor seiner Entlassung.

Doch bevor er ging, fragte ich noch: »Was machen Sie eigentlich bei der Bundesbahn?«

Er wandte sich in der Tür zu mir um. »Lokführer. Ich fahre einen ICE.«

Selbst als Andreas Weinheimer längst mein Arbeitszimmer verlassen hatte, hing noch die Aura von Traurigkeit und emotionaler Leere im Raum, als hätte man eine Tiefkühltruhe geöffnet.

Ich saß nachdenklich in meinem Sessel, und schaute aus dem Fenster auf einen der Innenhöfe des Klinikums. Draußen beschnitten gerade ein paar Gärtner ihre Pflanzen, im Fenster gegenüber lackierte Frau Halse, die Sekretärin der Augenklinik, ihre Fingernägel. Im Wartebereich der radiologischen Abteilung sah ich Andreas Weinheimer auf seine MRT-Untersuchung warten, die zu Kontrollzwecken wiederholt werden sollte. Er saß auf einem Stuhl und fixierte einen Punkt gegenüber an der Wand. Während andere Patienten sich mit Zeitungslektüre oder Unterhaltungen die Zeit vertrieben, saß Weinheimer bewegungslos auf der rötlichen Plastikbank, wie aus Holz geschnitzt.

Ich rief unseren Psychologen, Herrn Kowalski, an und schilderte ihm den Fall. Obwohl ich mir nicht sicher war, ob die Beschwerden eine organische oder eine psychische Ursache hatten, hielt ich es nach dem heutigen Gespräch für wahrscheinlich, dass die tiefe Traurigkeit, die von ihm ausging, Ursache seiner Krankheit war.

Kowalski versprach, dem Patienten auf den Zahn zu fühlen.

Dann setzte ich mich an den Computer und tippte in eine Suchmaschine den Begriff »Lokführer« ein. Ich fand zunächst Informationen der Bundesbahn über das Berufsbild des Zugführers, ferner konnte ich mir auf Youtube einen Film anschauen, der das Leben eines Lokführers schilderte: Sie waren viel unterwegs, übernachteten häufig in bahnhofsnahen Hotels, morgens ging es dann wieder zurück an den Ausgangsort, und das alles mehrmals in der Woche. Nicht gerade ein Traumjob, wenn man mich fragte.

Dann stieß ich auf einen Artikel in der TAZ vom

13. 11. 2009 mit dem Titel: »Das Leiden der Lokführer«. Die Unterzeile lautete: »Tausend Menschen begehen pro Jahr Selbstmord auf den Gleisen – ein Münchner Lokführer erzählt.« Jeder Lokführer überrolle, rein statistisch gesehen, im Laufe seines Lebens drei Selbstmörder, erfuhr ich. In dem klugen Artikel wurde das Schicksal eines Lokführers geschildert, der an solch einem schrecklichen Erlebnis zerbrochen war und unter einer posttraumatischen Belastungsstörung litt.

Ich wusste, dass die posttraumatische Belastungsstörung, kurz PTBS[8], in Folge traumatischer Erlebnisse wie Vergewaltigung, einem Angriff auf die eigene Person, Entführung, Geiselnahme, einem Terroranschlag oder Naturkatastrophen auftreten kann. Die belastenden Gedanken oder Erinnerungen, die mit dem Ereignis verknüpft sind, führen häufig zu Albträumen und körperlichen Symptomen wie Lähmungen oder Schwindel. In dem Artikel wurden auch Erinnerungslücken als Symptom einer PTBS beschrieben.

Ich erinnerte mich an einen Vortrag von Dr. Kauert, einem erfahrenen Wissenschaftler unserer psychiatrischen Klinik. Er hatte über psychologische Untersuchungen bei ehemaligen Flakhelfern gesprochen, die das Hitler-Regime bis zuletzt, als die Russen bereits vor Berlin standen, zu verteidigen hatten. Die inzwischen alten Männer konnten nur sehr wenig über ihren damaligen Einsatz berichten. An ihre Angst, die Gräuel und das Leid, das sie zweifellos erfahren hatten, vermochten sie sich gar nicht zu erinnern, als wäre ein Delete-Knopf gedrückt und der Inhalt der Festplatte zur neuen Benutzung gelöscht worden.

Als ich später bei einem Essen meinen Schwiegereltern von diesem Vortrag erzählte, versteinerten die Gesichtszüge meines mittlerweile achtzigjährigen Schwiegervaters. Er sah geistesabwesend auf die Schaumkrone seines Biers und sagte: »1945 musste ich als Vierzehnjähriger in Dresden ans Geschütz, dann kam der Feuersturm, wir beobachteten ihn von Pirna aus. Als die Stadt aufgehört hatte zu brennen, wurden wir geholt, wir Pimpfe.« Er schaute mich mit seinem faltig gewordenen Gesicht an, nahm einen Schluck Bier und fuhr fort: »Die verkohlten Leichen mussten wir aus den noch rauchenden Ruinen holen oder von der Straße aufsammeln. Wir haben sie auf Karren gepackt und auf den Elbwiesen gestapelt. Ich dachte, dass ich das schon längst vergessen hätte, aber es holt mich doch immer wieder ein …«

Meine Schwiegermutter war ungehalten: »Was redest du für einen Unsinn? Du weißt doch, du sollst dich nicht aufregen. Komm, iss deine Roulade, und dann gehen wir schlafen.«

Der alte Mann fiel daraufhin in sich zusammen wie ein Gummiball, aus dem die Luft entweicht.

»Ich versuche ja zu vergessen, aber es gelingt mir nicht immer.«

Ich hielt inne. War das vielleicht eine Spur?

Sofort rief ich Dr. Kauert an und fragte ihn, ob es sein könne, dass ein Mensch, der unter einer posttraumatischen Belastungsstörung leide, sich nicht mehr an das Ereignis erinnern könne, welches das Trauma ausgelöst habe.

Der Experte bestätigte mir, dass Vergessen und Verdrängen normale Mechanismen der Psyche seien, um mit dem Erlebten fertig zu werden. Die Flakhelfer konnten sich größtenteils nicht mehr an das erlittene Leid und die Gräuel der letzten Kriegstage erinnern. Ähnlich wie bei ihnen kämen auch in Folge der Suizide auf Bahngleisen für die direkt beteiligten Zugführer verschiedene Faktoren zusammen: Zum einen Schuldgefühle und Zweifel. (»Habe ich alles richtig gemacht? Hätte ich den Selbstmord verhindern können?«) Hinzu komme die Wut auf den Selbstmörder, der den Zugführer in sein Unglück mit hineinziehe. Auch dürfe man die

Dramatik des Ereignisses nicht vergessen: den Aufprall, die Leichenteile, das Blut. Das Gehirn, schloss Dr. Kauert, würde sich vor der enormen emotionalen Belastung der Erinnerung schützen, indem es das Ereignis aus dem Gedächtnis lösche. Ob endgültig oder nur vorübergehend, sei von Fall zu Fall verschieden.

Ich dankte ihm und legte auf. Nun war ich mir fast sicher.

An seinem Entlassungstag hatte Andreas Weinheimer wie besprochen noch einen Termin in meiner Sprechstunde. Er kam in Begleitung seiner Frau Claudia, die mich freundlich aus tiefblauen Augen anschaute.

»Glauben Sie wirklich, dass es kein Schlaganfall gewesen ist?«, wollte sie wissen. »Ich hätte wetten können, dass es einer war. Andreas hatte sich damals wegen des Fußballspiels so sehr aufgeregt. Völlig grundlos übrigens.«

Sie strahlte mich an. Claudia Weinheimer war eine fröhlich dreinblickende, etwas füllige Blondine. Unwillkürlich erinnerte sie mich an Frau Antje aus Holland in der Fernsehwerbung für niederländischen Käse.

»Deutschland hat trotz seines Gemeckers immerhin zwei zu zwei gespielt, aber das hat Andreas gar nicht mehr mitbekommen …«

Während sie sprach, saß ihr Mann wie bei seinem ersten Besuch auf dem Sessel vor meinem Schreibtisch und war in sich zusammengesunken, mit hängenden Schultern und tiefen Sorgenfalten im Gesicht.

Ich erläuterte den beiden noch einmal, dass sämtliche Untersuchungen normal ausgefallen seien und kein Anhaltspunkt für einen Schlaganfall vorliege. Auch waren inzwischen andere in Frage kommende Möglichkeiten, eine Hirnentzündung oder ein Tumor zum Beispiel, ausgeschlossen worden.

»Organische Ursachen, welche die Symptomatik erklären

könnten, sind aus unserer Sicht ausgeschlossen. Deswegen sollten wir nun auch die Möglichkeit berücksichtigen, dass die Beschwerden seelischer Natur sind.«

Frau Weinheimer schaute mich verwundert an. Sie ergriff die Hand ihres Mannes und drückte sie fest.

»Wollen Sie damit sagen, dass die Psyche meines Mannes aus dem Gleichgewicht geraten ist?«, fragte sie verunsichert. Sie knabberte an der Unterlippe. Diese Möglichkeit schien sie offensichtlich bisher nicht in Betracht gezogen zu haben.

»Mein Mann war stets ein Musterbeispiel an seelischer Ausgeglichenheit und Ruhe. Das hat mir an ihm stets gefallen. Seit einiger Zeit jedoch ist er verändert, einerseits abweisend und in sich gekehrt, dann wieder sehr aufbrausend«, fügte sie nachdenklich hinzu.

»Was soll das?«, fragte Andreas Weinheimer plötzlich, wie aus einer tiefen Meditation erwachend. »Das ist doch alles Quatsch! Wenn Ihnen nichts anderes einfällt, als mir eine Macke anzudichten, dann bedanke ich mich. Bei mir ist alles in Ordnung im Oberstübchen, das können Sie mir glauben, sonst könnte ich keinen ICE fahren. Da ist nämlich Power dahinter – zwanzigtausend PS und hundert Tonnen. Die wollen beherrscht werden, und dazu gehört ein kühler Kopf.«

Wie schon während unseres letzten Gesprächs sah er mich dabei durchdringend und beinahe ein wenig drohend an. Anscheinend gefiel ihm nicht, in welche Richtung ich das Gespräch lenkte.

Aufgebracht fuhr er fort: »Das, was Sie hier äußern, befriedigt mich überhaupt nicht. Ich habe massive Beschwerden, ein Schwindelgefühl und dazu das Scheppern, wenn ich gehe. Aber anscheinend kann ich niemandem erklären, wie es mir geht, zumindest versteht mich hier niemand. Ich weiß jetzt auch nicht mehr weiter.«

Er sah hilfesuchend zu seiner Frau Claudia, dann wieder zu mir.

»Sie waren unsere letzte Hoffnung.«

Ich deutete auf den Befund unseres Psychologen: »Hier steht, dass bei Ihnen eine schwere Depression vorliegt, Sie jedoch eine weiterführende psychologische Untersuchung abgelehnt und die Sitzung bei unserem Psychologen abgebrochen haben.«

»Ich habe eben etwas gegen diesen Psychokram«, murmelte Andreas Weinheimer ungehalten. »Die haben auch bei der Bundesbahn so ein Psychologenteam. Doch mich muss niemand betreuen. Ich bin okay, mit den Schwierigkeiten in meinem Beruf komme ich auch allein zurecht.«

Einem Bauchgefühl folgend, beschloss ich, das Ehepaar mit meinen Erkenntnissen über die Traumatisierung von Lokführern durch Selbstmörder zu konfrontieren.

»Ich habe mich über Ihren Beruf informiert. Psychische Belastungen von Lokführern sind gar nicht so selten, nicht nur wegen der großen Verantwortung, die das Fahren der schnellen Züge mit sich bringt, sondern auch ...« – ich machte eine Pause – »... auch die Belastung durch schlimme Erlebnisse gehören dazu. Zum Beispiel, wenn sich Menschen vor einen Zug werfen, um Selbstmord zu begehen.«

Weinheimers Gesichtsausdruck blieb unbewegt und starr, nach wie vor hielt er die Hand seiner Frau fest umklammert.

»Ich habe so etwas noch nie erlebt«, sagte er gleichmütig. Er schaute auf seine Frau und lächelte: »Gott sei Dank.«

»Das heißt, Sie können sich an so ein Ereignis nicht erinnern?«, fragte ich und hielt ihm einen Ausdruck des Artikels hin, den ich im Netz gefunden hatte.

»Hier steht«, fuhr ich fort, »dass statistisch gesehen jeder Lokführer im Laufe seines Berufslebens dreimal die Erfahrung macht, dass sich ein Mensch vor seinen Zug wirft.«

Er schaute mich triumphierend an: »Dann falle ich anscheinend aus der Statistik, von mir ist noch keiner überrollt worden.«

»Das hätte Andreas mir doch erzählt!«, schaltete sich Claudia Weinheimer ein. »Es ergibt doch gar keinen Sinn, wenn man so etwas verheimlicht.« Sie drückte Weinheimers Hand so kräftig, dass er sie überrascht wegzog.

Ich bot Andreas Weinheimer dann noch an, das Gespräch mit unserem Psychologen ambulant fortzusetzen, und verabschiedete das Ehepaar in nachdenklicher Stimmung.

Als Weinheimer und seine Frau auf dem Parkplatz vor dem grauen Passat standen und er gerade die Fahrertür öffnete, wurde sein Blick mit einem Male starr, die Kiefer begannen zu mahlen. Ein Beben und Schütteln erfasste ihn.

Claudia Weinheimer lief erschrocken um das Auto herum, fasste seine Hand, die sich schweißnass und kalt anfühlte, und spürte, wie das Zittern den Körper ihres Mannes in unregelmäßigen Stößen durchlief.

»Komm, ich setze mich hinter das Steuer«, entschied sie. »Hat dich das Gespräch so aufgeregt?«

»Das war alles Unsinn!«, gab Andreas Weinheimer erbost zurück. »Ich bin ein guter Zugführer und lasse mir diesen Mist nicht einreden.«

Als er wenig später auf dem Beifahrersitz saß, drehte er sich zu ihr, presste den Kopf gegen ihre warme Schulter und begann zu weinen. Claudia strich mit der linken Hand durch sein weißes Haar. »Es wird alles gut«, flüsterte sie ihm ins Ohr, während die Tränen sich über ihr lachsfarbenes Kostüm ergossen und dunkle Flecken hinterließen. Doch Claudia bemerkte dies gar nicht, so sehr rührte sie der elende Zustand ihres Ehemanns.

»Ich träume immerzu von Blut, die Hände triefen, und ich muss die Scheibenwaschanlage in Gang setzen, damit das Blut von der Frontscheibe abgewaschen wird. Die Bilder sind so schrecklich.«

Sie hörte nicht auf, ihn zu streicheln.

»Hat der Professor vielleicht doch recht, wenn er fragt, ob du etwas Furchtbares erlebt hast, was dich jetzt quält?«

Andreas schüttelte sich wie in einem Krampf und schluchzte auf: »Ich weiß es nicht, ich weiß von nichts, es ist nichts geschehen.«

Sie fuhren nach Hause, und er legte sich sofort ins Bett. Seine Frau machte ihm einen Pfefferminztee und blieb bei ihm sitzen, während er sich langsam beruhigte. Die Rollos im Schlafzimmer musste sie herunterlassen, da die helle frühsommerliche Sonne ihn störte.

Sie saß da und streichelte seinen Handrücken.

»Du musst zu diesem Psychologen gehen«, sagte sie nach einiger Zeit. »Es ist etwas in dir, das du mit Gewalt unterdrückst, wie ein Ball, der im Meer unter die Wasseroberfläche gedrückt wird. Es hat gar keinen Sinn, er kommt doch immer wieder hoch. Da kannst du dich noch so sehr anstrengen.«

Er drückte sie an sich. »Halt mich fest.«

Auf dem Schlafzimmerschrank sah er den Tirolerhut vom Wanderurlaub auf der Seiser Alm. Glücklich und unbeschwert waren sie damals gewesen, bis das mit den Träumen anfing.

Das Rollo war nicht vollständig geschlossen, einige Sonnenstrahlen drangen in den Raum, und die Auerhahn-Feder am grauen Filzhut schimmerte bräunlich rot …

Die Schwalben flogen in geringer Flughöhe akrobatische Kurven über die Rosen und Ligusterhecken und ließen einen Wetterumschwung erahnen. Ich saß auf der Terrasse, um die letzten Sonnenstrahlen zu genießen. Mit einem riesigen Satz sprang der zugelaufene schwarze Kater auf meinen Schoß. Die Berührung seines weichen, samtigen Felles tat gut.

Das Gespräch mit Andreas Weinheimer und seiner Frau Claudia hatte mich nachdenklich gestimmt. Es hallte wie ein

Echo in mir nach. Nach schweren traumatischen Erlebnissen breite das Gehirn eine Schutzfolie über das Geschehene, hatte mir Dr. Kauert erklärt. Es komme nicht zum Abspeichern des Erlebnisses, die Erinnerung an die Schrecken werde nicht in das Langzeitgedächtnis übernommen. Etwas Ähnliches war wahrscheinlich bei Weinheimer der Fall. Dieser Mechanismus des Vergessens stellt sicher, dass der Betroffene normal weiterleben kann, ohne dass unentwegt die schrecklichen Bilder des Traumas vor seinem geistigen Auge ablaufen und seine Handlungen negativ beeinflussen.

Das Krankheitsbild der posttraumatischen Belastungsstörung gab es wohl schon immer, es ist zumindest keine Modeerscheinung. Ein Beispiel sind die »Kriegszitterer«, Soldaten des Ersten Weltkriegs, die nach langem Martyrium im Schützengraben an einem groben Zittern von Händen und Beinen litten und daraufhin von der Front in heimatnahe Lazarette verlegt worden waren. Damals ging man davon aus, dass es sich um eine Schädigung des Gehirns infolge von Druckwellen detonierender Granaten in den Schützengräben handelte. Andere wurden mit einem Male blind, waren taub oder konnten nicht mehr sprechen.

So saß ich also, in Gedanken versunken, in der untergehenden Sonne und schaute in den dämmrig werdenden Garten. Die Katze auf meinem Schoß schnurrte wohlig. Nachbarn radelten vorbei und winkten mir zu.

Meine Gedanken konzentrierten sich nach wie vor auf Andreas Weinheimer. Sie sprangen von Punkt zu Punkt, als versuchten sie einen Bach vermittels einer Reihe von Steinen hüpfend zu überqueren.

Ich bedauerte die Umstände, unter denen ich mich vom Ehepaar Weinheimer getrennt hatte. Es war kein wirklicher Abschluss gewesen, unser Gespräch hatte ohne Resultat geendet. Der neutrale Blick und die Kühle, welche die Erwähnung der Selbstmorde auf den Gleisen bei Andreas Weinheimer ausgelöst hatte, waren für mich so unerwartet gekommen, dass mein ursprüngliches Konzept, langsam und sachte ein Problembewusstsein in ihm zu wecken, nicht aufgegangen war.

Ich hoffte insgeheim auf ein Wiedersehen, um diese Scharte wieder auszuwetzen.

Schon am nächsten Tag sollte ich dazu Gelegenheit bekommen. Während der Morgenkonferenz meinte Frau Dr. Schmidt, eine kräftige, schon etwas ältere Ärztin mit Bubikopf und großer schwarzer Brille, ironisch: »Wir haben Ihren Patienten Weinheimer wieder aufgenommen. Erneut mit Verdacht auf einen Schlaganfall.«

»Wieso meinen Patienten?«, fragte ich verwundert.

»Es ist uns nicht verborgen geblieben, dass Sie ein besonderes Interesse an Herrn Weinheimer haben. Immerhin hatte er zwei Termine in Ihrer Sprechstunde.«

»Und in welchem Zustand befindet er sich jetzt?«

»Offensichtlich wieder ein hysterischer Anfall, Luftnot, Schreien, er hat den rechten Arm nicht mehr bewegen können und geklagt, dass er gelähmt sei. Das hat auch den Notarzt bewogen, ihn nicht in die Psychiatrie, sondern zu uns zu fahren.«

»Ok, ich werde ihn mir ansehen, ist ja mein Patient.«

»Was ist los, Herr Weinheimer?«, fragte ich wenig später in der Notaufnahme, wo der schlohweiße Zugführer auf einer Untersuchungsliege lag, angeschlossen an einen Monitor, der in regelmäßigen Abständen Blutdruck, Puls und EKG aufzeichnete. »Ich hätte Sie nicht so rasch wieder in unserer Klinik erwartet.«

Er schaute mich ängstlich an. »Ich glaube, jetzt ist es passiert: Ich habe einen Schlaganfall. Ich kann meinen rechten Arm nicht bewegen.«

Ich forderte ihn auf, beide Arme zu heben. Er hob nur den linken an, der rechte blieb schlaff auf der Bettdecke liegen. Daraufhin nahm ich den rechten Arm, hob ihn hoch und ließ los.

Er sank langsam zurück auf die Bettdecke – ein untrügliches Zeichen dafür, dass keine schwerwiegende Lähmung vorlag, denn in diesem Fall würde der Arm wie ein Stein auf die Unterlage fallen.

Mit dem Reflexhammer prüfte ich die Muskeleigenreflexe. Sie waren exakt identisch.

»Ich glaube nicht, dass der Arm gelähmt ist«, sagte ich und schaute ihm ins angsterfüllte Gesicht.

»Was denn sonst?«, fragte er entrüstet. »Ich kann ihn nicht bewegen, das sehen Sie doch.«

Dabei schlug er mit der linken Hand auf seinen rechten Arm, als wäre er ein Stück Holz. »Er rührt sich nicht, ich kann ihn auch gar nicht fühlen.«

»Sie können ihn nicht bewegen, das stimmt. Jedoch ist nicht ein Schlaganfall der Grund dafür, sondern die seelische Störung, über die wir bereits bei Ihrer Entlassung gesprochen haben.«

»Jetzt kommen Sie schon wieder damit!«, blaffte er mich an. »Bei mir ist alles in Ordnung, das habe ich Ihnen doch gesagt.«

Ich setzte mich auf einen Stuhl neben sein Bett und schwieg eine Weile.

»Wie haben Sie heute Nacht geschlafen?«, fragte ich dann.

»Beschissen, wenn Sie es genau wissen wollen. Ich habe Albträume, ich träume schreckliche Sachen, ich weiß nicht, wo das alles herkommt.«

»Herr Weinheimer«, erwiderte ich, »ich bin kein Psychiater, sondern Neurologe. Ich kann Ihnen nur das Eine sagen: Sie sind nicht organisch krank, Ihr Gehirn ist gesund. Ich vermute, dass in Ihnen ein unverarbeitetes Erlebnis steckt. Sie müssen sich mit dieser Tatsache auseinandersetzen, sonst wird es Ihnen immer schlechter gehen.«

Er schaute auf die Trennwand zum nächsten Bett. Die Schwestern hatten mit einem Tesafilm-Streifen einen Zettel mit dem Bild der Biene Maja daran befestigt.

Schließlich sagte er: »Gut. Ich werde darüber nachdenken.«

Er blieb diesmal nur einen Tag in der Klinik. Als er auf das Taxi nach Hause wartete, befühlte er den Notizzettel mit einem Termin in der psychotherapeutischen Sprechstunde in seiner Tasche. Zu Hause setzte er sich auf den Rattan-Sessel in seinem Wintergarten, trank zwischen seinen Palmen eine Tasse Kaffee mit viel Milch und schaute zu, wie der Himmel sich zuzog und die ersten Regentropfen auf das Dach über ihm prasselten. Der aufkommende Wind drückte die Stauden der Stockrosen zu Boden, in der Ferne hörte er Donnergrollen. Wie in einem Kokon empfand er an diesem vertrauten Platz ein Gefühl von Sicherheit und Geborgenheit.

Sein Blick blieb an einem kleinen gerahmten Urlaubsbild an der Wand neben dem Fenster hängen. Darauf posierte er in kurzer Hose und mit Wanderstock, sein Gesichtsausdruck war ernst, nicht so entspannt, wie man es auf einem Urlaubs-Schnappschuss erwarten würde. Im Hintergrund war ein kegelförmiger Berg zu sehen.

Weinheimer stand auf, ging ins Wohnzimmer und nahm ein Taschenbuch aus dem Regal, welches er damals in St. Anton gelesen hatte: »Die Nadel« von Ken Follett. Auf der Innenseite des Buchdeckels hatte er mit Kugelschreiber die Umrisse des Berges skizziert, der auf dem Foto zu sehen war. Gar nicht einmal so schlecht, fand er, und versetzte sich in die Situation damals vor einem Jahr zurück. Es fiel ihm überraschend schwer, sich an die Tage zu erinnern. Der Sommer und der Urlaub waren ihnen misslungen, an dieses Gefühl erinnerte er sich deutlich, alles war nicht so leicht und entspannt gewesen wie bei den vorhergehenden Urlaubsreisen.

Er betrachtete noch einmal seine Zeichnung von damals. Unter der Skizze war »St. Anton« zu lesen und das Datum. Dann fiel ihm auf, dass weiter unten klein, aber gut leserlich die Worte »großes Unglück« standen.

Da sah er, wie sich seine Hände plötzlich rot verfärbten, so wie auch in seinen Träumen. Doch dieses Mal war es nicht Blut, sondern es handelte sich um die rötlichen Strahlen der Abendsonne, die zwischen den dunkler werdenden Wolken noch einmal hervorbrachen. Von den Scheiben des Wintergartens wurden sie so gebrochen, dass die Gegenstände einen rötlichen Farbton annahmen.

Weinheimer grübelte über die Notiz »großes Unglück« nach. Er konnte sich nicht daran erinnern, dass er diese Worte geschrieben hatte. Doch die Handschrift war eindeutig die seine. Was hatte er damals damit gemeint? Etwas Schreckliches musste geschehen sein, das wusste er jetzt. Die roten Hände, das Blut, der süßliche Geruch – etwas drängte aus den Tiefen seines Unbewussten an die Oberfläche.

Er ging in die Küche und goss sich ein Glas Bier ein. Dann saß er wieder in seinem Sessel, schaute zu, wie die aufkommende Nacht die letzten hellen Flecken auf dem Teppich auslöschte. Einige Blitze erschienen als Wetterleuchten in der Ferne am Horizont. Mit jedem Blitz wurde für Sekundenbruchteile das Innere des Wintergartens erhellt, sodass die Konturen der Pflanzen und Korbmöbel genau zu sehen waren.

Er trank das Bier, die Kühle tat ihm gut.

Und dann sah er plötzlich alles wieder vor sich: Er hatte das Bein angefasst. Das abgerissene Bein des Selbstmörders. Er musste es aus der Stahlfeder der Radaufhängung entfernen. Das Blut war überall. Es klebte an seinen Händen.

Plötzlich war die Dicke da gewesen, mit gepudertem Gesicht und grellem Lippenstift. Sie müsse so schnell wie möglich nach Kiel zur Synode der Nordkirche.

Da hatte er das Bein fallen lassen.

»Da ist ja überall Blut!«, hatte sie voller Entsetzen geschrien.

Und nun sah er auch die hagere Gestalt auf den Gleisen, die ihn direkt anstarrte. Kaum zu glauben, dass bei fast 200 km/h noch Blickkontakt möglich war. Doch so war es gewesen.

Er sah die buschigen Augenbrauen und die extrem weit aufgerissenen Augen. Das abgezehrte Gesicht.

Er hatte die Notbremse betätigt. Doch er war chancenlos. Kurz darauf hörte er das Geräusch: wie die tausendfache Verstärkung des Aufpralls eines Insektes gegen die Windschutzscheibe eines fahrenden Autos.

Die Frontscheibe war mit einem Mal in ein tiefes Rot gefärbt gewesen, sodass er die Wischer betätigen musste, wie bei dichtem Schneetreiben.

Die Bremsen kreischten auf. Der Bremsweg eines ICE beträgt dreihundert Meter. Als der Zug stillstand, verharrte er für ein paar Sekunden wie festgefroren auf dem Sitz seines Führerstandes. Dann öffnete er die Verriegelung zum Führerhaus, wankte hinaus und rief die Leitstelle an. Eine klare, kalte Stimme forderte ihn auf, einmal um den Zugwagen herumzugehen, um zu sehen, ob der Zug beschädigt sei, er müsse die Räder wieder freibekommen. Notarzt, Polizei und Feuerwehr seien auf dem Weg.

Als er an jenem Tag nach Hause kam, war Claudia noch bei ihrem Pilates-Kurs. Sie hatte ihm einen Salat mit Hühnchen kaltgestellt. »Lass es dir schmecken, ich liebe dich«, stand auf einem Zettel, der mit Tesafilm an der Salatschüssel befestigt war.

Er duschte, aß den Salat und schaute noch ein wenig fern.

Dann ging er ins Bett, etwas früher als gewöhnlich. Er war froh, nicht mit Claudia über das Geschehene sprechen zu müssen, er empfand Scham und vielleicht Schuld.

In jener Nacht schlief er ganz gut. Und am nächsten Morgen setzte er sich wie immer in sein Auto und fuhr zur Arbeit.

In den folgenden Tagen war die Erinnerung an den schrecklichen Vorfall immer mehr verblasst. Die Psychologin, die ihn im Namen seines Arbeitgebers kontaktiert und um einen Termin gebeten hatte, rief er nicht zurück. Er fühlte sich völlig gesund.

Erst später meldeten sich die Albträume …

Am nächsten Morgen kehrte Andreas Weinheimer zurück an die Stelle, an welcher der Selbstmörder gestanden hatte, um sich zermalmen zu lassen. Warum er jetzt, nach fast einem Jahr, diesen Ort wieder aufsuchte, wusste er nicht. Seitdem es ihm gelungen war, das Erlebte in sein Gedächtnis zurückzuholen, war schnell auch die Idee in seinem Kopf gereift, den Ort wiederzusehen, wo alles geschehen war.

Den Täter zieht es immer an den Ort seines Verbrechens zurück, dachte er, als er von der Autobahn in Richtung der parallel verlaufenden ICE-Trasse abfuhr.

Halt, das ist Unsinn, sagte er sich. Nicht er war der Täter. Der Selbstmörder, dieser schreckliche Feigling, war es. Er, Andreas Weinheimer, war das Opfer.

Dann stand er an der ICE-Trasse vor einem dichten Gebüsch. Schlau ausgesucht, dachte er sich, man konnte hier in Ruhe hocken und auf den heranrasenden Zug warten. Wieso hatte sich dieser Lebensmüde nicht im stillen Kämmerlein am Fensterkreuz aufhängen können, anstatt andere Menschen mit ins Unglück zu reißen? Sein jämmerliches Leben wäre so oder so zu Ende gewesen.

Kalte Wut stieg in ihm hoch. Warum hatte der Selbstmörder ihm das angetan? Warum hatte ihm dieser Wahnsinnige in die Augen geschaut? Diese verdammten Augen. Der Freak hatte ihn so angestarrt, wie ein Jäger sein Opfer fixiert. Er hatte ihm zu verstehen gegeben: Ich werde sterben, aber dein Leben mache ich auch kaputt!

Wie fühlte sich so einer? Genoss er letzte, verzweifelte Momente der Macht und Kontrolle, an denen sein Leben vermutlich rar gewesen war?

Weinheimer roch die würzige Erde, die nach dem Gewitter noch feucht war. Der Himmel war unwirklich klar, ultramarinblau.

Was hatte in dem Zeitungsartikel gestanden? Jeder Lokführer überfuhr im Laufe seines Berufslebens drei Selbstmörder. Berufsrisiko. Konnte das wirklich wahr sein? Keiner seiner Kollegen hatte ihm jemals etwas über einen Selbstmörder erzählt. Warum nicht?

Aber hatte er denn jemandem davon erzählt? Nein. Man sprach einfach nicht darüber. Er atmete tief ein und aus. Von Weitem hörte er das monotone Rauschen der Autobahn.

Als Junge hatte er sich gerne in einem Gebüsch versteckt und war dann unsichtbar für seine Eltern und Geschwister gewesen. Er erinnerte sich an den herben Geruch der Erdkruste, die hohen Holunderbüsche. Aus dem hohlen Holunderholz hatte er Blasrohre geschnitzt. Er spürte den bitteren Geschmack des ausgehöhlten Holzes noch auf der Zunge.

Gleich würde der Zwölfuhrsechzehn vorbeidonnern. Es war ziemlich exakt die Zeit gewesen, zu welcher der Selbstmörder aus dem Gebüsch getreten und sich von seinem ICE hatte überrollen lassen.

Schon hörte er die Gleise singen. Das Vibrieren der kreisenden Räder, das Schlingern des Fahrwerkes, die Neigung in der Kurve, das Schwingen der Gleisanlage, das wie die Bugwelle eines Schiffes dem ICE kilometerweit vorauseilte.

Er kletterte die Böschung hinauf, hockte sich neben das Gleis und legte seinen Kopf auf das von der Mittagssonne erhitzte Metall. Das Rollen und Singen war deutlich zu spüren. Jetzt brauchte er nur auszuharren, und sein Kopf würde vom Frontrad getroffen und zerplatzen.

Endlich würde er Ruhe haben – und plötzlich sehnte er diese Sekunde herbei. Den Aufprall würde er noch spüren, aber dann wäre für immer Frieden. Er bräuchte morgens nicht mehr aufzustehen, müsste Claudia, die sich riesige Sorgen machen würde, nichts erklären, müsste nicht mehr zu Ärzten und in Krankenhäuser gehen.

Das Gleis dröhnte, das Geräusch des heranrasenden Zuges wurde immer lauter, gleich würde sein Trommelfell platzen.

Ihm war jetzt klar, warum er hergekommen war: Er musste erfahren, wie es sich anfühlte, sich vor einen ICE zu werfen und dem Fahrer dabei in die Augen zu blicken.

Er stand auf und wankte dem herandonnernden Zug entgegen. Ja, er konnte ihn tatsächlich sehen, da war ein Gesicht hinter der Scheibe, ein erschrockenes Gesicht mit aufgerissenen Augen, die auf ihn gerichtet waren. Wie in Zeitlupe registrierte er den panischen Blick, sah die erstarrten Pupillen, den zum Schrei geöffneten Mund.

Das bin ich, durchfuhr es ihn für Bruchteile von Sekunden, der Typ, der mich anstarrt, das bin ich selbst. Und es wunderte ihn nicht, dass er gleichzeitig im Zug und auf dem Gleis sein konnte.

In letzter Sekunde hechtete er zur Seite und rollte die steinige Böschung hinab. In seinem Rücken hörte er das Ächzen des Zuges, bei dem eine Notbremsung ausgelöst worden war. Dann robbte er zwischen den Büschen zur Straße, stieg in seinen Passat und startete den Motor.

Erst als er losfuhr, spürte er die Tränen.

Sie nahmen ihm die Sicht, er konnte kaum den Kreisverkehr und die Abzweigung auf die Autobahn erkennen.

1 Zolpidem ist das in Deutschland am häufigsten verordnete Schlafmittel. Die Substanz zählt zu den Diazepamen (zu dieser Stoffklasse gehört auch das Beruhigungsmittel Valium). Es wird schnell abgebaut, sodass es bei Einschlafstörungen genommen werden soll. Ein Nachteil von Zolpidem ist eine mögliche Gewöhnung, die eine Dosissteigerung zur Folge hat; einige Patienten berichten außerdem von Albträumen.

2 Burnout bedeutet »ausgebrannt sein«. Dieser Begriff beschreibt den Zustand emotionaler Erschöpfung und reduzierter Leistungsfähigkeit. Wissenschaftlich ist das Burnout nicht als eigenständige Erkrankung anerkannt, sondern wird als Teil einer Lebenskrise aufgefasst. Es gibt Überschneidungen zur Depression. Zunächst wurde der Begriff Burnout-Syndrom ausschließlich bei Patienten mit – beruflich bedingt – emotionalem Kontakt zu anderen Menschen, Ärzten, Krankenschwestern oder Lehrern, verwendet; die aktuelle Ausweitung als Modewort auf andere Bereiche ist umstritten. Informationen über das Burnout unter http://www.burn-out-syndrom.org; abgerufen am 29.06.2015

3 Schlaganfallsymptome: Jeder Schlaganfall ist ein dringender Notfall, und der Betroffene muss unverzüglich in eine Klinik mit Schlaganfall-Spezialstation (Stroke Unit) gebracht werden. Wenn die Nervenzellen von der Blutzufuhr abgeschnitten werden, überleben sie nur eine kurze Zeitspanne. In der Klinik wird in der verstopften Arterie das Gerinnsel aufgelöst und die Durchblutung wiederhergestellt. Bei folgenden Symptomen muss unverzüglich die Nummer 112 alarmiert werden: Plötzlich einsetzende Halbseitenlähmung, Sprachstörung mit verwaschener Sprache oder das Unvermögen, Worte zu formulieren, Sensibilitätsstörung einer Körperhälfte, heftiger Schwindel und Doppelbilder. Bei Hirnblutungen kann zusätzlich ein

heftiger, vorher nicht da gewesener Kopfschmerz auftreten. In der Fallgeschichte »Trauma« reagierte Claudia Weinheimer völlig richtig auf die Symptome ihres Ehemannes und verständigte den Notarzt. Wegen der knappen Zeit ist ein Zögern nicht angebracht. Wenn sich im Krankenhaus herausstellt, dass es doch kein Schlaganfall war, ist dies vor allem ein Grund zur Erleichterung. Viel schlimmer wäre es, bei einem echten Schlaganfall wichtige Zeit zu versäumen. Informationen: http://www.schlaganfall-hilfe.de; abgerufen am 29.06.2015

4 Der Hirnstamminfarkt ist eine Sonderform des Schlaganfalls und betrifft, wie der Begriff sagt, den Hirnstamm, einen Teil zwischen Großhirn und Rückenmark. Hier verlaufen auf engstem Raum die motorischen und sensiblen Leitungsbahnen, und hier befinden sich auch die lebenswichtigen Zentren für Atmung, Herzaktion und Schlucken. Außerdem werden vom Hirnstamm sowohl der Schlaf-Wach-Rhythmus als auch die Körpertemperatur reguliert. Entsprechend lebensbedrohlich und gefährlich sind Schlaganfälle des Hirnstamms. Bei einem Verschluss der Basilararterie kommt es zur Lähmung aller vier Extremitäten, ferner können schwere Schluckstörungen, Atemstillstand und Bewusstlosigkeit auftreten. Da die Gleichgewichtsnerven ihren Ursprung im Hirnstamm haben, ist häufig ein heftiger Schwindel dominantes Symptom eines Hirnstamminfarktes.

5 Die Transitorische ischämische Attacke (abgekürzt TIA) ist eine Durchblutungsstörung des Gehirns mit typischen Symptomen, die binnen vierundzwanzig Stunden von selbst wieder zurückgehen. Patienten mit TIA sind hochgradig gefährdet, einen kompletten Schlaganfall zu bekommen, deshalb muss in einer Klinik nach der Ursache der TIA gesucht und eine entsprechende Behandlung eingeleitet werden.

6 Vorhofflimmern ist eine häufige Ursache von Schlaganfällen. Der elektrische Taktgeber, der dem Herzschlag einen
gleichmäßigen Rhythmus verleiht, funktioniert in solchen
Fällen nicht, sodass es zu einem unregelmäßigen Puls
kommt. Dadurch bilden sich in den Vorhöfen der Herzin-
nenräume Gerinnsel, die mit dem Blutstrom aus dem Herzen in das Gehirn gepumpt werden können; dieser Vorgang wird Embolie genannt. Die Bildung der Gerinnsel
in den Vorhöfen kann durch blutverdünnende Medikamente, Antikoagulantien, verhindert werden. Nachteil
der gerinnungshemmenden Medikamente ist, dass sie eine
künstliche Blutungsneigung hervorrufen und es bei Verletzungen stark blutet. Es ist jedoch erwiesen, dass beim
Vorhofflimmern das Risiko, unbehandelt einen Schlaganfall zu bekommen, größer ist als das Risiko einer Blutung.

7 Dissoziative Störung ist eine Bezeichnung für den alten
Begriff der »Hysterie«. In der Psychiatrie wird auch von
»pseudoneurologischen Phänomenen« gesprochen, weil
die Patienten in Situationen höchster seelischer Anspannung körperliche Symptome, zum Beispiel Schwindel, Lähmungserscheinungen oder Ohnmachtsanfälle, bekommen.

8 Die Posttraumatische Belastungsstörung (PTBS) ist die
psychische Folge eines schlimmen Erlebnisses (oder mehrerer schlimmer Erlebnisse) mit elementarer Bedrohung
oder von katastrophalem Ausmaß. Teilnehmer der Kriege
in Vietnam, Irak oder Afghanistan sind häufig von einer
PTBS betroffen. Die psychische Störung tritt aber nicht
nur bei Kriegsteilnehmern auf, sondern kommt auch in
Folge von Naturkatastrophen, Gewaltakten und Verge-
waltigungen vor. Die Symptome sind Depression mit Ein-
und Durchschlafstörungen, Angstzustände, seelische Un-
ausgeglichenheit mit Reizbarkeit und Wutausbrüchen sowie eine Einschränkung der Leistungsfähigkeit. Charak-
teristisch ist eine vollständige oder partielle Unfähigkeit,

sich an einzelne Aspekte des auslösenden Traumas zu erinnern. Patienten berichten, dass Bilder der traumatischen
Erfahrung sich in das Bewusstsein hineindrängen können,
teilweise so intensiv, dass die Erinnerung nicht mehr
scharf von der Realität getrennt werden kann. Es ist eine
langfristige psychotherapeutische Behandlung notwendig. Gute Erfolge werden durch die Verhaltenstherapie er-
zielt (eine medikamentöse Therapie mit Antidepressiva
oder Beta-Blockern ist häufig nicht erfolgreich). Die psychologische Betreuung sollte möglichst früh nach dem
Trauma beginnen.

WASSERKOPF

Wer ist diese Frau? Warum schreit sie seinen Namen? Wieder ruft sie ihm etwas zu: »Wie sehen Sie denn aus, Herr Müller?«

Was will sie nur, sie ist doch nicht seine Frau. Oder doch?

Seine Frau ist aber nicht so riesig, und sie schreit auch nicht.

Wie heißt sie noch mal, seine Frau?

Egal, er muss doch gehen und abkassieren, die Miete ist fällig.

Er hat Kopfschmerzen, starke Kopfschmerzen.

Drüben in der Küche liegen die Schmerztabletten in einer Kristallschale. Er muss aufstehen und sie holen.

Da hört er wieder die Stimme der riesigen Frau: »Herr Müller, bleiben Sie ruhig liegen.«

Doch er muss in die Küche gehen, die Kopfschmerzen sind ja nicht auszuhalten.

Wo geht es noch mal in die Küche? Na, er wird den Weg schon finden.

Da, der Türpfosten, aber jetzt hält diese Frau ihn fest, abrupt macht er eine abwehrende Bewegung, der Nachtschrank fällt um, er stürzt mit zu Boden, die Frau schreit auf.

Wie heißt sie nur? Seine Frau ist doch nicht so laut. »Mama, Mama« haben die Kinder sie immer gerufen.

»Mama? Sie sind ja nicht ganz gescheit«, schreit ihm die Frau so laut ins Ohr, dass es klingelt, unerträglich laut.

Er muss sich die Ohren zuhalten und hebt die Arme.

Da kommt plötzlich noch eine. Jetzt wird er aber wütend, warum lässt man ihn nicht in die Küche gehen, um seine Tabletten zu holen?

Zwei Frauen halten ihn nun fest. Früher wäre das kein Problem gewesen. Er war ein starker Mann; mit zwei Weibsbildern wäre er im Handumdrehen fertig geworden.

Er sieht sich die Frauen noch einmal an. Plötzlich klärt sich etwas in seinem Kopf. Nein, Elfie ist nicht dabei. Aber Elfie wird kommen und ihn trösten. Immer wenn er ärgerlich wird, flüstert sie in sein Ohr: »Lieb sein.« Manchmal nörgelt er mit Absicht, um ihr »Lieb sein« zu hören.

Aber wo ist Elfie? Warum ist er allein? Warum sind alle weg außer diesen Weibsbildern?

Die große Dicke riecht nach Achselschweiß, und die andere nach Nikotin. Dabei hat er das Rauchen in seinen Häusern schon vor langer Zeit verboten und vermietet nur an Nichtraucher.

Er versucht aufzustehen, wird jedoch erneut niedergerungen.

Ein durchdringender Ton schrillt durchs Zimmer.

Seltsam, denkt er. Seine Mieter haben doch nicht so gellende Klingeln, sondern angenehm tönende, manchmal auch nur welche, die einen Gong erklingen lassen.

»Hallo, ich komme wegen der Miete. Ist mit der Wohnung alles in Ordnung?«

»Guten Tag, kommen Sie rein. Der Wasserhahn in der Küche leckt ein wenig, sonst ist alles ok. Wollen Sie ein Schnäpschen?«

Die Dicke mit dem Achselschweiß sitzt jetzt auf seinem Brustkorb, ihm verschlägt es den Atem.

»Ich hab ihn, ich hab ihn, hol die Spritze!«, ruft sie.

Nein, nur keine Spritze, schießt es ihm durch den Kopf,

dort in der Küche ist doch die Kristallschale seiner Mutter, da sind die Schmerztabletten drin, man braucht nur hineinzugreifen …

Die Eine hält seinen Kopf fest, das tut weh, na, warte.

»Der beißt!«, schreit sie auf. »So eine Boshaftigkeit! Ich brauche Tetanus!«

Verzweifelt keucht er unter dem Gewicht der Frau. Wo ist Elfie bloß? Immer ist sie da gewesen, nur jetzt nicht.

»ELFIEEE!«

Er wird auf den Bauch gedreht, an seiner Pobacke wird es kalt, dann spürt er den Stich. Wo ist Elfie denn nur?

Gunter soll kommen. Er muss ihn fragen, wo Elfie ist. Warum lässt man ihn nicht einfach in die Küche? Dort ist die Tür, er kann doch einfach hingehen.

Es riecht nach warmer Suppe und Tomate. Sein Schlafanzug klebt am Körper, da ist etwas in seinem Haar, sind das Essensreste?

Die Frauen versuchen ihn ins Bett zu heben, er stößt mit dem Kopf gegen die Kante des Nachttischs. Der Kopfschmerz wird schlimmer.

»Gunter?«, ruft er. Gunter und Elfie: Die beiden müssen ihm helfen.

Wenn Gunter nur nicht immer so schnell wütend werden würde.

Die Frauen haben ihn nun auf das Bett gelegt und ziehen ihm den Schlafanzug aus. Seine Augenlider werden schwer. Die Spritze … Immer wollen sie, dass er schläft, er soll immerzu schlafen. Sie werden Mutters blaue Kristallschale stehlen, denkt er verzweifelt. Dann verschwindet alles um ihn herum.

Nach drei Wochen Urlaub fiel es mir schwer, zurück in den Alltag zu finden. Der Ärger begann schon auf dem Krankenhausparkplatz, alles war voll, und neben dem Platz, wo ich normalerweise parkte, prangte ein Schild: Feuerwehreinfahrt. Wer hier parkt, wird kostenpflichtig abgeschleppt.

Morgen komme ich mit dem Fahrrad, nahm ich mir vor und wuchtete die Aktenordner, die ich von daheim mitgebracht hatte, aus dem Fond meines Wagens.

Am Eingang zur Klinik stand Dietmar Krone, ein ambulanter Patient mit Schmerzen in den Beinen, der immer wieder die Sprechstunde aufsuchte. Er rauchte einen Zigarillo.

»Hallo, Herr Professor! Wussten Sie schon? Ich soll am Schultergelenk operiert werden.«

»Was haben Sie denn am Schultergelenk?«, fragte ich aus reiner Höflichkeit.

»Verschleiß. Die Röntgenbilder sehen übel aus, muss dringend gemacht werden.«

Er drückte sorgenvoll den qualmenden Zigarillo in einen metallenen Aschenbecher.

»Die Schmerzen in den Beinen habe ich übrigens immer noch, da haben Sie mir nicht viel helfen können«, fügte er dann vorwurfsvoll hinzu.

Ich wünschte ihm viel Glück und ging die Gänge entlang zu meinem Büro.

Noch vor zwei Tagen war ich auf Hiddensee gewesen: Sonne, Strandkorb, Lesen, kein Stress, keine Hektik. Die einzigen Probleme, die gelöst werden mussten: Welcher Lichtschutzfaktor ist angeraten, und wo könnte man zu Abend essen?

Wieder in der Klinik fühlte ich mich wie in ein anderes Universum gebeamt: das graue Linoleum, die von den Krankentransporten abgeschabten Wände, der Geruch nach Bockwurst vom Imbissbereich.

Vor der Tür meines Büros saß ein Mann in ockerfarbenem Sakko und mit einem auffällig bunten Schlips, auf dem gelbe, blaue und rosafarbene Entchen zu sehen waren. Mit dem kleinen, sorgenvoll zerfurchten Gesicht, in dem sich ein per-

46

manentes Lächeln andeutete, sah er aus wie der Zauberer aus einer Kindersendung.

Als er mich um die Ecke biegen sah, stand er auf und hielt mir seine Visitenkarte entgegen: »Mahnke! Hugo Mahnke von der Firma EEG-Electronics. Guten Morgen, Herr Professor! Ich wollte es nicht versäumen, Sie gleich als Erster nach ihrem Urlaub zu begrüßen. Gleichzeitig möchte ich Ihnen unser mobiles Multikanal-Aufzeichnungsgerät vorstellen.«

Ich konnte es nicht fassen. Was für ein Morgen.

»Das freut mich, Herr Mahnke, aber lassen Sie mich erst einmal mein Büro betreten. Wenn Zeit ist, können wir gerne miteinander reden.«

Ich öffnete die Tür zum Sekretariat, und Frau Sommer schaute unwillig hoch, so als würde ich stören. Klar, sie war drei Wochen lang alleine gewesen und hatte ihre Zeit mit niemandem teilen müssen. Auch für sie war meine Rückkehr eine Umstellung.

Auf meinem Schreibtisch erwarteten mich Berge von Unterschriftenmappen und Krankenakten. Das war die dunkle Seite des Urlaubs: Die Arbeit blieb eben einfach liegen.

Ich fuhr den Rechner hoch und begann, die E-Mails durchzuarbeiten.

Montags machte ich dann gemeinhin Visite auf der gemischten Station im dritten Stockwerk, C3 genannt, also drückte ich den Knopf »Sekretariat« und sagte Bescheid, dass ich dort zu finden sei.

Auf der Station C3 lagen Patienten mit Demenz, Parkinson und anderen Alterserkrankungen. Zimmer für Zimmer gingen Frau Dr. Drilling, eine kleine, zarte Person, die vor Energie nur so strotzte, die Patienten durch.

Die Visite begleitete außerdem Krankenpfleger Ronny, ein muskulöser Typ, dessen durchtrainierte Oberarme unter den Ärmeln des hellblauen Kasacks hervorschauten. Ich schätzte Ronny, weil er großes Interesse für die Neurologie zeigte, mit den schwierigen Patienten gut umgehen konnte und eine ausgeprägte Beobachtungsgabe besaß – ein Umstand, der zum Beispiel bei epileptischen Anfällen eine große Hilfe war.

»Das ist Herr Hubertus Müller, ein sechsundsiebzigjähriger Patient, Demenz[1] vom Alzheimer-Typ[2]. Aktuell kommt er mit Verdacht auf einen Schlaganfall zu uns«, sagte Dr. Drilling.

Auf der Bettkante saß ein älterer Herr im gelben Morgenmantel, das volle graue Haar streng nach hinten frisiert.

Er musterte mich misstrauisch.

»Guten Tag, Herr Müller«, sagte ich.

Mein Gruß wurde nicht erwidert, stattdessen ergriff Herr Müller einen Zipfel meines weißen Kittels und versuchte das Ende einzudrehen.

Dann sagte er: »Du bist nicht Gunter.«

»Nein, ich bin nicht Gunter. Was glauben Sie denn, wer ich bin?«, fragte ich und lächelte.

»Du bist nicht Gunter«, stellte er mit kraftloser, kratziger Stimme fest und sah mich mit seinen grauen Augen forschend an. Trotz seiner Mattigkeit wirkte der Blick wach und interessiert. Die Lider waren verquollen, wie es oft bei Patienten der Fall war, die mit beruhigenden Medikamenten behandelt wurden. Die Augäpfel waren übersät mit einem feinen roten Adergeflecht und sahen aus wie das Mündungsdelta des Amazonas.

»Gunter ist sein Sohn und gleichzeitig der Betreuer des Patienten. Er kümmert sich um ihn«, schaltete sich die Stationsärztin ein.

»Haben wir Berichte über die Voraufenthalte des Patienten in anderen Kliniken? Mich würde interessieren, wie sicher die Diagnose Alzheimer ist«, sagte ich.

»Der Sohn hat uns mitgeteilt, dass der Patient seit längerer Zeit dement sei und in einem Pflegeheim wohne«, erklärte Dr. Drilling geduldig. »Er benötige rund um die Uhr

Hilfe und könne sich nicht selbst versorgen. Berichte über Voraufenthalte in anderen Kliniken liegen uns nicht vor.«

Ich runzelte die Stirn und fragte, was zu der Verdachtsdiagnose eines Schlaganfalls geführt habe.

»Gestern Abend im Pflegeheim ist Herr Müller sehr unruhig gewesen. Er bekam ein Beruhigungsmittel. Einem Pfleger von der Morgenschicht ist aufgefallen, dass er seinen rechten Arm nicht bewegen konnte. Als der Patient zu uns gebracht wurde, war er mit Ausnahme der ausgeprägten Demenz jedoch neurologisch unauffällig. Wir vermuten eine vorübergehende Durchblutungsstörung des Gehirns.« »Kann Herr Müller laufen?«, fragte ich.

»Das haben wir noch nicht versucht, so wach wie jetzt war er bisher noch nicht.«

»Versuchen wir, ihn auf die Beine zu stellen.«

Die Schwester und ich griffen Herrn Müller unter die Arme und versuchten ihn gemeinsam aufzurichten.

Wir scheiterten kläglich. Obwohl seine Beine nicht gelähmt waren und er alle vier Extremitäten gut bewegen konnte, stocherte er völlig unkoordiniert und wild mit ihnen in der Luft. Es schien, als wüsste er nicht mehr, wozu Beine zu gebrauchen waren. Weder allein noch mit unserer Hilfe war er in der Lage zu stehen, nicht einmal für kurze Zeit.

Wir setzten den Patienten dann wieder zurück auf die Bettkante.

Er schnaufte vor Anstrengung und fragte: »Wo ist Elfie?«

»Elfie ist seine verstorbene Ehefrau«, erklärte die Ärztin. Wieder sah er mich durchdringend an und fasste nach dem Revers meines Kittels, was mir unangenehm war. Ich erkannte am Hornhautrand seiner matt graublauen Augen einen weißlich-gelben Ring. Arcus senilis, dachte ich, auch »Greisenring« genannt.

»Verstorben? So ein Unsinn, eben habe ich noch mit Elfie gesprochen«, krächzte der Mann jetzt.

Als er den skeptischen Blick von Pfleger Ronny bemerkte, fügte er hinzu: »Ja, sie war hier, obwohl keine Besuchszeit war. Sie haben sie nur nicht gesehen.«

»Herr Müller, wir müssen erst einmal feststellen, was die Ursache Ihrer Beschwerden ist. Offensichtlich sind Sie sehr vergesslich, das hängt mit Ihrer Erkrankung zusammen«, wechselte ich das Thema.

Er sank auf das Kopfkissen zurück und sagte: »Ja, vergesslich, das stimmt, ich vergesse alles.«

Als wir aus dem Krankenzimmer gingen, war ich neugierig auf Herrn Müllers Computertomogramm, das bei jedem Patienten mit Verdacht auf Schlaganfall angefertigt wird. Auf dem Flur stand der Visitenwagen mit dem Stations-Laptop. Gemeinsam betrachteten wir darauf die Bilder von Herrn Müllers Gehirn.

Zu meiner Überraschung war nicht das typischerweise geschrumpfte Gehirn eines Alzheimerpatienten zu sehen, sondern eine monströse Aufweitung der Hirninnenräume. Das ganze Gehirn wirkte wie aufgepumpt, und die Hirnrinde war durch die ballonartig aufgeblasenen Innenräume plattgedrückt.

»Ganz klar: innerer Wasserkopf[3]«, sagte ich und wies auf die vergrößerten Ventrikel.

Im Inneren des Gehirns befinden sich Hohlräume, Ventrikel genannt, in denen das Nervenwasser zirkuliert, welches wie ein Polster verhindert, dass das Gehirn bei jeder Erschütterung des Kopfes gegen den Schädelknochen gequetscht wird. Täglich wird fast ein halber Liter Nervenwasser produziert. Dieselbe Menge muss also auch wieder abfließen können.

Es kann nun vorkommen, dass die Zirkulation des Nervenwassers nicht exakt funktioniert und mehr gebildet als aufgenommen wird. Der Druck des sich aufstauenden Nervenwassers weitet dann die Ventrikel und presst das gesunde Gehirn zusammen. Der Betroffene bekommt ähnliche Symptome wie ein Alzheimerpatient: Er wird vergesslich und verwirrt. Zusätzlich verliert er – wie unser Patient Müller – die Fähigkeit zu gehen. Außerdem geht die Kontrolle über die Blasenfunktion verloren, und er kann nicht mehr richtig Wasser lassen.

Dieser Zustand wird Hydrozephalus oder »innerer Wasserkopf« genannt.

»Die Symptome passen«, pflichtete mir die Assistenzärztin bei, »Gangstörung, Blasenstörung und Verwirrtheit, die klassische Kombination, wie sie bei einem Hydrozephalus vorkommt.«

Das war in gewisser Weise eine gute Nachricht. Denn Hydrozephalus-Patienten geht es normalerweise prompt besser, wenn der Neurochirurg eine Ableitung für das aufgestaute Nervenwasser einbaut. Oftmals werden die Patienten sogar wieder ganz gesund.

So führten wir denn noch am selben Tag bei Herrn Müller eine Lumbalpunktion durch. Dabei wurde mit einer feinen Nadel zwischen zwei Lendenwirbeln Nervenwasser punktiert und so der Druck aus dem System genommen. Es wurde eine große Menge, nämlich 50 ml Nervenwasser abgelassen, um zu sehen, ob die Symptomatik sich durch die Druckentlastung bessern würde. Und in der Tat: Einen Tag später war Herr Müller bereits wieder in der Lage, etwa zehn Meter ohne fremde Hilfe zu gehen. Auch seine Orientierung hatte sich verbessert: Er wusste, wo er sich befand und mit wem er sprach. Ein klarer Beweis, dass sein zusammengequetschtes Gehirn sich nach einer Druckentlastung erholen und wieder normal funktionieren konnte.

Da jedoch ständig Nervenwasser nachgebildet wird, war diese Druckentlastung nur vorübergehend. Um eine endgültige Lösung herbeizuführen, musste von Neurochirurgen in einer Operation eine permanente Ableitung, ein sogenannter Shunt, angelegt werden.

Während der folgenden Morgenkonferenz erklärte Dr. Drilling dann jedoch: »Bei Herrn Müller, dem Patienten mit dem Hydrozephalus, war die Lumbalpunktion ein voller Erfolg, er konnte schon einen Tag später ein paar Schritte laufen und klarte deutlich auf.«

Sie klang niedergeschlagen, während sie sprach.

»Prima«, sagte ich. »Dann verlegen wir ihn sofort zu den Neurochirurgen, damit ihm ein Ventil eingebaut werden kann.«

Die Ärztin druckste herum.

»Es gibt da leider ein Problem«, sagte sie. »Der Sohn des Patienten hat die Betreuung, und er lehnt jeden Eingriff ab.«

Verwundert sah ich sie an.

»Weiß er nicht, dass es seinem Vater danach viel besser gehen würde?«

Auf der Stirn der Ärztin erschien eine senkrechte Zornesfalte.

»Ich habe den Eindruck, dass er genau das nicht will.«

Ich runzelte ebenfalls die Stirn und bat nach der Konferenz mein Sekretariat, einen Termin mit dem Sohn zu vereinbaren. Ich wollte persönlich mit ihm sprechen.

Bereits am folgenden Vormittag stand Frau Sommer vor meinem Schreibtisch und kündigte Herrn Müller, den Sohn des Patienten, an. Sie verzog das Gesicht, als hätte sie einen unangenehmen Geschmack auf der Zunge. Dann drehte sie sich um und rief in den Wartebereich: »Sie können jetzt.«

Gunter Müller war etwa Mitte vierzig und eine sportliche Erscheinung. Bei der Begrüßung drückte er mir flüchtig die Hand, nahm Platz und schaute desinteressiert aus dem Fenster, das auf den bepflanzten Innenhof hinausging. Er trug einen eleganten grauen Anzug, mehrere Knöpfe seines himmelblauen Hemdes standen offen. Sein Schädel war glattrasiert und glänzte wie poliert, seinen rechten Mittelfinger zierte ein großer Ring mit dunkelblauem Stein.

»Sie wollten mich wegen meines Vaters sprechen?«

Ich nickte.

»Herr Müller, unsere Diagnose hat neue Aspekte ergeben. Ihr Vater hat, das können wir mit Sicherheit sagen, Gott sei Dank keine Alzheimer-Demenz. Er leidet an einer Abflussstörung des Nervenwassers. Dieses Problem kann durch einen relativ kleinen Eingriff behoben werden, und Ihrem Vater wird es danach mit großer Wahrscheinlichkeit besser gehen.«

Mein Gegenüber schaute immer noch aus dem Fenster, sein Gesichtsausdruck war jetzt hart und angespannt. Unangenehme Stille breitete sich aus. Schließlich wandte Gunter Müller langsam seinen glattpolierten Schädel in meine Richtung und entblößte ein kräftiges Gebiss mit erstaunlich langen Zähnen.

»Das hat mir diese junge Ärztin schon erklärt. Ich kann Ihnen nur sagen, dass ich als sein Vormund einer Operation nicht zustimmen werde. Mein Vater ist kein Versuchskaninchen. Wir kommen gut zurecht mit der Situation, so wie sie ist. Mein Vater ist gut versorgt, ich kümmere mich um ihn. Ich sage nein zu Ihrer Operation.«

Ich lächelte und beugte mich vor.

»Herr Müller, Ihr Vater ist nicht in der Lage, alleine auch nur wenige Schritte zu laufen, er kann seinen Harndrang nicht kontrollieren und er ist völlig desorientiert. Wollen Sie nicht die Chance nutzen, diese Symptome zumindest zu bessern, damit er ein selbstständiges und würdiges Leben führen kann?«

Gunter Müller schaute auf seine Uhr.

»Was heißt schon würdig? Sie wissen gar nicht, wie er

vorher gewesen ist. Am besten nehme ich ihn gleich wieder mit, er ist ja nur wegen der hysterischen Pfleger im Heim hierhergekommen. Die dachten, mein Vater hätte einen Schlaganfall. Aber die ganze Aktion war komplett überflüssig. Und jetzt habe ich keine Zeit mehr, mit Ihnen zu diskutieren, dringende Geschäfte, Sie verstehen.«

Allmählich ärgerte mich seine provokante Art.

Ruhig sagte ich: »Nichts werden Sie tun, Ihr Vater bleibt hier. Wenn wir ihn gehen lassen würden, wäre dies unterlassene Hilfeleistung. Ich werde mit dem Amtsrichter sprechen, und wenn es notwendig ist, wird Ihr Vater behandelt wie jeder andere, darauf hat er ein Anrecht.«

Gunter Müller richtete sich auf und schaute mich aus kalten graublauen Augen an: »Sie wollen ihn gegen meinen Willen operieren lassen? Da wäre ich aber schön vorsichtig. Nicht, dass es Ihnen eines Tages leidtun wird.«

Ich war irritiert. Das war eine unverhohlene Drohung.

»Ich wüsste nicht, warum es mir leidtun sollte«, entgegnete ich scharf.

Müller stand auf und beugte sich über den Schreibtisch, sein glänzender kugelförmiger Schädel näherte sich mir bis auf wenige Zentimeter. Die Situation ähnelte dem Fotoshooting vor einem Boxkampf, bei dem die Gegner sich mit bösem Blick aus kürzester Nähe anstarren.

Dann wandte er sich abrupt zur Tür und verließ grußlos mein Büro.

Ich rief sofort auf der Station an, um Bescheid zu sagen, dass Hubertus Müller nicht entlassen werden dürfe. Dann bat ich die Stationsärztin, über unsere Sozialarbeiterin beim Amtsgericht die Aufhebung der Betreuung durch den Sohn zu beantragen, um eine Pflegschaft für gesundheitliche Belange von Amtswegen einzurichten: »Es ist Gefahr im Verzug, der Sohn zeigt sich uneinsichtig!«

Gegen Mittag kam Amtsrichterin Eschbach-Wegel, um den Beschluss auszufertigen. Vorher musste sie noch mit dem Patienten reden, und sie wollte sich natürlich auch vom behandelnden Arzt berichten lassen.

Richterin Eschbach-Wegel war eine große, fröhlich dreinblickende junge Frau mit wild gekräuseltem Haar, das an Angela Davis erinnerte, allerdings in Blond.

Ich schilderte ihr die näheren Umstände des Falles und wagte die Prognose, dass unser Patient durch einen relativ kleinen chirurgischen Eingriff in einen wesentlich besseren Zustand versetzt werden könne. Dann beschrieb ich mein Zusammentreffen mit dem Sohn und erzählte von dessen für mich unverständlicher Weigerung, seinen Vater behandeln zu lassen. Auch die versteckte Drohung mir gegenüber verschwieg ich nicht.

»Wenn das alles zutrifft, dann werden wir dem Sohn, wie Sie es wünschen, die Betreuung entziehen. Die Interessen des Sohnes scheinen nicht mehr deckungsgleich mit den Interessen des Vaters zu sein. Ich gehe jetzt auf die Station und rede mit Herrn Müller«, verabschiedete sich die Amtsrichterin.

Kurze Zeit später klingelte das Telefon.

»Hier ist Richterin Eschbach-Wegel, ich bin gerade auf der Station, aber Herr Müller ist nicht mehr da. Es heißt, er sei entlassen worden, auf Wunsch des Sohnes. Dieser habe unterschrieben und seinen Vater gegen ärztlichen Rat mitgenommen.«

Ich unterdrückte einen Fluch. Gunter Müller war schneller gewesen. Aber, hätte ich persönlich neben dem Bett des alten Müller Wache halten sollen, bis der richterliche Beschluss vorlag?

Die Richterin teilte mir mit, was ich bereits ahnte: »Streng genommen hatte er zu diesem Zeitpunkt noch das Recht dazu, wir haben ja bisher keine anderslautende richterliche Verfügung ausgesprochen.«

»Frau Richterin«, erwiderte ich ärgerlich, »es geht hier um die Gesundheit eines Patienten, wir können nicht zulassen, dass aufgrund irgendwelcher mieser Intrigen ein Patient auf der Strecke bleibt!«

»Ich verstehe Sie vollkommen«, sagte die Richterin, »doch sind mir unter den gegebenen Umständen leider die Hände gebunden.«

Ich legte auf.

Mir kam mein ehemaliger Chef in den Sinn, der stets sagte: »Man kann die Welt nicht retten.« Damit wollte er sagen: Mach deine Arbeit, und konzentriere dich auf die Patienten, die einer Behandlung zugängig sind. Patienten nachzulaufen, die deinen Rat in den Wind schlagen, eine empfohlene Behandlung ablehnen oder deren Angehörige sie verweigern, bedeuten nichts als Energieverlust.

Prinzipiell vertrat ich einen ähnlichen Standpunkt. Doch hier lag die Sache anders: Noch als ich an diesem Abend meine Akten zusammensammelte, um heimzufahren, war ich voller Wut und Ärger über diesen Schnösel, der sich seinem Vater gegenüber rücksichtslos und mir gegenüber unverschämt verhalten hatte. Außerdem hatte er mir offen gedroht und wollte mich einschüchtern. So etwas hatte ich bisher noch nicht erlebt.

Natürlich war ich auch heute nicht mit dem Fahrrad gekommen. Mein Wagen parkte in zweiter Reihe auf dem Klinikparkplatz.

Schon von Weitem sah ich die tiefe Schramme, die sich in mittlerer Höhe vom vorderen Kotflügel über beide Türen bis zum Heck zog. Der Lack war auf der Fahrerseite mit einem spitzen Gegenstand zerkratzt worden. Die Schramme war definitiv neu, und es sah ganz danach aus, als wäre sie dem Fahrzeug mutwillig zugefügt worden. Unwillkürlich kam mir der dicke Ring mit blauem Stein am Mittelfinger von Herrn Müllers Sohn in den Sinn ...

Am nächsten Morgen eröffnete mir Frau Sommer, dass Schwester Sarah gerne etwas Persönliches mit mir besprechen wolle. Schwester Sarah arbeitete seit mehr als zwanzig Jahren auf der Männerstation. Sie war wie für die Arbeit auf einer neurologischen Station geschaffen. Geduldig mit schwierigen und nicht orientierten Patienten, immer bereit, sich die Sorgen und Nöte der Kranken anzuhören, und wenn es nötig war, konnte sie zupacken und den schwergewichtigsten Patienten mit Lähmungen mit Schwung aus dem Bett in den Rollstuhl hieven.

Jetzt saß sie im rosa Schwesterndress mir gegenüber auf dem Besucherstuhl und wusste nicht, wie sie anfangen sollte.

Ich holte eine zweite Tasse und goss ihr Kaffee ein.

»Herr Professor, das Ganze geht mich wahrscheinlich nichts an.«

Sie sah mich vorsichtig an und richtete den Blick wieder zu Boden. »Aber mein Mann und ich haben uns entschlossen, mit Ihnen zu reden.«

Sie nahm einen Schluck Kaffee, dann fiel ihr Blick auf eine Fotografie auf meinem Schreibtisch, die mich mit meinen Kindern zeigte: »Sind das die Zwillinge? Die sind ja schon erwachsen. Ich weiß noch wie heute, wie Sie mit dem Zwillingswagen in die alte Klinik gekommen sind, ich habe sie dann im Arm gehalten ... Aber ich schweife ab ...«

Sie lächelte und nippte am Kaffee.

»Also, mein Mann und ich, wir haben bei Heringsdorf eine kleine Datsche am Meer. Dort wohnen auch die Müllers. Wir kennen die Familie schon seit Jahrzehnten. Zu DDR-Zeiten haben wir, wenn sie nicht da waren, auf ihr Haus aufgepasst, und im Herbst hat mein Mann immer die Hecken geschnitten. Man lernt sich eben kennen, so über den Gartenzaun.«

Sie seufzte und senkte die Stimme: »Sie müssen wissen, beide Frauen sind ihm weggestorben, dem alten Müller. Die erste Frau, die Elfie, war eine reizende Person, leider ist sie schon früh an Brustkrebs gestorben. Olga, seine zweite Frau, ist letztes Jahr bei einem Autounfall zu Tode gekommen. Seitdem der Müller alleine lebt, ist das alles ein einziges Trauerspiel. Als Nachbarn bekommen wir ziemlich genau mit, wie es jetzt dort zugeht, wissen Sie. Vor allem im Sommer, wenn die Fenster offen sind. Mir tut der alte Herr leid, der war immer so korrekt und tüchtig, und jetzt ...«

Sie sah mich verlegen an, so als hätte sie Zweifel, ob mich ihr Erzählen überhaupt interessierte. Dabei schnipste sie mit den Fingern den Verschluss ihrer Identitätskarte auf und zu. »Sarah Menzel« stand darauf zu lesen, daneben das Bild einer Frau in den besten Jahren, mit vollem brünetten Haar, das ihr rechts und links über die Schultern fiel, mit glattem Gesicht, entschlossen in die Kamera blickend. Mittlerweile war sie deutlich ergraut, das Gesicht war runder geworden, und der Blick schien weniger unternehmungslustig.

Dann fuhr sie fort: »Gunter Müller ist nicht der leibliche Sohn. Der alte Müller ist immer fleißig und freundlich gewesen. Außerdem war er pfiffig. Zu DDR-Zeiten hat er Ställe und Schweinekoben zu Ferienwohnungen ausgebaut. Für die Menschen aus der Hauptstadt war ein Urlaub an der Ostsee schließlich das Größte. Er war immer ausgebucht und schon damals ein wohlhabender Mann. Ein, zwei Jahre nachdem die Elfie gestorben war, tauchte die Olga aus Berlin auf.«

Sie schaute mich erneut unsicher an. »Ich raube Ihnen die Zeit, Sie haben bestimmt wichtigere Sachen zu tun.«

»Nein, Schwester Sarah, ich höre mit großem Interesse zu, das Schicksal von Herrn Müller liegt mir sehr am Herzen. Von seinem Sohn Gunter, oder wie Sie sagen, seinem Stiefsohn, hatte ich gestern Besuch. Und ich fand ihn so unmöglich, dass ich gerne mehr über diese Familienverhältnisse erfahre.«

Schwester Sarah hatte den Kaffee ausgetrunken und wartete, bis ich ihr nachgeschenkt hatte.

»Jedenfalls war diese Olga eine fürchterliche Frau. Hundertprozent Genossin, sie trug auch werktags das Parteiabzeichen an der Bluse. Gunter, ihr Sohn, war damals gerade zehn Jahre alt. Der Müller hat ihn adoptiert und wie seinen eigenen Sohn behandelt. Er selbst hatte ja keine Kinder. Nach der Wende wurde er dann richtig erfolgreich. Er sanierte mit Fördermitteln die maroden Ferienanlagen des Freien Deutschen Gewerkschaftsbundes und machte Wellness-Anlagen daraus. Heute besitzt er über ganz Usedom verteilt Ferienwohnungen, Hotels und Restaurants.«

So langsam schwante mir, worauf Schwester Sarah hinauswollte.

»Die hat sich Gunter jetzt unter den Nagel gerissen. Der kann es gar nicht erwarten, dass der Alte tot ist. Man sagt in Heringsdorf, dass er nicht gerade zimperlich ist. Seitdem er Herr im Haus ist, behandelt er Mieter und Pächter richtig mies und setzt sie unter Druck. Viele haben das Weite gesucht, deshalb kann er jetzt teurer verpachten. Es wird sogar gemunkelt, dass er in dunkle Geschäfte mit Polen verstrickt ist.«

Schwester Sarah sah mich verschwörerisch an: »Mädchenhandel und Schlimmeres!«

Sie hatte sich in Rage geredet, ihr gutmütiges Gesicht war erhitzt, und am Hals hatten sich rote Flecken gebildet. »Ist doch klar, dass der nicht will, dass der Alte wieder klar denkt!«

Ich seufzte.

»Ich bin genauso empört wie Sie, Schwester. Ich fürchte bloß, wir können da nichts machen. Der alte Herr steht unter gesetzlicher Betreuung seines Sohnes, er hat das Recht auf seiner Seite«, sagte ich und fühlte mich dabei so unwohl, als wäre ich an der Misere schuld.

Doch Schwester Sarah ließ nicht locker: »Aber Sie wollten doch, dass gerichtlich eine Behandlung erzwungen wird!«

Sie sah mich herausfordernd an. »Das können Sie doch

jetzt auch noch. Herr Müller befindet sich wieder im Pflegeheim in Zinnowitz, man müsste ihn dort nur abholen.«

Sie ging zur Tür und war schon fast draußen, als sie sich noch einmal umdrehte: »Hoffentlich habe ich nicht zu viel erzählt. Aber Sie müssen dem alten Herrn helfen. Er ist skrupellosen Menschen in die Hände gefallen. Übrigens sagt man, dass der saubere Gunter der uneheliche Sohn eines der allerhöchsten DDR-Bonzen ist.«

Ich schaute hoch: »Honecker?«

»Nein, Gott bewahre, nicht Honecker. Ist Ihnen denn nicht sein Gebiss mit den langen Zähnen aufgefallen?«

»Krenz?«

Oder hatte einer der DDR-Oberen noch größere Zähne gehabt?

Schwester Sarah hinterließ eine wilde Mischung aus DDR-Skandalgeschichten und anrüchigen Rotlichtmilieu-Spekulationen in mir, angereichert mit subtilen Vorwürfen, ich würde als Arzt mir anvertraute Patienten einfach ihrem Schicksal überlassen.

Natürlich wollte ich dem alten Müller helfen, aber auf meinem Schreibtisch türmten sich die Akten. Außerdem musste ich an die dreiste Drohung des Stiefsohnes denken, auch an den Ratscher an meinem Auto. Ich hatte durchaus Respekt davor, mich mit der Unterwelt anzulegen.

Und trotzdem: Ich konnte Schwester Sarahs Vorstoß nicht ignorieren. Es musste etwas geschehen, und sei es nur, um mein Gewissen zu beruhigen.

Also griff ich zum Telefonhörer und rief Egbert Kraschner, einen guten Freund und pensionierten Richter des Amtsgerichts, an.

»Hallo Egbert, hast du Lust, dich heute noch mit mir zum Mittagessen zu treffen? Ich habe da ein Problem und brauche deinen Rat.«

Pünktlich um eins betrat Egbert das italienische Restaurant. Er wirkte erholt und ausgeglichen.

Als er mich begrüßte, lächelte er schelmisch:»Schön, dich zu sehen! Ich verstehe unser Treffen als Geschäftsessen und gehe davon aus, dass ich eingeladen bin. Seit ich in Rente bin, muss ich sparsam sein.«

Er lachte und setzte sich mir gegenüber. Der würdige und stets korrekt gekleidete Amtsrichter war zum Pensionär mit brauner Cordhose und Outdoor-Jacke von Jack Wolfskin mutiert. Er hatte mit der Bienenzucht begonnen und erzählte begeistert von dem Kurs, den er zusammen mit seiner Lebensgefährtin bei einem Imker gemacht habe.

Ich wartete, bis er mir alles über seine neugewonnenen Kenntnisse von Bienenvölkern berichtet hatte – und dann legte ich los:»Hoffentlich weißt du auch noch ein bisschen über das Gesetz Bescheid. Ich habe da einen komplizierten Fall im Krankenhaus, und bevor ich die Angelegenheit ihren hochoffiziellen Weg gehen lasse, wollte ich mir Rat bei dir holen.«

Ausführlich erzählte ich vom Fall Müller, verfremdete nur ein paar Grunddaten wie Namen und Wohnorte, um keine Identifikation zu ermöglichen. Ich erklärte die Möglichkeit, dem Mann mit einem Eingriff zu helfen, und berichtete von der Weigerung des Stiefsohnes, diesen Eingriff durchführen zu lassen. Keineswegs versäumte ich, ihm meinen Verdacht mitzuteilen, dass der Schwiegersohn aus nicht ganz uneigennützigen Gründen handele, und ich vergaß auch nicht, Schwester Sarahs Bemerkungen zu erwähnen, die den Stiefsohn in die Nähe des Rotlichtmilieus rückten.

Während Egbert genüsslich die Reste seiner Lasagne mit einem Stück Weißbrot aufnahm, meinte er:»Du siehst mal wieder den Wald vor lauter Bäumen nicht! Das ist doch ganz klar. Selbstverständlich geht das Wohl des Patienten vor dem Willen des Betreuers. Wenn du als Arzt feststellst, dass eine

Behandlung unbedingt notwendig ist, dann wird ein Betreuer von Amts wegen bestellt und der notwendige Eingriff durchgeführt. Du musst nur den Amtsrichter davon überzeugen, dass du Recht hast und nicht der Betreuer.«

Ich atmete auf und ließ die Dessertkarte kommen.

Noch am selben Tag bat ich die zuständige Ärztin, gemeinsam mit unserem Sozialdienst die Betreuung von Amts wegen für Herrn Müller definitiv zu beantragen, da ihm eine wichtige Behandlung entzogen werde. Man versicherte mir, die Sache in die Wege zu leiten, in wenigen Tagen wisse man mehr.

Einige Zeit später hatte ich am Rostocker Universitätsklinikum zu tun. Ich nahm die Autobahn und war gerade erst ein paar Kilometer unterwegs, als ich bemerkte, dass ein großer schwarzer Wagen dicht hinter mir auffuhr und unentwegt die Lichthupe betätigte. Es war eine Geländelimousine, ein SUV, ein hochgestellter schwarzer Ford mit abgetönten Scheiben.

Ich drosselte die Geschwindigkeit und ordnete mich hinter einem schweren Tanklaster auf der rechten Spur ein. Der SUV überholte jedoch nicht, sondern wechselte ebenfalls die Spur und blieb an meiner Stoßstange kleben.

Verärgert beschloss ich, den Laster zu überholen, und setzte den Blinker. In diesem Moment schoss der SUV auf die Überholspur und fuhr parallel zu mir, sodass es mir nicht möglich war, nach links auszuscheren. Ich wandte den Kopf und erblickte durch die getönten Scheiben auf dem Beifahrersitz die Silhouette eines bulligen Mannes mit Baseballmütze. Er hob seinen rechten Arm und zielte mit dem Zeigefinger auf mich. Dann zuckte seine Hand nach hinten, als hätte er einen Schuss auf mich abgefeuert. Mein Herz schlug mir bis zum Halse, die Handflächen waren schweißnass und klebten am Lenkrad.

Endlich blieb der Wagen zurück und ließ mich ausscheren. Ich gab Vollgas und wechselte auf die Überholspur. Der SUV jedoch hatte offensichtlich noch ein paar PS mehr unter der Haube. Spielerisch scherte er auf die rechte Spur und begann, mich rechts zu überholen. Dabei blinkte er links, schnitt mich und bremste abrupt. Mit großer Not gelang es mir, mein schlingerndes Fahrzeug wieder unter Kontrolle zu bringen. Um ein Haar wäre ich mit dem Lastzug kollidiert, der von hinten herandonnerte.

Als ich das Auto wieder im Griff hatte, war der schwarze Wagen in der Ferne verschwunden. Ich hielt auf dem nächsten Parkplatz an und stieg mit zitternden Knien aus. Das war Nötigung gewesen, ja, mehr noch, ein mutwilliger Angriff, keine Frage.

Und ich war mir ziemlich sicher, wer dahintersteckte. Zu meinem Ärger musste ich feststellen, dass ich vor Aufregung allerdings völlig vergessen hatte, mir die Autonummer des schwarzen Fahrzeugs zu merken.

Mit dem Dokument des Amtsgerichts in der Hand klingelte ich einige Tage später an der Tür des Zinnowitzer Pflegeheims.

»Warum wollen Sie denn da persönlich hinfahren?«, hatte Frau Sommer gefragt. »So was machen Sie doch sonst nicht. Was ist mit Ihren Terminen hier in der Klinik?«

»Es ist mir ein Anliegen, Herrn Müller in unsere Klinik zurückzubringen«, hatte ich meiner Sekretärin knapp entgegnet.

Ich fühlte wohl etwas von Rambo, dem Kämpfer für Gerechtigkeit, in mir. Dieser polierte Glatzkopf war einfach zu weit gegangen. Ich würde ihm mit der Macht des Gesetzes gegenübertreten.

Das Pflegeheim war eine schmucke Villa unter Kiefern nahe der Strandpromenade, in der wohlhabende Bürger aus der

Umgebung ihre dementen und pflegebedürftigen Angehörigen unterbrachten. Das Geräusch der Brandung und das beständige Kreischen der Möwen erfüllten die salzige Luft. Begleitet von zwei Polizeibeamten betrat ich die hohe weißgetünchte Eingangshalle, eine Glasfront öffnete den Blick aufs Meer.

»Wir kommen, um Herrn Müller in die Klinik zurückzubringen«, sagte ich möglichst freundlich, nachdem ich mich vorgestellt hatte, zu der Pflegerin im Büro. Sie setzte eine rote Lesebrille auf und studierte aufmerksam den Gerichtsbeschluss, dann stand sie mit einem Stöhnen auf und ging uns voran eine geschwungene Treppe hoch.

»Das Zimmer von Herrn Müller ist in der ersten Etage«, sagte sie. Wir gingen einen langen Flur entlang. Rechts und links waren mit Nummern versehene weißlackierte Türen. Vor der Nummer dreiundzwanzig blieben wir stehen.

»Hier wohnt Herr Müller, völlig durcheinander, der alte Herr, wird Zeit, dass etwas passiert mit ihm.«

Herr Müller saß auf einem großen Ledersessel vor dem Fernseher und schaute eine Zoo-Sendung an. Gerade wurde ein braunes Bärenbaby mit einer Milchflasche gefüttert. Die schaumige Milch spritzte links und rechts aus der spitzen Schnauze.

Herr Müller schaute verwundert hoch und fragte: »Ich soll mitkommen? Wo ist Gunter? Ich würde gerne die Sendung zu Ende sehen. Soll ich wieder eine Spritze in den Rücken bekommen? Die hat mir gutgetan. Seitdem verstehe ich die Sendungen im Fernseher wieder besser. Tierfilme mag ich.«

»Sie sollen behandelt werden, damit es Ihnen noch besser geht«, sagte ich, während die Pflegerin einige Sachen zusammenpackte.

Da röhrte draußen ein hochtouriges Auto. Türen schlugen, und vom Vestibül her waren aufgeregte Stimmen zu hören. Kurz darauf wurde die Zimmertür aufgerissen, und Gunter Müller stand im Raum. Er trug ein Muskelshirt mit der Aufschrift PowerGym und eine Trainingshose.

Ohne Vorwarnung brülle er sofort los: »Ihr wollt meinen Vater holen? Ihr habt wohl einen Vogel, ich polier euch die Fresse!«

Herr Müller runzelte die Stirn und berührte seinen Adoptivsohn an der Schulter.

»Gunter, wie redest du? Der freundliche Herr kommt von der Klinik, ich muss da noch einmal behandelt werden. Warum bist du so böse?«

»Scheiß auf die Behandlung!«, schrie Gunter Müller. Er fasste mich an den Schultern und schleuderte mich leichthin auf Herrn Müllers quietschendes Bett. Ich richtete mich wieder auf, die Schulter schmerzte heftig. Auffordernd sah ich die beiden Polizeibeamten an, die mich begleiteten. Doch sie sahen bloß weiter auf den Fernsehschirm und verfolgten interessiert die Fütterung des Braunbär-Babys.

»Herr Müller, das hat jetzt aber auch keinen Sinn«, sagte schließlich einer der beiden, ein Dicker mit rötlich-violettem Gesichtskolorit.

»Was sind Sie nur für Feiglinge?«, sagte ich. »Nehmen Sie diesen Mann fest, er widersetzt sich einer richterlichen Anordnung.«

»Festnehmen? Ich hau jetzt mit meinem Vater ab. Und Ihnen rate ich«, wandte er sich an mich, »lassen Sie die Finger von ihm!«

Dann nahm er den alten Müller am Arm und zog ihn aus dem Raum.

»Wenn ihr Lust habt, könnt ihr mal wieder im Club vorbeischauen, Jungs«, sagte er im Abgehen noch grinsend zu den beiden Uniformierten.

Abends besah sich meine Frau meine Schulter, die nach dem Handgemenge immer noch stark schmerzte. »Siehst du dort etwas? Es tut ziemlich weh«, stöhnte ich.

Sie erschrak: »Da sind ja richtige Blutergüsse!«

Während sie mir Heparin-Salbe auftrug, sagte sie streng: »Du hältst dich da jetzt bitte raus. Ich verstehe nicht, warum du dich in diesem Fall so stark engagierst. Lass das die machen, deren Aufgabe es ist.«

Sie hatte recht. Man kann die Welt nicht retten, dachte ich und rief am nächsten Tag Ulrike Schmidt, die Leiterin des Gesundheitsamtes an. Ich bat sie, den Patienten Müller aus der Betreuung seines Stiefsohnes zu befreien und zu veranlassen, dass er in unserer Klinik behandelt werden könne. Sie versprach, alles zu tun, um Herrn Müller so schnell wie möglich zu finden.

Einige Tage später klingelte ein Amtsarzt, wiederum begleitet von zwei Polizeibeamten, an der Tür der Müller'schen Villa auf Usedom. Es öffnete ein muskelbepackter Mann im schwarzen T-Shirt und weißer Jeans.

»Was gibt's?«, fragte er unwirsch.

»Wir sind hier, um Herrn Müller in die Klinik zu bringen. Er ist krank und braucht dringend ärztliche Hilfe. Hier ist der richterliche Beschluss«, sagte der Arzt streng und hielt dem Türsteher das Schriftstück entgegen. »Der Alte ist weg, heute Morgen einfach fortgelaufen. Wir haben keine Ahnung, wo er hin ist«, sagte der Muskelprotz und zuckte mit den Schultern. »Wenn Sie wollen, können Sie selber nachgucken. Echt, heute Morgen war er noch da, und dann ist er plötzlich verschwunden.«

Der Arzt betrat das Haus, gefolgt von den Polizisten.

»Wo befindet sich Herrn Müllers Zimmer?«, fragte er. »Außerdem würde ich gerne mit Herrn Gunter Müller sprechen.«

Der Türsteher baute sich vor dem Arzt auf.

»Den darf ich nicht stören, der schläft«, grinste er. »Aber das Zimmer von dem Alten können Sie ruhig sehen.«

Er öffnete die Tür zu einem Zimmer, das einen chaotischen Eindruck machte. Es roch nach Urin, die Bettdecke war voller gelber Flecken, mehrere Teller mit Essensresten waren über den Boden verteilt, der Fernseher lief ohne Ton, und es war das Surren mehrerer fetter Fliegen zu hören.

»Der Typ ist ein Schwein, der pisst echt überall hin.«

Der Arzt öffnete das Fenster, um den beißenden Geruch aus dem Zimmer zu vertreiben.

»Wieso haben Sie nicht gemeldet, dass Herr Müller weg ist? Es handelt sich hier um eine hilflose Person«, fragte er.

»Was sollen wir denn melden, Mann? Der ist weg, und damit ist gut. Der hatte so und so einen an der Klatsche.«

Der Arzt schüttelte den Kopf und zückte sein Handy. Kurz darauf wurde eine Großfahndung nach einer hilflosen Person ausgeschrieben: sechsundsiebzig Jahre alt, volles graues Haar, blaues Hemd und Bluejeans. Im Rundfunk wurde die Personenbeschreibung des Vermissten zu jeder vollen Stunde wiederholt.

Am Nachmittag befand sich in meinem Posteingang eine Mail des Absenders »Körperkultur Usedom«. Ich ahnte, dass sie von Gunter Müller kam und war dennoch so unbedacht, sie zu öffnen. Schließlich erhoffte ich mir einen Hinweis auf den Aufenthaltsort des Vaters.

Kaum hatte ich die Mail angeklickt, gab mein Notebook ein hochfrequentes Geräusch von sich, der Bildschirm wurde zunächst schwarz, dann erschien eine grelle gelbe Schrift: »Sie haben eine verbotene Seite geöffnet und damit gegen mehrere Gesetze verstoßen. Ihr Betriebssystem wird in dreißig Sekunden zerstört.«

Der Bildschirm flackerte schwarz und weiß, dann erschien eine weitere Botschaft: »Sie können die Zerstörung Ihres Computers verhindern, indem Sie ihre Kreditkartennummer eingeben.« Ich drückte hektisch auf den AUS-Knopf. Doch das Pfeifen, das aus dem Inneren des Geräts zu kommen schien, hörte nicht auf – der Computer ließ sich nicht ausschalten.

Hektisch drehte ich das Notebook um. In letzter Zeit war ich ziemlich nachlässig mit der Sicherung meiner Daten gewesen. Die Vorlesungen und Vorträge, die ich in den letzten vier Wochen ausgearbeitet hatte, waren in akuter Gefahr. Beunruhigt fummelte ich an der Öffnung herum, in dem sich der Akku befand. Endlich hatte ich den grauen Block in der Hand und das pfeifende Geräusch erstarb, so als würde Luft aus einem Fahrradreifen entweichen.

Meine Hände zitterten, und ich saß erschöpft vor dem stillgelegten Gerät. Hoffentlich waren meine Dateien nicht unwiderruflich verloren. Nicht auszudenken, wenn alles zerstört wäre. Ich hatte zugesagt, in einer Woche vor einem Ärzte-Stammtisch einen Vortrag über ein neues Medikament zu halten. Mehrere Abende lang hatte ich in mühsamer Kleinarbeit Informationen zusammengetragen, und jetzt blieb nur zu hoffen, dass ich nicht wieder von vorne anfangen musste.

War Gunter Müller auch in diesem Fall für den Ärger verantwortlich, oder sah ich mittlerweile Gespenster? Der Ratscher auf dem Lack meines Wagens, die Drängelei auf der Autobahn und jetzt der Angriff auf meinen Laptop: War dies nur eine zufällige Aneinanderreihung von Ereignissen, oder versuchte dieser rücksichtslose Kerl, mich systematisch einzuschüchtern?

Ich packte Akku und Laptop in die Tasche und wankte zum Auto. Wenn ich zur Polizei ginge, um über die Vorfälle zu berichten, würden mich die Beamten nur belustigt anschauen. Schon als ich die mutwillige Beschädigung meines Autos anzeigen wollte, hatte man mir gesagt, man habe zu wenig Personal, um sich um solche Lappalien zu kümmern. Alleine im letzten Jahr seien im Landkreis bei der Polizei aus Kostengründen dreißig Stellen gestrichen worden.

Zu Hause verriegelte ich Türen und Fenster und ließ die Rollos herunter. Meine Frau war nicht da, sie besuchte eine Fortbildung in Oldenburg.

Normalerweise genoss ich es, auch einmal alleine zu sein, aber mit dem halbzerstörten Laptop in der Tasche, dem beschädigten PKW draußen in der Garage und angesichts eines verwirrten alten Mannes, der in meinem Kopf herumspukte und derzeit vermutlich hilflos in der Dunkelheit umherirrte, wurde ich ein unbehagliches Gefühl nicht los. Ich kannte dieses Gefühl von früher, wenn ich als Kind abends Kohlebriketts aus dem Keller holen sollte, während mein Vater die Sportnachrichten hörte. Die Dunkelheit und das Rascheln in den Ecken, die Furcht, dass mir hinter der Kartoffelkiste ein böser Mann auflauerte – all das fühlte ich genau wie damals.

Im Fernsehen lief ein Krimi mit dem depressiven Kommissar Wallander. Ein Kind war verschwunden. Als es wieder auftauchte, war es übersät mit menschlichen Bisswunden. Schaudernd drückte ich den OFF-Knopf der Fernbedienung und trank den letzten Schluck Rotwein. Erst da fiel mir auf, wie vorzüglich der war.

Frau Sommer war mit ihrem Sohn und einer Freundin in Südafrika auf einer Weinreise gewesen und hatte mir anscheinend einen besonders guten Tropfen mitgebracht. Geistesabwesend hatte ich die Flasche geöffnet und zwei Gläser getrunken, ohne die Qualität des Weines zu würdigen. Ich war wohl einfach zu aufgewühlt gewesen. Vielleicht, fuhr es mir dann durch den Kopf, war es verkehrt, die Rollos herunterzulassen? Würden tatsächlich draußen üble Gestalten herumschleichen, hätte ich keine Chance, sie zu bemerken. Ich betätigte also die Fernbedienung für die elektrisch betriebenen Rollos und ließ sie wieder hochsurren.

Wir hatten beinahe Vollmond, und der Garten war in ein fahles Licht getaucht. Ein sommerliches Gewitter kündigte sich an, heftige Windböen zerrten an den Ästen der Pappeln. Wolkenfetzen trieben schnell an der blassgelben Mondscheibe vorbei.

Und dann sah ich ihn.

Zwischen Schuppen und Carport stand ein Mann. Ich war mir ganz sicher. Er stand da, regungslos, und beobachtete das Haus. Mir fiel nichts Besseres ein, als mein Handy zu nehmen und die Nummer meiner Frau zu wählen.

Sie ging sofort ran. Ich vernahm Hintergrundgeräusche, lustige Stimmen, eine fröhliche Unterhaltung. Sie war auf einem Empfang und bestens gelaunt. Plötzlich kam ich mir lächerlich vor. Was sollte ich sagen? Dass mein Laptop außer Betrieb sei, weil ich eine Körperkultur-Seite geöffnet hätte? Dass mir das leere Haus heute Abend genauso unheimlich vorkomme wie einst der Kartoffelkeller meiner Kindheit? Dass im Mondschein draußen am Fahrradschuppen eine Gestalt stehe und mich beobachte? »Geh hin und schau nach«, hörte ich sie schon sagen, »wahrscheinlich ist es nur die Mülltonne, die im Schatten der Eiche steht.«

»Hallo«, stotterte ich schließlich herum, »ich wollte nur sagen, dass ich jetzt schlafen gehe, ruf mich bitte nicht mehr an. Du würdest mich nur wecken.«

Zugleich verwundert und erfreut über meinen Anruf meinte sie: »Ist gut. Wir sind sowieso noch beim Essen, es ist eine sehr interessante Tagung, und wir haben viel zu besprechen. Morgen bin ich ja wieder zu Hause. Ich bin froh, dass es dir gut geht, ich dachte, es wäre schon wieder etwas passiert mit diesem Rotlicht-Typen von Usedom. Pass auf dich auf, und schließ die Jalousien. Schlaf gut.«

Schlaf gut, sie hatte leicht reden.

Ich ließ wie empfohlen die Rollos herunter und beschloss, mich nicht mehr weiter um die Gestalt zu kümmern.

Als ich zu Bett gehen wollte, merkte ich jedoch, dass ich mich nicht so einfach davonstehlen konnte. Der Mann im Garten ließ mich nicht los.

Wegen meiner Rückenprobleme hatte ich neben dem Bett einen Gymnastikstab stehen, mit dem ich morgens ein Übungsprogramm absolvierte. Ich nahm ihn in die Hand und dachte: »Wer bin ich, dass ich mich feige in meinem Haus verkrieche?«

Den Stock wie ein Schwert in Hüfthöhe haltend, spürte ich trotzigen Mut in mir aufkeimen. Ich ging zur Haustür, öffnete sie und schritt das Grundstück ab.

Ich fand keinen Eindringling, keinen Abgesandten von Gunter Müller mit aufgepumpten Muskeln und glattrasiertem Schädel, alles war friedlich. Nur die riesige Eiche ächzte mühsam im peitschenden Wind. Schnell ging ich ins Haus zurück und verschloss die Tür, um kurz darauf in einen unruhigen Schlaf zu fallen.

Dieser wurde allerdings irgendwann von einem schrillen Geräusch unterbrochen, und ich brauchte eine Weile, um zu begreifen, dass es mein Handy war, das klingelte. Ich schaute auf das Display des Weckers: zwei Uhr nachts. War das die Möglichkeit?

Dann sah ich auf das Display: unbekannte Nummer. Besorgt nahm ich den Anruf an.

»Hallo, sind Sie es, Herr Professor?«

»Ja, wer spricht denn da? Wissen Sie, wie spät es ist?«

»Ja, ich weiß es, Entschuldigung, aber es handelt sich um einen Notfall. Hier spricht Schwester Sarah aus Ihrer Klinik. Herr Professor, ich habe Ihnen doch von dem Patienten Müller erzählt, wie schlecht es ihm bei seinem Stiefsohn geht. Wir haben schon geschlafen, aber eben hat es an unserer Tür geklingelt. Was glauben Sie, wer draußen stand? Der alte Müller, im Schlafanzug, völlig fertig und mit irrem Blick.«

Ich war mit einem Schlag hellwach.

»Wo ist er jetzt?«, fragte ich.

»Bei uns in der Küche. Er trinkt Tee und isst ein Rosinenbrötchen. Können Sie kommen und ihn holen?«

Ich? Ihn holen?

»Ich komme auf gar keinen Fall. Aber ich sage der Polizei Bescheid, sie sollen ihn gleich in die Klinik bringen, es gibt mittlerweile einen richterlichen Beschluss.«

Während der Morgenkonferenz am nächsten Tag erfuhr ich, dass der Patient Hubertus Müller in der Nacht von zwei Polizeibeamten in die Klinik eingeliefert worden sei. Die computertomografischen Schichtaufnahmen des Kopfes hätten ergeben, dass sein innerer Wasserkopf, der Hydrozephalus, im gleichen Maße wie vorher bestehe und der Patient dieselben Symptome wie beim letzten Aufenthalt habe. Er sei nur unscharf orientiert gewesen, wisse gerade noch, wer er sei und wo er sich gerade aufhalte. Sein Ernährungszustand sei mangelhaft, ebenso die Körperhygiene. Dazu sei der Patient dehydriert, er habe tagelang zu wenig zu trinken bekommen, was zu einer Verstärkung der bestehenden Verwirrtheit beigetragen habe.

Wir beschlossen, ihn zu stabilisieren und anschließend in die Neurochirurgie zur Operation zu verlegen.

Wenig später rief ich Herrn Behrendt von der klinikinternen Abteilung »Computer Support« an. Er kümmerte sich um die Rechner in der Klinik und war im Falle von Computer-Havarien für Reparatur und Instandsetzung zuständig. Da er ohnehin gerade in der Klinik unterwegs war, versprach er, gleich vorbeizukommen und sich mein Problem anzusehen.

Als er den Laptop hochfuhr, erschien erneut die bedrohliche Aufforderung auf dem Bildschirm. Herr Behrendt schüttelte sorgenvoll den Kopf und murmelte: »Da haben Sie sich ja einen richtig bösen Virus eingefangen. Ich möchte gar nicht wissen, auf was für Seiten Sie herumgesurft sind, Herr Professor.«

Ich merkte, wie ich rot wurde.

»Ich bin nicht gesurft«, verteidigte ich mich beflissen. »Ich habe einfach eine Mail geöffnet, die an mich gerichtet war und in der sich ein Link zu einer Seite namens »Körperkultur Usedom« befand. Ich habe ihn angeklickt, weil ich vermutete, dass er im Zusammenhang mit einem unserer Patienten steht. Na, und dann ging plötzlich gar nichts mehr.«

»Ja, ja, ist schon recht. Ich meine nur, wenn Sie wüssten, wo sich manch einer im Internet aufhält, würden Sie sich die Haare raufen«, seufzte er. »Jetzt müssen wir erst einmal die Daten des Laptops sichern und schauen, ob wir den Virus entfernen können. Ich fürchte, das wird dauern, ich nehme Ihren Laptop mit und mache es dann in meinem Büro, Sie müssen ja hier weiterarbeiten …«

Einige Tage später wurde Herr Müller von der neurochirurgischen Klinik zu uns zurückverlegt. Er war operiert worden, und wie erwartet ging es ihm schon bedeutend besser.

Ich traf ihn während der Visite auf unserem Flur bei der Krankengymnastik an. Unter Aufsicht der Physiotherapeutin marschierte er entschlossen von einem Flur-Ende zum anderen und gab sich dabei Befehle: »Eins, zwei, eins, zwei …«

»Ach, der Herr Chefarzt«, sagte er freundlich, als er mich erkannte. »Mir geht es wieder viel besser, die Operation hat mir wirklich geholfen.« »Das freut mich«, entgegnete ich.

Dann kam ich auf das Thema zu sprechen, das mich bereits den ganzen Vormittag über beschäftigt hatte: »Ich habe gehört, dass Sie es ablehnen, eine Anschluss-Heilbehandlung in einer Rehaklinik zu machen. Dabei wäre das aber das Beste für Sie. Wie soll es denn jetzt mit Ihnen weitergehen?«

Hubertus Müller strahlte mich an.

»Morgen gehe ich nach Hause, darauf freue ich mich

schon. Ich wohne ja bei meinem Sohn Gunter, der hat versprochen, sich um mich zu kümmern.«

Der alte Müller drehte sich um und nahm die nächste Bahn den Flur entlang in Angriff.

Betroffen sah ich ihm nach.

Man kann die Welt nicht retten!

1 Demenz ist eine erworbene Minderung der Intelligenz auf Grund einer Hirnerkrankung. Demente Patienten haben eine Störung des Gedächtnisses, der Aufmerksamkeit und des Konzentrationsvermögens. Die Vergesslichkeit betrifft zunächst das Kurzzeitgedächtnis und weitet sich im Verlauf auch auf länger zurückliegende Inhalte aus. Die Patienten wissen über den Ort, an dem sie sich befinden, das aktuelle Datum und ihre persönlichen Lebensumstände immer schlechter Bescheid und haben Schwierigkeiten, sich in ihrer Umgebung zu orientieren. Hinzu kommt eine Sprachstörung, bei der Gegenstände nicht benannt und keine Sätze gebildet werden können. Die Häufigkeit der Demenzen steigt mit den Lebensjahren. Etwa zehn Prozent der über Fünfundsechzigjährigen und vierzig Prozent der über Achtzigjährigen sind dement.

Die häufigste Ursache von Demenz ist die Alzheimer-Erkrankung, bei der es zu einem allmählichen Hirnschwund infolge des Untergangs von Nervenzellen in der Hirnrinde kommt. An zweiter Stelle steht die Demenz aufgrund von Schlaganfällen. Unbehandelter Bluthochdruck sowie die bekannten Risikofaktoren Rauchen, Übergewicht und hohes Cholesterin sind die häufigsten Ursachen, die zu einer chronischen Schädigung des Gehirns führen können.

2 Die Alzheimer-Demenz ist die häufigste Form der Demenz, sie tritt im höheren Lebensalter zwischen siebzig und achtzig auf. Die Ursache ist eine krankmachende Ablagerung von Amyloid, welches als Abfallprodukt des

Hirnstoffwechsels anfällt und normalerweise abgebaut und entfernt wird. Bei alten Menschen funktioniert dieser Abbau nicht mehr, das Amyloid überschwemmt das Gehirn und führt zum Absterben von Nervenzellen. Die Alzheimer-Demenz kann mit »Antidementiva« behandelt werden. Diese bewirken, dass die Verbindungen zwischen den Nervenzellen, die Synapsen, besser funktionieren. Dadurch wird der Verlauf der Krankheit abgemildert, die Patienten bleiben länger selbstständig, eine Heilung wird allerdings nicht erreicht. Geistige Aktivität und sportliche Betätigung senken einerseits das Risiko, an Alzheimer zu erkranken, andererseits verlangsamen sie nachgewiesenermaßen das Fortschreiten der Erkrankung.

3 Hydrozephalus oder auch innerer Wasserkopf meint die Vergrößerung der mit Nervenwasser gefüllten Innenräume des Gehirns. Die Ursache ist eine Störung der Zirkulation des Nervenwassers, von dem mehr gebildet wird als abfließen kann. Dieser Aufstau und der Druck, der auf dem Gehirn lastet, führen zu einer typischen Symptomatik mit trippelndem Gang, Demenz, Verwirrtheit und einer Störung der Blasenfunktion, wenn der Patient das Wasser nicht halten kann. Zur Behandlung des Hydrozephalus schafft der Neurochirurg eine Ableitung (Shunt-Operation), bei der durch einen Ventilkatheter das überschüssige Nervenwasser in die rechte Herzkammer oder in den Bauchraum abfließen kann. Es handelt sich um einen relativ kleinen, aber effektiven Eingriff.

DER MANN IM SCHRANK

Die sanfte Stimme der Stewardess riss Bernd Freytag aus einem unruhigen Halbschlaf, in den er sich mit Hilfe zweier Schlaftabletten und eines Glases Rotwein versetzt hatte. Sie forderte ihn auf, den Tisch vor ihm hochzuklappen, die Landung stehe kurz bevor.

Zwanzig Stunden hatte der Flug von Berlin über Dubai nach Hongkong gedauert. Der enge Passagierraum mit den vielen Mitreisenden, die ihn ständig streiften, berührten und bedrängten, war Bernd Freytag so unangenehm gewesen, dass er sich während des Fluges keinen Augenblick lang hatte entspannen können. Er fühlte sich müde und zerschlagen, als hätte er die ganze Nacht mit Schnaps durchgefeiert.

Warum nur hatte er sich keine Ausrede einfallen lassen, als sein Chef ihm mitteilte, dass er als sachkundiger Ingenieur die Geschäftsführung zu den Verhandlungen nach China begleiten solle? Stattdessen hatte er nur gemurmelt: »Das ist eine große Ehre und Herausforderung.« Ja, er hatte sich noch nicht einmal zu fragen getraut, ob er Maren, seine Ehefrau, mitnehmen dürfe. Dabei hätte sie es verdient, einmal etwas anderes zu sehen als immer nur das Erzgebirge oder, wenn es hochkam, Rügen.

Die Herren Direktoren waren natürlich schon ein paar Tage früher losgeflogen, um Land und Leute kennenzulernen – selbstverständlich in Begleitung der Gattinnen.

Robert Freytag arbeitete als Ingenieur in einem mittelständischen Unternehmen, das Klär- und Abwasseranlagen plante und baute. Aktuell bewarb sich seine Firma um ein gigantisches Projekt in Südchina: In der Metropole Shenzhen sollte die größte je gebaute Kläranlage nach neuesten Standards errichtet werden. Shenzhen gehörte zu den Boom-Städten Chinas. War es in den 1980ern noch ein unbedeutendes Nest mit noch nicht einmal dreißigtausend Einwohnern gewesen, so zählte es heute mehr als zehn Millionen. Und die brauchten frisches Wasser. Deshalb saß Robert Freytag in diesem furchtbaren Flieger, wo er sich vorkam wie eine Sardine in der Büchse.

Robert Freytag war ein introvertierter Mensch und vertrug nicht viel Trubel. Geschäftsreisen, Präsentationen, Empfänge und Konferenzen waren ihm ein Gräuel. Von Menschenansammlungen fühlte er sich bedrängt, vor allem in geschlossenen Räumen. Schon als Student hatte er auf Partys oder in Studentenclubs regelmäßig Herzrasen und Schweißausbrüche bekommen. Statt mit den anderen zu tanzen oder zu flirten, war er nach draußen an die frische Luft getaumelt wie ein Ertrinkender, der mit aller Kraft versucht, die Wasseroberfläche zu erreichen. Auch wenn er Referate halten oder mit Professoren über seine Projekte sprechen sollte, bekam er Schweißausbrüche und Atemnot.

»Du hast eine soziale Phobie[1], Mann«, hatte ihm ein Kommilitone damals gesagt, der Medizin studierte und ziemlich viel Punk hörte. »Bei dir ist das Selbstbewusstsein im Arsch, du musst dir überlegen, wo das herkommt. Es gibt Möglichkeiten, das zu behandeln. Pawlow[2] hat es mit seinen Hunden doch auch hingekriegt!«

Robert Freytag hatte nicht viel auf die Meinung des Studenten gegeben, den er manchmal in der Gemeinschaftsküche des Wohnheims traf. Immerhin war er gut in seinem Studium und hatte es dann auch mit Auszeichnung abgeschlossen. Das Stichwort »soziale Phobie« hatte sich jedoch fest in sein Gehirn eingebrannt. Allerdings nicht als Diagnose, die auf ein Leiden hindeutete, das er behandeln lassen musste. Sondern als Entschuldigung. Wann immer er mit Menschenansammlungen konfrontiert wurde, sagte er sich, er habe eine soziale Phobie. Ungefähr so, wie man sagt, man habe Kopfschmerzen oder sei abgespannt. Er vermied es, in Kinos zu gehen, Partys oder Konzerte zu besuchen. Dienstlich achtete er darauf, sich nicht in den Vordergrund zu spielen oder in eine irgendwie exponierte Position zu bringen. Über die Jahre hatte das dazu geführt, dass er als Experte geschätzt wurde, jedoch keine Sprossen auf der Karriereleiter erklomm. Wenn er es nicht vermeiden konnte und aus irgendeinem Grund unter Menschen sein musste, zum Beispiel bei Betriebsfeiern oder bei der feierlichen Übergabe einer von ihm konstruierten Kläranlage, wurde er das Gefühl nicht los, fliehen zu müssen, losrennen zu müssen, nach draußen, um durchatmen zu können, seine Lungen mit frischem Sauerstoff zu füllen. Sein Hausarzt hatte ihm für solche Anlässe ein Beruhigungsmittel verschrieben: Tavor[3]. Laut Beipackzettel half es gegen Angst. Seitdem nahm er vor wichtigen Besprechungen oder Präsentationen eine von diesen kleinen Pillen und merkte tatsächlich, wie er prompt ruhiger und gelassener wurde.

Robert Freytag blickte aus dem Fenster auf eine dichte Wolkendecke hinab. Auch jetzt griff er in sein Jackett und zog eine kleine Dose hervor. Als die Stewardess außer Sichtweite war, öffnete er sie und nahm eine Tavor heraus. Kurz schaute er die kleine weiße Tablette an. Es war bereits die vierte, seitdem sie abgehoben hatten …

Der Hong Kong International Airport hatte mindestens fünfzig Gepäckbänder, jedes davon umringt von einer riesigen Ansammlung von Menschen, die lärmend und ungeduldig auf ihr Gepäck warteten. Rufe, Schreie, das Weinen von Kindern und scheppernde Lautsprecherdurchsagen erfüllten die Halle.

Sie bestand aus einer riesigen, silbern glänzenden Deckenkonstruktion, die nach Art gotischer Kathedralen von hoch aufschießenden eisernen Trägern gehalten wurde.

Hier ist ganz sicher noch niemand erstickt, beruhigte er sich.

Schon wurden die ersten Gepäckstücke aus einer schwarzen Öffnung auf das rotierende Förderband gespuckt. Gott sei Dank, sein Koffer kam als einer der ersten. Nur weg hier, dachte er bei sich.

Nachdem er die Passkontrolle passiert hatte, sah er einen kleinen stämmigen Mann mit rundem Gesicht, hellblauem Blazer und schwarzem Rolli im Ankunftsbereich ein Schild mit der Aufschrift »Mr. Freytag« in die Höhe halten.

»I am Deng Yunli, your driver, Mr. Freytag. Welcome to Hong Kong«, sagte der Mann höflich lächelnd und verbeugte sich.

»Die Chinesen geben einem nur ungern die Hand«, hatte ihm sein Chef, Herr Friede, in Vorbereitung auf die Reise eingeschärft. »Versuchen Sie bloß nicht, Chinesen einen Händedruck aufzuzwingen.«

Robert Freytag war es recht. Seine Handflächen waren ohnehin verschwitzt und feucht.

Der schwarze Mercedes hatte abgedunkelte Scheiben und raste über eine mehrspurige Schnellstraße. Freytag sah die konzentrierten dunklen Augen des Fahrers im Rückspiegel, während er sich erschöpft ein Stück tiefer in die Rückbank sinken ließ. An der Grenze zwischen Hongkong und der Volksrepublik China zeigte der Fahrer den Grenzposten eine Chipkarte und wurde durchgewinkt. Kurz darauf fuhren sie der Skyline Shenzhens mit seinen futuristischen Hochhäusern entgegen, vorbei an gigantischen pulsierenden Reklameflächen mit riesigen chinesischen Schriftzügen, die sich in immer neuen Formen und Farben zusammenwürfelten. Sie passierten Stadtteile, die aus überdimensionalen Wohnanlagen bestanden, monoton aufeinandergestapelten Boxen, Balkon über Balkon, Fenster an Fenster, so weit das Auge reichte. Hier also wohnen all die Chinesen, dachte Robert Freytag bei sich. Später fädelten sie sich in einen nicht endenden Strom von Luxuskarossen ein. Er sah BMWs, Porsches, Ferraris. »This is where the money is«, sagte sein Fahrer Mr. Deng zu ihm.

Allerdings machte diese fremdartige Welt Freytag nicht neugierig, sondern weckte ein Gefühl der Beklemmung in ihm. Während der gesamten Fahrt hatte er an nichts anderes gedacht als daran, unbehelligt in sein Hotelzimmer zu kommen, ohne einem der Herren von der Firma über den Weg zu laufen. Er würde gar nicht reagieren, geschweige denn reden können, so erschöpft und zittrig fühlte er sich.

»The Ocean«, erklärte Mr. Deng und deutete mit einer ausladenden Geste aus dem Fahrerfenster. Sie fuhren am Meer entlang, er sah Palmen, deren rot und lila angestrahlte Kronen sich im abendlichen Wind hin und her wiegten.

»There is your hotel.« Mr. Deng deutete auf ein großes und wie ein Smaragd gleißend fluoreszierendes Glasgebilde, das sich in die Bucht schmiegte.

Es wurde bereits dunkel, als sie die Hotelauffahrt erreichten und zwischen den Marmorsäulen des Eingangsbereichs anhielten. Im riesigen Foyer schwebten, Raumschiffen gleich, gigantische Kristalllüster und reflektierten funkelnd das einfallende Licht der untergehenden Sonne in tausend Spektralfarben. Gott sei Dank ließen sich weder sein Chef noch ein anderes Mitglied der Reisegruppe in der Empfangshalle blicken.

Am Fahrstuhl drückte er die Taste des zweiundzwanzigsten Stockwerks und freute sich auf eine heiße Dusche und einige Stunden Schlaf. Da fiel eine Gruppe lärmender junger Chinesen in die Fahrstuhlkabine ein, wodurch Robert Freytag an die Rückwand der Kabine gedrängt wurde. Sie schienen etwas sehr Lustiges erlebt zu haben, denn sie brachen immer wieder in lautes Gelächter aus, begleitet von schrillen Schreien. Den erschöpft in einer Ecke der Aufzugskabine auf seinem Koffer zusammengesackten Robert Freytag beachteten sie nicht. Diesem kam es so vor, als ob die Luft in der engen Kabine immer knapper wurde. Es war eindeutig zu eng, es blieb kaum Sauerstoff zum Atmen. Kräftige Hände packten ihn um Mund und Nase, um ihn gänzlich zu ersticken. Hektisch begann er mit weit geöffnetem Mund nach Luft zu schnappen, keuchte wie ein am Strand angeschwemmter Fisch. Er griff sich an den Hals, um die Krawatte zu lockern. Ich muss raus hier, schoss es ihm durch den Kopf.[4] Er war kurz davor, die restlichen Etagen zu Fuß zu bewältigen. Gottlob hielt der Fahrstuhl dann im sechzehnten Stockwerk an. Die jungen Leute stiegen aus und ließen ihn allein in der Kabine zurück.

Schweißüberströmt betrachtete sich Freytag im Spiegel. Mit heruntergezogener Krawatte, wirrem Haar und glänzender Stirn sah ihn sein Gegenüber mit panisch aufgerissenen Augen an. Er hatte so stark geschwitzt, dass sein Jackett unter den Achseln und selbst im Bereich der Schulterpartie feucht schimmerte. Im zweiundzwanzigsten Stock taumelte er aus der Fahrstuhlkabine. Als er endlich sein Zimmer gefunden hatte, fummelte er die Schlüsselkarte in den vorgesehenen Schlitz, warf die Tür hinter sich zu und lehnte sich erschöpft und schwer atmend mit dem Rücken gegen die Wand.

Das Zimmer kam ihm riesengroß vor, es musste mindestens dreißig Quadratmeter umfassen. Dafür ließ sich das Fenster nur teilweise öffnen. Das Jackett hängte er zum

Trocknen ans Fenster, wo es im leise wehenden Wind schaukelte. Robert Freytag rückte den Sessel an das Fenster und blickte auf die Lichterkette entlang des Meeres, erkannte undeutlich einen weißen Strand. Mühsam fummelte er das Handy aus der Reisetasche und rief Maren an. Es dauerte eine gewisse Zeit, bis sie sich meldete.

»Robert, was ist denn los, bist du krank oder was?«, vernahm er ihre abgespannte Stimme.

»Nein, ich wollte mich nur kurz melden, der Flug war anstrengend, aber ich bin gut angekommen«, erwiderte er matt.

»Um mir das zu sagen, musst du nicht extra anrufen. Schade ums Geld! Du weißt doch, ich komme schon zurecht, egal ob du jetzt in Bielefeld bist oder in China.«

Maren schien wieder schlechte Laune zu haben.

»Ich wollte doch bloß …«, setzte Freytag an, um sie zu beruhigen. Er hätte ein paar liebevolle Worte als Erwiderung jetzt gut gebrauchen können.

Doch Maren ließ ihn gar nicht ausreden: »Ich habe übrigens gehört, dass die Herren von der Geschäftsführung ihre Gattinnen mitgenommen haben«, sagte sie.

Freytag flehte: »Maren …«

»Schon klar. Ich bin halt nur gut für Burg Wesenstein, da kann ich raufkraxeln, während mein Mann in Luxushotels absteigt.«

»Lass gut sein. Das nächste Mal rufe ich an, wenn es etwas Wichtiges gibt«, sagte er und legte auf.

Zwischenzeitlich war der Himmel tiefschwarz geworden, nur noch ein paar Lichtflecken wurden vom dunklen Wasser reflektiert. Er hatte Lust hinauszulaufen, im Dunkeln zu verschwinden. Maren war enttäuscht von ihm, das wusste er. Und er hatte sogar Verständnis für sie. Als sie sich kennengelernt und sehr schnell geheiratet hatten, war er ihr strahlender Held gewesen, ein junger, talentierter Diplomingenieur, dem eine große Karriere bevorstand. Im Alltag jedoch entpuppte er sich als Hasenfuß, als Zauderer und Miesepeter, der allen Vergnügungen auswich und keinen beruflichen Ehrgeiz entwickelte. Und auch in sozialer Hinsicht hatte er keinerlei Ambitionen und verbrachte die meiste freie Zeit zu Hause. Dieses zurückgezogene Leben passte nicht zu Maren, sie war Feuer, und er war Wasser.

»Du löschst mich aus«, hatte sie ihm neulich gesagt.

Robert Freytag duschte heiß. Mit geröteter Haut stand er anschließend vor dem riesigen Spiegel im dampferfüllten Bad. Er beugte sich vor, wischte das Kondenswasser weg und schaute sich tief in die Augen. »Was tue ich hier?«, fragte er sich. »Warum habe ich nicht einfach nein gesagt?« Er legte sich nackt auf das Kingsize-Bett, stellte den Wecker seines Handys auf sieben Uhr morgens Ortszeit und schlief sofort ein. Wenige Stunden später wachte er frierend auf, die Klimaanlage war offensichtlich auf »cool« gestellt und hatte die Raumtemperatur stark herabgeregelt. Über ihm an der Decke blinkte der Feuermelder in regelmäßigen Abständen. Sein Aufglimmen tauchte die Umrisse eines blauen Pfaus mit hochgestelltem Rad auf dem Bild an der Wand in ein im regelmäßigen Takt aufscheinendes rötliches Licht. Robert Freytag stand auf, kramte seinen Pyjama aus dem Koffer, öffnete die Minibar und goss den Inhalt einer kleinen Flasche Gin in ein Weinglas. Danach trank er einen Whiskey, dann einen Cognac, bevor er sich wieder hinlegte.

Völlig zerschlagen wachte er am nächsten Morgen auf, duschte, schluckte eine Tavor und ging zum Frühstück. »Friede Corporation« stand auf einem Schild mit Richtungspfeil, als er die große Halle des Frühstücks-Restaurants betrat. Sein Jackett fühlte sich nach der Nacht am offenen Fenster noch immer klamm an und hing an ihm herunter wie ein ausgewrungener Lappen. Beflissen stand Burkhard Friede von seinem Frühstückstisch auf und eilte Freytag entgegen.

»Da sind Sie ja, Freytag, willkommen im Reich der Mitte!«, frohlockte er und drückte ihm die Hand. Robert Freytag spürte den protzigen Ring mit mattblauem Stein am Handballen. Sein Chef war klein und stämmig, eher muskulös als dick, und hatte volles, nach hinten gekämmtes graues Haar. »Häuptling Silberlocke« war sein wenig origineller Spitzname im Büro. Zu DDR-Zeiten hatte er zum Führungskader des Kernkraftwerks in Lubmin gehört und sofort nach der Wende eine eigene Firma gegründet, um für den Osten moderne Kläranlagen zu bauen. Seine goldene Brille blitzte in der Morgensonne.

»Anreise gut überstanden? Holen Sie sich erst mal etwas zu essen, und setzen Sie sich zu uns. Fantastisches Buffet hier. Stellen Sie sich vor, in China isst man Nudelsuppe zum Frühstück, ist das nicht verrückt?«

Er griff nach etwas auf seinem Teller und hielt Robert Freytag ein kleines frittiertes Teil hin: »Wissen Sie, was das ist?«

Der Chef biss hinein, und es machte ein krachendes Geräusch wie bei einem Kartoffelchip. »Frittierte Hühnerfüße, ja wirklich, ich mache keinen Spaß, frittierte Hühnerfüße zum Frühstück, ist das nicht fantastisch?«

Freytag holte sich etwas Weißbrot mit Käse, dazu Kamillentee, um seinen Magen zu beruhigen. Dann begrüßte er die Vorstände und ihre Gattinnen, die in bester Stimmung waren und sich angeregt über ihre Shopping-Touren vom Vortag unterhielten.

»Überall Prada, Armani und Louis Vuitton!«, sagte eine. »Als ich einen Taxifahrer nach einem Geschäft fragte, in dem ich für meine Kinder ein Souvenir kaufen könnte, hat er mich in ein Geschäft für Rolex-Uhren gefahren. Und dann diese riesigen Kaufhäuser! Von der Kommunistischen Partei merkt man hier wirklich gar nichts.«

»Trotzdem gibt es in China große Armut«, mischte Freytag sich ein. »Millionen von Wanderarbeitern leben am Existenzminimum«, fuhr er fort. »Wir sind hier lediglich in einer Freihandelszone, deshalb herrscht so ein unermesslicher Reichtum.«

Sein Chef fasste ihn am Oberarm und flüsterte vertraulich: »Wir brauchen Sie dringend, Freytag, heute beginnen die Expertengespräche, da sind wir von der Geschäftsleitung einfach überfordert. Die Chinesen wollen alles genau wissen, auf den Liter und das Kilowatt genau. Wir hätten Sie eigentlich schon viel früher mitnehmen sollen. Wo ist denn Ihre reizende Gattin?«

»Meine Frau hat es vorgezogen, zu Hause zu bleiben, wegen der Katze«, nuschelte Robert Freytag.

»Aber es gibt doch Tierpensionen«, rief der Chef und klopfte ihm jovial auf die Schulter. »Nächstes Mal kommt sie mit, das müssen Sie mir versprechen. Unter uns: Sie sehen noch ein wenig müde aus. Hat die Reise Sie geschlaucht? Heute Nachmittag sollten Sie unbedingt den fantastischen Wellness-Bereich hier ausprobieren. So etwas haben Sie noch nicht gesehen. Einmalig, das sage ich Ihnen, das gibt es noch nicht einmal auf Usedom.«

Kaum hatte Robert Freytag den Konferenzraum »Lotus« betreten, sah er seine schlimmsten Befürchtungen bestätigt: Der Raum war für die vielen Konferenzteilnehmer viel zu klein! Die großen Fenster gingen zwar zum Meer hinaus, waren jedoch geschlossen, der Raum war mit eng aneinandergestellten Tischen und Stuhlreihen bestückt. Sämtliche Plätze schienen besetzt, einige Teilnehmer mussten sogar stehen.

Die höflich lächelnde chinesische Delegation bestand aus mindestens dreißig Mitgliedern der Kommunalverwaltung von Shenzhen, Parteifunktionären und Technikern. Hinzu kamen Friede und der Vorstand, außerdem die Übersetzer und einige Mitarbeiter des Hotelmanagements.

Die Gastgeber trugen zu ihren grauen Anzügen ausnahmslos rote Krawatten, während die weiblichen Mitglieder der chinesischen Delegation ihre gutsitzenden Kostüme augenscheinlich in Designerläden erstanden hatten. Komplettiert wurde die Runde von mehreren durchtrainierten und ernst dreinblickenden Herren, die offensichtlich für die Sicherheit zuständig waren.

Freytags Chef zwinkerte listig: »Staatssicherheit, das kennen wir ja noch von früher.«

Die Delegation der Friede Corporation saß in der ersten Reihe.

»Wäre besser gewesen, die hätten die Tische in einem Kreis aufgestellt, damit man sich ins Gesicht sehen kann«, raunte ihm der Chef zu.

Bereits während der Begrüßungsreden wurde Robert Freytag immer ungeduldiger, er verspürte den Wunsch, seinen Auftritt so schnell wie möglich hinter sich zu bringen. Und je mehr Zeit verging, desto größer wurde seine Befürchtung, dass die Klimaanlage zu schwach war, um all die Menschen ausreichend mit Frischluft zu versorgen. Er spürte den Sauerstoffgehalt im Raum von Minute zu Minute absinken, gleich einem verschütteten Bergmann, der mit flackernder Grubenlampe sein Ende erwartet.

Er blickte um sich. Außer ihm schien niemand den dramatischen Abfall der Atemluft zu bemerken. Plötzlich kam ihm der Gedanke, dass etwas mit ihm nicht in Ordnung sein könnte. Er hatte erst kürzlich gelesen, dass ein Herzinfarkt sich in Form von Luftnot ankündigte. Ja, mein Gott, ein Herzinfarkt! Bestimmt würde er jeden Moment einen Herzinfarkt erleiden! Ihm wurde schwindelig. Sein Chef schaute ihn erschrocken an: »Freytag, was ist mit Ihnen? Geht es Ihnen nicht gut?«

»Ich gehe nur rasch auf die Toilette«, stammelte Robert

Freytag und stürzte zur Tür hinaus. Mit hastigen Schritten ging er dem Piktogramm für die Waschräume nach und beugte sich, endlich angekommen, keuchend über das pompöse Marmor-Waschbecken. Dann ließ er kaltes Wasser über seine Handgelenke laufen und wusch sich das Gesicht. Er angelte das Tablettendöschen aus der Jacketttasche und schluckte eine weitere Tavor.

Gott sei Dank konnte er hier wieder frei atmen! Sein Herzschlag beruhigte sich. Anscheinend war er gerade noch einmal an einem Infarkt vorbeigeschlittert. Draußen stand einer der Security-Männer und fragte mit ernstem Gesicht: »Okay?«

Robert Freytag nickte.

Kurz darauf war er an der Reihe. Es erstaunte ihn selbst, wie souverän er trotz des noch immer geringen Sauerstoffgehalts im Raum den Entwurf für eine der größten und effektivsten Kläranlagen weltweit präsentierte. Die Tavor wirkte Wunder. Außerdem hatte er die Tür offen gelassen, als er von der Toilette zurückgekommen war, sodass frische Luft nachströmen konnte. Da die Bilder und Grafiken seiner Powerpoint-Präsentation für sich sprachen, musste er gar nicht so viel reden. Trotzdem war er froh, als er seinen Vortrag beendet hatte. Die Fragen, die anschließend gestellt wurden, beantwortete zumeist sein Chef, der völlig aufgeputscht war und vor Eifer zitterte.

Als Robert Freytag nach einem üppigen Festessen spät am Abend wieder sein Zimmer betrat, setzte er sich erneut in den Sessel am Fenster. Erschöpft blickte er in den Sternenhimmel mit den fremden Konstellationen und hörte die gedämpften Geräusche, die von der Stadt zu ihm heraufdrangen. Am liebsten hätte er Maren noch einmal angerufen, aber er fühlte sich nicht widerstandsfähig genug. Mit einem Mal wurde ihm klar, dass er keinen wirklich guten Freund besaß. Der Einzige, mit dem er, außer Maren, noch regelmäßigen Kontakt hatte, war Ralf, sein vier Jahre älterer Bruder, der inzwischen Prostatakrebs hatte und ihn nur noch anrief, um ihm vorzujammern, wie schlecht es ihm gehe.

Er trank noch einen Whiskey aus der Minibar, zog seinen Pyjama an und legte sich auf das riesige Bett. Im Fernsehen konnte er keinen einzigen deutschen Sender finden, dafür fünf arabische Kanäle, dazwischen immer wieder CNN.

»Noch nicht einmal RTL«, dachte er, bevor er einschlief.

Am nächsten Morgen stand Freytag auf dem völlig überfüllten Bahnsteig einer Shenzhener Metro in einer unüberschaubaren Menschenmenge und fragte sich, welcher Teufel ihn wieder einmal geritten hatte. Wie um alles in der Welt hatte er zustimmen können, nicht mit dem Auto, sondern mit der Metro zur Besichtigung des Bauareals zu fahren? Na gut, er hatte verhindern wollen, neben seinem Chef auf einer engen Rückbank zu sitzen und dessen stechendes Eau de Toilette einatmen zu müssen.

Als nun jedoch der Zug heranbrauste und ihm klar wurde, dass außer seiner Delegation auch noch Hunderte anderer Menschen vorhatten, in die U-Bahn zu steigen, wusste er, dass er einen groben Fehler gemacht hatte. Die Türen des Zuges öffneten sich, und er wurde von der Menschenmenge auf dem Bahnsteig förmlich mitgerissen, willenlos fortgetragen, wie eine Gliederpuppe, die in einen Fluss geworfen worden war.

Im Inneren des Wagons wurde er gegen die Wand gequetscht, und noch immer strömten Menschen nach. Einer der Herren aus dem Vorstand drängte seinen dicken Bauch gegen ihn und atmete stoßweise in sein Ohr. Ein chinesischer Begleiter presste ihm den Ellenbogen in die Seite und lächelte höflich dazu. Dann schlossen sich die Türen, der Zug fuhr an, und ein Ruck ging durch die Menge. Robert Freytag spürte seine Brust enger werden. Luftnot, schoss es ihm durch den Kopf, wieder das klassische Symptom eines Herzinfarkts. Bloß ungleich stärker und intensiver als gestern im Konferenzraum. Er begann zu hyperventilieren und spürte mit unausweichlicher Gewalt sein Ende nahen. Mit Müh und Not gelang es ihm, seine Lungen mit Sauerstoff zu füllen. Plötzlich verkrampfte sich etwas in seiner Brust, und ihm war, als würde ihm eine heiße Stricknadel zwischen die Rippen getrieben. Die umstehenden Menschen drängten immer enger an ihn heran, das Luftholen wurde zur Qual. Er konnte nur noch verschwommen sehen, die Fenster des Zuges, der durch die Schlünde der Stadt raste, nahmen eine bedrohliche gelb-lila Färbung an.

»Ich muss mich befreien«, zuckte es ihm durch den Kopf, »ich brauche Raum.« Dann wurde ihm schwarz vor den Augen. Er wäre lang hingefallen, doch sein schlaffer, ohnmächtiger Körper blieb aufrecht stehen, eingeklemmt zwischen all den Schultern, Bäuchen und Brüsten der umstehenden Mitreisenden.

Bei der übernächsten Station wurde sein Körper von einem Notarzt und mehreren Sanitätern mit Trage und Notfallkoffer erwartet. Freytag befand sich in einem Dämmerzustand und nahm wie durch einen Nebel wahr, dass er in ein Krankenhaus gebracht wurde, einen Turm mit schier endlos vielen Geschossen.

Auf der Intensivstation der Notfallklinik kam er langsam wieder zu sich. Er hörte Pieptöne und sah Monitore. Unbekannte asiatische Gesichter beugten sich über ihn und raunten sich Informationen zu. Dann sank er wieder in einen tiefen Schlaf. Er träumte von einem Fest. Mit Maren saß er auf einer weiß getünchten Terrasse, sie schauten über eine ruhige Landschaft hinweg. Dann beobachteten sie einen großen Greifvogel, der über ihnen seine Kreise zog, und Maren sagte zu ihm: »Das kannst du auch, so elegant dahinfliegen.«

Als er erwachte, saß der persönliche Referent seines Chefs, Adrian Müller-Schwebke, neben dem Bett. Müller-Schwebke gehörte zur Nachwuchsgarde des Unternehmens. Er stammte aus dem Uecker-Randow-Kreis, hatte aber ein Faible für das Hamburgisch-Hanseatische. Darum trug er eine hellbraune Hornbrille auf der Nase und hatte stets ein rosa Einstecktüchlein in der Brusttasche seines Sakkos.

»Ich soll Sie schön von Herrn Friede grüßen. Wie geht es Ihnen, Herr Freytag? Der Chef macht sich Sorgen.«

Dann wurde seine Stimme ernster: »Ich habe mit einem der Ärzte gesprochen. Man vermutet einen Herzinfarkt.«

Robert Freytag hatte Mühe, sich zu orientieren.

»Was ist überhaupt passiert?«, fragte er mit schwacher Stimme.

»Na, Sie sind gut!«, entgegnete Müller-Schwebke lachend. »Sie sind in der Metro zusammengeklappt. Völliger Blackout. Das hat ausgesehen! So eingeklemmt zwischen all den Leuten. Sie haben erst wie wild mit Armen und Beinen gerudert. Dann waren Sie weg.«

Er hielt kurz inne, als reiße er sich zusammen: »Ist schon eine schlimme Sache, so ein Herzinfarkt.«

Robert Freytag lauschte staunend den Sätzen des jungen Mannes, der auf einem Korbschemel neben dem Bett saß und ihn anstrahlte. Müller-Schwebke erzählte, dass sein Chef den Lokaltermin ohne Freytag habe bewältigen müssen. Jetzt sei er mit der Gattin nach Peking geflogen, Sightseeing. Das Meeting sei jedoch ein voller Erfolg gewesen, wahrscheinlich würde die Firma einen schönen Batzen von dem riesigen Auftrag abbekommen.

Die Tür ging auf, und eine Krankenschwester in rosaroter Schwesterntracht kam herein. Sie machte mit ernster Miene einige Einträge in eine Kurve auf einem Blatt, das neben dem Bett auf dem Nachtschrank lag, und goss etwas Wasser in ein Glas.

»Was geschieht jetzt mit mir?«, fragte Robert Freytag. Er war geschockt. Er hatte tatsächlich einen Herzinfarkt erlitten. Und überlebt.

»Machen Sie sich keine Sorgen, ich habe mit Ihrer Frau telefoniert, es ist alles kein Problem. Sie hat mir erzählt, dass Sie glücklicherweise einen ADAC-Auslandsschutzbrief besitzen. Also haben wir die gelben Engel gleich informiert. Die holen Sie zurück, und auch noch kostenfrei. Ist das nicht toll?«

»Aber ich fühle mich viel zu schwach für eine lange Reise«, flüsterte Freytag.

»Kein Problem, Sie werden liegend nach Hause transportiert. Waschechter Krankentransport! Es kommt eigens ein ADAC-Arzt für Sie und begleitet Sie bis in Ihr Heimatkrankenhaus.«

Am übernächsten Morgen trat ein kleiner, unrasierter dicklicher Mann mit ADAC-Jacke in das Krankenzimmer. Er stellte sich als Dr. Meissner vor und befestigte Elektroden auf Robert Freytags Brustkorb, die er an einen transportablen Monitor anschloss.

»Komisch«, murmelte er, »im EKG sind gar keine Anzeichen für einen Herzinfarkt zu erkennen. Aber ich nehme Sie trotzdem mit, sonst wäre ich ja umsonst um die halbe Welt geflogen.«

Der Patient bekam eine Beruhigungsspritze, wurde auf eine Trage gelegt und im Krankenwagen zum Flughafen transportiert. Den Rückflug nach Berlin verschlief er komplett, zum einen wegen der hohen Dosis an Beruhigungsmitteln, die ihm Dr. Meissner verabreichte, zum anderen, weil er so ausgelaugt und erschöpft war, als hätte er an einem Wüsten-Marathon teilgenommen.

Am Berliner Flughafen wartete Maren auf ihn. Sie hatte ihr gutes graues Kostüm an und war dezent geschminkt. Eine Welle des Glücks stieg in ihm hoch, als sie ihn ermutigend anlächelte und fest seine Hand drückte. Während der Fahrt im Krankenwagen bis zum Klinikum sah sie ihn liebevoll an und flüsterte beruhigende Worte.

In der kardiologischen Abteilung des Klinikums untersuchte man ihn gründlich, unter anderem wurde ein Kontrastmittel mit einem Katheter von seiner Leiste aus in seine Herzkranzgefäße gespritzt.[5] Kurz darauf fand ein Gespräch mit dem Herzspezialisten statt. Nervös blätterte der Kardiologe in den Unterlagen. Freytag lag mit hochgestelltem Kopfteil im Krankenbett, Maren saß besorgt neben ihm, an der Wand gegenüber war leuchtend gelb die Fotografie eines blühenden Rapsfeldes zu sehen. »Ein Stück Heimat«, dachte er. »Was habe ich auch in China verloren?« Er schaute erwartungsvoll in Richtung Arzt, bereit dafür, die ganze Wahrheit über seinen Gesundheitszustand zu erfahren. Der hagere Kardiologe sah von den Unterlagen hoch.

»Liebe Frau Freytag, lieber Herr Freytag, ich kann Sie beruhigen. Wir haben keinerlei Anzeichen für eine Herzerkrankung gefunden. Sie haben noch nie einen Herzinfarkt gehabt, Herr Freytag. Sie sind so herzgesund, dass ich mir auch nicht vorstellen kann, dass Sie in absehbarer Zeit einen Herzinfarkt bekommen könnten. Wir haben völlig normale Befunde erhoben, ich kann Sie wirklich beruhigen.«

»Und was war dann los in China?«, fragte Maren verblüfft. »Die chinesischen Ärzte haben doch eindeutig einen Herzinfarkt festgestellt!«

»Ja«, assistierte auch Freytag, »was ist in der Metro in Shenzhen mit mir passiert?«

»Das kann ich nicht sagen«, antwortete der Kardiologe und wippte auf den Zehen hin und her. »Ich weiß nur eines: Ein Herzinfarkt war es nicht. Sie sollten einen Neurologen aufsuchen, es könnte sich auch um einen epileptischen Anfall gehandelt haben. Das wäre eine mögliche Erklärung für Ihren damaligen Zustand, nachdem wir eine Herzerkrankung ausgeschlossen haben. Vereinfacht gesagt, handelt es sich bei epileptischen Anfällen[6] um Aussetzer des Gehirns, die zu einer akuten Bewusstlosigkeit führen. Es ist wichtig, die Ursache abzuklären, wenn es sich um eine Hirnerkrankung handelt, die behandelt werden muss.«

»Welche Hirnerkrankung, um Himmels willen? Ich habe doch keine Hirnerkrankung?« Robert Freytag schaute voller Verzweiflung auf Maren, die ihren Kopf aber von ihm abgewandt hatte und intensiv das Rapsfeld betrachtete, dabei kniff sie die Augen zusammen, ganz so, als würde sie vom grellen Gelb geblendet.

»Das besprechen Sie mit dem Neurologen«, sagte der Arzt, schüttelte Freytag zum Abschied die Hand und verließ eilig das Krankenzimmer.

So kam es, dass Robert Freytag zwei Wochen später in der neurologischen Klinik zur Abklärung einer Epilepsie aufgenommen wurde. In der Morgenkonferenz schilderte Dr. Wegerich, der zuständige Stationsarzt, das Ereignis in der Metro von Shenzhen: Atemnot, Beklommenheitsgefühl und Herzrasen. Er glaube nicht an einen epileptischen Anfall, sagte er und strich sich über den rotblonden Dreitagebart. »Das klingt eher nach einer Panikattacke.«

»Das denke ich auch«, bestätigte ich. »Warum haben wir den Patienten überhaupt aufgenommen?«

»Er will es genau wissen«, antwortete der junge Arzt und lächelte ironisch. »Ich glaube, er möchte unbedingt eine organische Diagnose. Ich hatte den Eindruck, dass er fürchtet, von seiner Frau ansonsten für einen Waschlappen gehalten zu werden ...«

Vor der Tür zum Krankenzimmer von Robert Freytag meinte Dr. Wegerich: »Alle Untersuchungen, die wir gemacht haben, waren negativ, es hat sich mit großer Sicherheit um keinen epileptischen Anfall gehandelt. Ich tippe nach wie vor auf Panikattacke.«

»Dann müssen wir ihm das heute sagen«, antwortete ich. »Es ist seltsam, die Patienten mit einer ernsthaften neurologischen Erkrankung wie Hirntumor oder Multiple Sklerose würden am liebsten hören, dass sie nichts Organisches haben. Und die Patienten, bei denen keine neurologische Erkrankung, sondern eine psychische Störung vorliegt, bestehen auf einer organischen Diagnose. Das Gras ist wohl immer grüner auf der anderen Seite.«

Im Krankenzimmer resümierte Dr. Wegerich noch einmal ausführlich die Krankengeschichte von Robert Freytag.

Währenddessen betrachtete ich den Patienten. Vor mir saß ein fünfundvierzigjähriger sportlicher Mann mit graumeliertem dichten Haar und strahlend blauen Augen, der auf mich einen kerngesunden Eindruck machte.

Er musterte mich skeptisch.

»Wir haben alle Untersuchungen vorgenommen, um einen epileptischen Krampfanfall auszuschließen«, schloss Dr. Wegerich dann seinen Bericht.

»Sämtliche Ergebnisse waren negativ. Auch von der Schilderung des Anfalls ausgehend, ist eine Epilepsie als Ursache für Ihren Zustand in der Metro äußerst unwahrscheinlich.«

»Was ist es denn dann gewesen?«, fragte Robert Freytag mürrisch. »Ich war ja völlig weggetreten. Ich bilde mir das doch nicht ein.«

»Panik«, schaltete ich mich ein. »Sie hatten eine Panikattacke.«

»Eine was?« Er starrte mich entgeistert an. »Das ist doch absurd, ich soll eine Panikattacke gehabt haben? Was ist denn das für ein Quatsch?«

Sein Kopf lief rot an, und er wurde immer lauter: »Wollen Sie mir sagen, ich ticke nicht mehr richtig, oder was?«

Ich legte beschwichtigend die Hand auf seine Schulter. Doch er richtete sich in seinem Bett auf und platzte heraus: »Nein, das läuft so nicht. Sie können mich hier nicht für verrückt erklären. Wahrscheinlich machen Sie das immer so: Wenn Sie nichts finden, dann hat der Patient nicht alle Tassen im Schrank!«

Er sah mich herausfordernd an. Dann lachte er zynisch: »Genau wie in meinem Job. Wenn die Kacke am Dampfen ist, dann ist es menschliches Versagen. Das ist doch Gülle. Damit kenne ich mich übrigens aus: Ich komme nämlich aus der Kläranlagen-Branche.«

Er ließ sich zurück ins Kissen sinken und starrte an die Decke. Ich setzte mich auf den Stuhl neben seinem Bett.

»Ich habe nicht gesagt, dass wir nichts gefunden haben. Ich habe gesagt, dass wir ziemlich genau wissen, was Sie haben und wie es zu dem Zustand gekommen ist, den Sie in China erlebt haben. Wenn Sie wollen, können wir darüber reden, und auch darüber, wie Sie am besten behandelt werden können.«

Freytag schnaubte. »Darauf pfeife ich! Sie wollen mir nur einreden, dass ich im Kopf nicht normal bin. Dann lachen mich doch alle nur aus. Der Freytag ist ausgetickt, aus ihm ist ein Flummi-Männchen geworden! Nee, vergessen Sie es, das Gespräch ist beendet.«

Draußen auf dem Gang sagte ich zu Dr. Wegerich: »Genau wie Sie vorausgesagt haben: Der Patient erwartet eine körperliche Diagnose, nur um sich nicht mit seinen seelischen Problemen auseinandersetzen zu müssen. Im Moment ist er zu aufgeladen. Reden Sie mit ihm. Wenn er möchte, kann er in meine Sprechstunde kommen. In der Visite-Situation, wenn wir alle um sein Bett herumstehen, kommen wir nicht weiter.«

Schon einen Tag später suchte Robert Freytag dann tatsächlich meine Sprechstunde auf. Er hatte einen blauen Adidas-Jogginganzug an und ein dickes Taschenbuch dabei. Offenbar hatte er Zeit zu lesen gefunden. Er wirkte sichtlich entspannter als noch einen Tag zuvor während der Visite.

»Zunächst möchte ich mich für mein Verhalten während unseres Treffens gestern entschuldigen«, begann er. »Aber mich macht die ganze Angelegenheit ziemlich fertig. Wenn es sich bei mir um keine organische Krankheit handelt, dann sind diese Anfälle offenbar seelisch bedingt. Aber ich weiß einfach nicht, welchen Grund es dafür geben sollte. Ich bin in meinem Beruf erfolgreich, meine Ehe ist nicht gerade überschwänglich, aber ich denke, sie ist keinesfalls unglücklich.«

»Zumindest nicht unglücklicher als die meisten anderen«, fügte er schließlich nachdenklich hinzu. »Und ich habe keine materiellen Sorgen.«

»Manchmal ist so ein Vorfall, wie Sie ihn erlebt haben, ganz hilfreich. Das Unterbewusste signalisiert, dass etwas nicht in Ordnung ist«, erwiderte ich.

Er fing an, mit dem Bein zu wippen, das Knie stieß dabei rhythmisch gegen die Rückwand des Schreibtischs, sodass ein quietschendes Geräusch entstand. Überflüssigerweise, und nicht zuletzt auch, um sein erwartungsvolles Schweigen zu unterbrechen, sagte ich: »Wir sollten auf unsere Seele hören!«

»Seele? Sind Sie religiös?«, fragte er misstrauisch.

»Ich meine Seele nicht im religiösen Sinne, sondern das, was in uns steckt, an Freude und Trauer. Wenn man dann noch an Gott glauben kann, ist es auch gut.«

Ich war über mich selbst verwundert, zu solchen fast philosophischen Äußerungen ließ ich mich sonst nicht hinreißen.

»Während einer Panikattacke hat man Angst zu ersticken. Lufthunger, das Gefühl, nicht genug Luft in die Lungen zu bekommen. Es gibt im Gehirn ein Zentrum, in dem der Sauerstoffgehalt der Luft, die wir einatmen, kontinuierlich gemessen wird. Wenn dieser absinkt, atmen wir automatisch schneller und tiefer. Wenn er sogar stark abnimmt, beispielsweise weil einem jemand die Luftröhre zudrückt oder man unter Wasser ist und nicht auftauchen kann, wird man hektisch und schlägt um sich. Man versucht alles abzuwehren, was einen am freien Atmen hindern könnte.«

»Genau so war das bei mir in der Metro in Shenzhen«, bestätigte Freytag.

»Objektiv gesehen gab es für Sie keinen Grund zu glauben, dass Sie zu ersticken drohen. Sicher war die Luft in der Metro schlechter als unter freiem Himmel, doch in einer U-Bahn ist definitiv noch niemand erstickt. Trotzdem bekamen Sie dort eine Panikattacke. Ihr Körper sendete falsche Signale aus, die den Reflex auslösten, um sich zu schlagen, um sich vor einem vermeintlichen Erstickungstod[7] zu retten.«

Freytag sah mich mit großen Augen an. »Und wieso irrt sich mein Körper?«

»Es kann sein, dass bei Ihnen das Regulationszentrum für die Sauerstoffmessung sehr empfindlich ist und dazu neigt, schon bei einem geringen Abfall der Sauerstoffkonzentration Alarm zu schlagen. Wenn Sie sich in einem Raum befinden, in dem die Luft langsam schlechter wird, weil dort sehr viele Menschen sind, werden Sie unruhig.«

»Und was ist die Ursache dafür? Wie kommt man dazu, so empfindlich gegenüber verbrauchter Luft zu sein?«

»Das kann angeboren sein«, erwiderte ich, »aber es kann auch die Folge schlechter Erfahrungen, traumatischer Erlebnisse sein. Ehemals Verschüttete haben häufig so ein sensibles Regulationszentrum, oder Menschen, die aus anderen Gründen einmal kurz vor dem Ersticken waren.«

Robert Freytag wurde nachdenklich.

Ich schwieg und wartete.

Dann holte er tief Luft: »Mein älterer Bruder hat mir im Schwimmbad, als wir Kinder waren, den Kopf oft so brutal unter Wasser gedrückt, dass ich dachte, ich müsste ersticken. Ich träume davon immer wieder. Wasser schlucken, nach Luft japsen, bis der Kopf endlich an der Wasseroberfläche war. Das waren Momente, in denen ich echte Todesangst hatte.«

Er schwieg. Dann meinte er: »Das habe ich übrigens noch niemandem erzählt.«

»Solche negativen Schocks kommen allerdings nur als zusätzliche Ursache infrage«, erläuterte ich. »In der Regel stecken noch andere, verdrängte Ängste dahinter. Nun könnte man Sie auf die Couch legen und psychoanalytisch durchleuchten, Ihre frühe Kindheit, die Mutter, den Vater – und natürlich das Verhältnis zu Ihrem Bruder. Das würde mehrere Jahre in Anspruch nehmen und wäre auch sinnvoll, wenn Sie eine schwere Neurose hätten. Andererseits ist wissenschaftlich erwiesen, dass die Methode der Verhaltenstherapie[8] bei Panikattacken am effektivsten ist.«

Robert Freytag sah mich mit zusammengekniffenen Augen an: »Verhaltenstherapie? Bin ich jetzt verhaltensgestört, oder was?«

»Hören Sie mir bitte erst einmal zu. Wir haben hier vor Ort eine Paniksprechstunde, die von meinem Kollegen Prof. Eberhard Meyer geleitet wird. Ich empfehle Ihnen nachdrücklich, sich dort vorzustellen.«

Prof. Meyer war der Chef unseres Psychologischen Instituts und Experte bei Problemen an der Schnittstelle zwischen Gehirnerkrankungen und psychischen Störungen. In der Vergangenheit hatte ich ihm bereits mehrfach Patienten mit Verhaltensstörungen zur Behandlung geschickt. Mein Gegenüber hielt es nun auf seinem Stuhl nicht mehr aus, er stand auf und ging vor meinem Schreibtisch auf und ab. Dann nahm Freytag sein Handy und schaute auf das Display, eine Verlegenheitsgeste, wie das Kratzen hinterm Ohr, weil man sonst nicht weiß wohin mit den Händen. Er steckte das Handy in die Hosentasche, räusperte sich mehrmals, so als hätte er sich an einem Brotkrumen verschluckt, und sagte: »Ohne mich, Herr Professor, ohne mich.«

»Wie bitte?«, fragte ich, weil ich tatsächlich nicht verstand, was er mir sagen wollte.

»Ich bin doch nicht verrückt!«

Er schüttelte heftig den Kopf, stand auf und verließ grußlos das Zimmer.

Am nächsten Tag saß Robert Freytag zu Hause auf der Couch, sah sich eine Folge von »Two and a Half Man« an und machte sich Sorgen. Vor allem um seinen Job. Zwar war er krankgeschrieben, doch Herr Friede hatte ihm eine E-Mail geschickt, in der er sich nach seinem Befinden erkundigte und ihm mitteilte, dass seine Expertise dringend benötigt werde. Außerdem war der Besuch bei seinem Hausarzt, den er aufgesucht hatte, frustrierend verlaufen. Der hatte ihm gelangweilt zugehört und am Ende eine neue Packung Tavor verschrieben. Zudem hatte er ihm empfohlen, nicht immer alles so schwerzunehmen.

Als Maren von der Arbeit nach Hause kam und ihren Mann unrasiert, im Bademantel und mit einer Flasche Bier vor dem Fernseher vorfand, schaltete sie das Gerät ab und setzte sich zu ihm.

»Robert, glaubst du nicht, dass es Zeit ist, etwas zu unternehmen?«, fragte sie sanft.

Er reagierte nicht.

»Ich habe das Gefühl, dir ist mittlerweile alles egal«, fuhr sie fort und sah ihn mit traurigen Augen an. Ihr Gesicht zuckte, als würde sie jeden Moment anfangen zu heulen.

Robert Freytag wusste nicht, was er sagen oder tun sollte. »Ich lebe mit dir zusammen«, sagte Maren nun leise, »aber es wird immer schwerer für mich. All die Jahre, in denen du dich mehr und mehr zurückgezogen hast. Dann die Angst, dass dir in China etwas Ernsthaftes zugestoßen ist. Jetzt diese Diagnose: Panikattacke. Ich weiß einfach nicht mehr weiter.«

Robert Freytag schwieg noch immer.

»Robert, ich weiß, dass man Panikattacken behandeln kann. Und wenn du das nicht tust, dann muss ich eine Entscheidung treffen.«

Freytag sah sie erschrocken an. »Maren, ich bin krankgeschrieben, was soll ich denn tun, verdammt?«

»Lass dich behandeln. So wie es jetzt ist, geht es nicht weiter mit uns.«

Da traf Robert Freytag eine Entscheidung.

Professor Eberhard Meyer sah aus, als hätte er in letzter Zeit nicht viel geschlafen. Mit dicken Augen musterte er Robert Freytag und fragte ihn, ob er wisse, was man unter Verhaltenstherapie verstehe. Der neue Patient presste die Lippen aufeinander und blickte zu Boden. Er schüttelte den Kopf. Prof. Meyer lehnte sich zurück und verschränkte die langen weißen Finger: »Wir gehen davon aus, dass störendes Verhalten erlernt wird und folgerichtig auch wieder verlernt werden kann.«

Freytag blickte auf und fragte schüchtern: »Muss ich viel von mir erzählen? Ich bin zurzeit ziemlich durcheinander, ich weiß nicht, ob ich viel über Gefühlsdinge reden kann.«

Der Professor lachte: »Ich kann Sie beruhigen. Im Gegensatz zur Psychoanalyse interessiert den Verhaltenstherapeuten das Innenleben des Patienten nur am Rande.«

Er beugte sich vor und sah Freytag eindringlich in die Augen: »Ich halte zum Beispiel das Konstrukt des Ödipuskomplexes für ausgemachten Unsinn. Kaum zu glauben, was die Menschheit sich von diesem Herrn Freud hat bieten lassen. Wir helfen Ihnen, Ihre erlernten Probleme durch eine praktische Therapie wieder loszuwerden. So einfach ist das.«

Robert Freytag fragte zweifelnd: »Und wie soll das gehen?«

Der hagere Professor nahm einen Kugelschreiber und drehte ihn zwischen den Fingern. »Unser Programm beginnt mit einer genauen Verhaltensanalyse. Wir finden heraus: Was löst den unerwünschten Reiz – Panik in Ihrem Fall – aus? Was verstärkt ihn? Wie reagiert der Patient auf schwächere Reize? Dann kommt die Therapie, meist handelt es sich dabei um eine Desensibilisierung. Wir führen kontrolliert Situationen herbei, welche die unerwünschten Symptome auslösen, aber da wir den Vorgang kontrollieren, verlieren diese Reize ihre krankmachende Potenz. Dann sind Sie hoffentlich geheilt, ohne jahrelang auf der Couch liegen und dem Analytiker erzählen zu müssen, dass Sie sich als Kind gewünscht haben, ihr Schwesterchen wäre in der Wiege erstickt.«

Er grinste, stand auf und ging zum Regal neben der Tür, auf dem ein halb mit Sand gefüllter Glasbehälter stand. Er griff hinein, und als er die Hand wieder hervorzog, sah Freytag auf seinem Handrücken eine riesige Spinne sitzen.

»Wissen Sie, wer das ist?«, fragte der Professor vergnügt. »Das ist Wuschel, eine Vogelspinne. Ihr Biss ist sehr gefährlich, manchmal tödlich. Können Sie sich vorstellen, dass ich Psychologie studiert habe, weil ich panische Angst vor Spinnen hatte? Ich wollte diese Angst loswerden. Was soll ich Ihnen sagen: Ich habe es geschafft. Und Wuschel ist immer in meiner Nähe, um mich daran zu erinnern.«

Freytag schaute fasziniert auf das haarige Tier, das sich auf dem blassen Handrücken des Professors festklammerte.

»Es handelt sich um eine mexikanische Rotknie-Vogel-
spinne. Mir tut sie nichts, weil ich keine Angst vor ihr habe,
und sie hat auch keine Angst vor mir.«

Und wie im Selbstgespräch fügte er dann hinzu:»Im
Grunde reduziert sich doch immer alles auf ein Beziehungs-
problem.«

Robert Freytag wurde langsam ungeduldig.

»Was hat das mit meinen angeblichen Panikattacken zu
tun?«, fragte er.

Der Professor sah ihn an und lächelte.»Genau so, wie ich
es verlernt habe, vor Spinnen Angst zu haben, werden Sie es
verlernen, in geschlossenen, engen oder überfüllten Räumen
Panik zu bekommen, um sich zu schlagen oder umzukippen.
Die einzige Bedingung lautet: Sie müssen uns vertrauen.«

»Also gut«, willigte Freytag ein und hatte das Gefühl,
dem Professor mit den eindringlichen Augen ganz und gar
ausgeliefert zu sein. Die Spinne war inzwischen auf seinem
Arm hochgekrabbelt und hatte es sich auf seiner Schulter be-
quem gemacht. Es kam Robert Freytag vor, als würde sie ihn
anstarren. Dann befragte der Professor ihn detailliert über
seine Angstzustände, wann sie begonnen hätten, wie oft er
solche Zustände schon gehabt habe und was genau die Aus-
löser gewesen seien. Einzelheiten über das Ereignis in der chinesischen Metro interessierten ihn besonders. Was Freytag
da gefühlt und gedacht habe, wie viele Menschen in dem
Moment um ihn herum gewesen seien, wie die Situation sich
genau dargestellt habe. Anschließend erklärte er, dass es zwischen dem subjektiven Gefühl, in engen Räumen zu ersticken, und der objektiven Tatsache, wie hoch oder niedrig der
Sauerstoffmangel in diesen Räumen ist, einen riesigen Unter-
schied gebe. Plötzlich stand der Professor auf, ging zur Tür
und wandte sich im Hinausgehen um:»Kommen Sie mit mir,
oder haben Sie Angst?«

»Herr Professor …«, stammelte Freytag.

»Na, na, na, keine Sorge, ich bringe Sie schon nicht um«, lachte der Professor.

»Wuschel …«, flüsterte Robert Freytag und starrte auf die Schulter des Professors. »Ach, das Vieh habe ich ganz vergessen«, meinte er leichthin, fischte die Spinne mit den behaarten Beinen und roten Knien unter dem Revers seines Kittels hervor und setzte sie zurück in das Terrarium.

»So, jetzt aber keine Ausreden mehr. Folgen Sie mir.«

Sie gingen über einen langen Flur, an Arbeitszimmern vorbei, in denen zumeist junge Mitarbeiter an Computern saßen. Schließlich führte der Professor ihn in einen größeren Raum, der eingerichtet war wie der Bastelkeller eines Elektrotüftlers. An den Wänden hingen Kabel, auf Werkbänken lagen Lötkolben herum, dazu gab es Dutzende von Monitoren.

»Spricht etwas dagegen, schon heute mit der Behandlung zu beginnen?«, fragte der Professor augenzwinkernd, als er die Tür hinter sich geschlossen hatte.

»Was haben Sie mit mir vor?«, fragte Freytag.

»Erst einmal werden wir bei Ihnen ein EKG ableiten. Genau so, wie es gelegentlich Ihr Hausarzt tut. Damit messen wir die Herzfrequenz.«

Der Professor zog eine Art durchsichtigen Fingerhut aus einem Kasten. »Und mit solch einem Fühler wird die Sauerstoffsättigung in Ihrem Blut gemessen.«

Er hielt Robert Freytag den Fingerling hin, der durch einen Draht mit einem Gerät mit Lämpchen und Schaltern verbunden war.

»Und was kommt dann?«, fragte Freytag.

Der Professor ging zu einem massiven Holzschrank, der neben dem Fenster stand, und öffnete ihn. Im Inneren des Schranks stand ein Stuhl mit schwarzlederner Sitzfläche. In eine Ecke war ein Lautsprecher montiert. Robert Freytag wurde heiß.

»Was dann kommt? Wir setzen Sie auf diesen Stuhl«, sagte der Professor gut gelaunt.

Robert Freytag spürte seinen Mund trocken werden: »Und dann?«

»Dann machen wir die Tür zu«, antwortete der Professor in einem Ton, als würde er gerade die Wettervorhersage machen.

Allein der Gedanke, in diesem Schrank eingesperrt zu sein, reichte aus, um Freytag Schweiß auf die Stirn zu treiben. Sein Herz begann so laut zu pochen, dass jeder Schlag in ihm widerhallte, als würde ein knorriger Baum mit einer Axt gefällt.

»Wenn ich darin eingesperrt werde, muss ich sterben«, murmelte er leise, aber doch deutlich genug.

»Warum sollten Sie sterben?«, fragte der Professor und war zum ersten Mal ernst. »Durch die Ritzen und Fugen kommt ausreichend frische Luft in den Schrank, das haben wir getestet, außerdem hängen Sie an einer kontinuierlichen Sauerstoffaufzeichnung. Sobald der Sauerstoffgehalt in Ihrem Blut auch nur geringfügig abfällt, was mit neunundneunzigprozentiger Wahrscheinlichkeit nicht geschehen wird, holen wir Sie raus.«

Robert Freytag schüttelte vehement den Kopf: »Herr Professor, das ist für mich zu gefährlich. Ich war schon einmal kurz vor einem Herzinfarkt.«

Doch Prof. Meyer ließ nicht locker.

»Herr Freytag, das hier ist Ihre größte Chance. Wenn Sie es fertigbringen, sich in diesen Schrank einsperren zu lassen, ohne Panik zu bekommen, freiwillig und beliebig oft, dann werden Sie auch in Alltagssituationen keine Panikattacken mehr bekommen und ein ganz normales Leben führen können.«

Freytag rang nach Luft. Er umklammerte die Rückenlehne eines der grünen Schreibtischstühle, die im Raum verteilt waren.

»Nein, nein und noch mal nein«, stammelte er und sah die Abdrücke seiner feuchten Hände auf den Plastiklehnen. »Tut mir leid, Herr Professor, Sie müssen sich ein anderes Versuchskaninchen suchen.«

Wieder lag Robert Freytag schon am frühen Nachmittag auf der Couch und starrte auf den Bildschirm des Fernsehers, der heute allerdings mit ausgeschaltetem Ton lief. Inzwischen hatte er sich wieder ein wenig beruhigt.

Vielleicht war die Sache mit dem Schrank grundsätzlich keine schlechte Idee, dachte er. Allerdings war er sich immer noch nicht im Klaren darüber, ob er wirklich unter diesen ominösen Panikattacken litt oder nicht doch Symptome einer ernsthaften Herzerkrankung aufwies. Auch wenn ihm die Ärzte bereits mehrmals versichert hatten, dass sein Herz gesund sei, traute er ihnen nicht recht. Hatten die Chinesen nicht das Gegenteil behauptet? Überhaupt, die Sache mit den Panikattacken schien ihm ziemlich diffus. Die Ursachen lägen in der Kindheit, hatte der Professor gesagt. Oder seien angeboren. Oder sie würden durch ein späteres Erlebnis ausgelöst. Ja, was denn nun? Das klang in seinen Ohren doch sehr nach Hokuspokus. Angenommen, er litte tatsächlich an einer seltenen oder bisher noch nicht entdeckten Herzkrankheit, dann bestünde doch wohl die Gefahr, dass er in diesem idiotischen Schrank elend zugrunde gehen würde. Dieser Schlaumeier von Professor konnte ihm dann auch nicht helfen. Zumindest sah er nicht gerade danach aus, als wäre er ein Experte in Wiederbelebungsverfahren.

Als Maren nach Hause kam, wagte er nicht, ihr von seinem Termin bei Professor Meyer zu erzählen. Stattdessen lud er sie zum Essen ein, um ihr eine Freude zu machen. Außerdem wollte er ihr beweisen, dass in seinem Oberstübchen alles in Ordnung war.

»Wollen wir nicht essen gehen? Ich habe den ganzen Tag noch nichts Richtiges in den Magen bekommen«, schlug er seiner Frau vor.

Maren sah ihn überrascht an.

»Wie wäre es mit Kramer's, dort bist du doch immer so gern.«

»Das meinst du doch nicht ernst«, fragte sie ungläubig. »Du willst dich wirklich wie ein normaler Mensch verhalten?«

Robert Freytag rang sich ein Lächeln ab.

»Ich geh nur schnell hoch, rasiere mich und ziehe mir etwas Vernünftiges an.«

Das Restaurant war bereits gut gefüllt, als sie ankamen. Die Gäste lachten entspannt, gestikulierten, tranken Wein und unterhielten sich angeregt. Die Wirte Guido und Alfredo hatten es geschafft, die ehemals spießige Kneipe in ein modernes Restaurant zu verwandeln. Vor allem die aufmerksame Betreuung der Damen, mit Küsschen hier, Küsschen da, zahlte sich aus. Beide Wirte begrüßten Maren und ihn zuvorkommend und machten ihr sogar ein Kompliment für ihren grauen Anorak, an dem nun wirklich nichts Spannendes war. Sie hatten Glück und ergatterten einen der letzten freien Tische in der Nähe der Garderobe. Robert Freytag fand allerdings, dass der Tisch zu weit von den Panoramafenstern entfernt war. Außerdem mussten sich alle Gäste, die das Restaurant betraten oder verließen, an ihrem Tisch vorbeiquetschen. Ein Neuankömmling in Blue Jeans berührte ihn im Vorbeigehen im Gesicht. Er roch unangenehm nach Mottenkugeln.

»Ich trinke erst einmal ein Glas Prosecco«, sagte Maren gut gelaunt. »Danach hätte ich gerne den Vorspeisenteller. Wenn du willst, können wir den für zwei Personen nehmen.«

Nachdem der Kellner ihre Bestellung entgegengenommen

hatte, versuchte Robert Freytag, Maren zu überreden, zu dem gerade freiwerdenden Tisch in der Nähe der Fenster zu wechseln. Doch als sie nur aufseufzte, verspürte er wieder Angst und Unbehagen in sich aufkeimen. Vor seinen Augen sah er helle Lichtfunken, wie zu Silvester, wenn die letzten Raketen verschossen waren.

Er stand auf und wollte Maren noch einmal sagen, dass sie unbedingt den Tisch wechseln müssten. Aber plötzlich rang er nach Luft, und in seinem Körper war ein Vibrieren, ein treibender Schmerz wie von einem Zahnarztbohrer ausgelöst. Sein Herz raste. Er taumelte, griff an seinen Hals, zuckte. Doch Freytag fand keinen Halt, die Luftnot trieb ihn in die Knie. Ein flinker Kellner konnte ihn gerade noch auffangen und zu Boden gleiten lassen. Unter dem Tisch liegend, vom weißen Leinenstoff der Tischdecke umhüllt, rang er nach Luft und spürte, wie die todbringende Luftnot ihn erfasste, so als hätte ein riesiger Greifvogel sich auf seiner Brust niedergelassen. Er stellte sich vor, er wäre blau angelaufen wie ein gekochter Silvesterkarpfen und würde abtransportiert in die Kühle einer Leichenhalle. Speichel rann ihm aus dem Mund. Er sah Maren, die sich peinlich berührt abwandte. Dann entwich ihm ein gepresster Laut, das Klagen eines unbekannten Wesens, das mit Macht und Gewalt aus seinem Inneren drang ...

Zwei Tage später saß Robert Freytag an einem langen Konferenztisch voller Bücher und Fotokopien wissenschaftlicher Artikel. Ihm gegenüber saß Professor Meyer. Glücklicherweise hatte er Wuschel, die Vogelspinne, diesmal nicht dabei. An der Wand hing ein großes Plakat mit der Aufschrift World Congress of Behavioural Therapies, Melbourne Australia. Es zeigte eine Abbildung des Mount Conner, des roten Tafelberges. Der Professor sah Freytag eindringlich und gespannt an. »Ich bin froh, dass Sie sich doch zur Behandlung entschlossen haben. Da Sie auch dieses Mal im Restaurant anscheinend keinen Herzanfall erlitten haben, dürfte Ihnen klargeworden sein, dass Sie es anders nicht schaffen können. Es sei denn, Sie wollen nie wieder in Ihrem Leben ein Restaurant betreten. Die ausführliche Krankengeschichte haben wir ja schon beim letzten Mal erhoben, außerdem haben Sie den Panik-Fragebogen bereits ausgefüllt.«

Er stand auf.»Was spricht also dagegen, wenn wir heute mit der Therapie beginnen?«

Wieder betraten sie den Raum, in dem der massive Holzschrank auf den Patienten wartete. Ein junger Mann mit zerzausten Haaren und braunem T-Shirt, auf dem die Reklame für einen Baumarkt zu sehen war, saß vor einem Monitor neben dem Schrank.

»Das ist Dr. Markus, er ist verantwortlich für die Panik-Therapie«, stellte der Professor ihn vor.»Er wird Sie verkabeln und Ihnen dabei alles erklären.«

Dr. Markus reichte ihm eine erstaunlich weiche und feuchte Hand.

»Sie müssen hier vor nichts Angst haben«, sagte er mit sanfter Stimme.»Wir haben in den Schrank mehrere Luftschlitze eingebaut. Es kann nicht passieren, dass der Sauerstoffgehalt der Schrankluft wesentlich abfällt. Außerdem messen wir kontinuierlich Ihren Herzschlag, den Sauerstoffgehalt in Ihrem Blut sowie Ihren Blutdruck. Wir haben noch nicht eine kritische Situation erlebt.«

»Kann ich den Schrank verlassen, wenn ich will?«, fragte Robert Freytag.

Der Doktor schaute kurz zu seinem Chef.»Nein, das ist ja der Sinn der Sache. Die erste Sitzung dauert exakt fünfzehn Minuten. Diese Zeit sollte schon eingehalten werden. Die Sitzung wird nur im absoluten Notfall unterbrochen.«

Prof. Meyer musterte ihn:»Herr Freytag, wovor haben Sie Angst? Sagen Sie mir konkret, was Sie beunruhigt. Sie haben soeben erfahren, dass es unmöglich ist, in diesem Schrank zu ersticken, es ist einfach nur eng. Doch die Enge schadet Ihrer Gesundheit nicht.«

Freytag wurde mit einem Male von einem Zittern erfasst. Sein ganzer Körper begann zu vibrieren, und er verspürte den Impuls, wegzulaufen. Das sind doch Spinner, die machen sich einen sadistischen Spaß daraus, mich zu quälen, dachte er bei sich. Er spürte Angstschweiß über das Gesicht rinnen, sein Hemd klebte feucht am Körper.

»Ich sehe, Sie haben Angst«, sagte der Professor beruhigend. »Sie reagieren stark körperlich. Das ist Ihre Art, mit Angst umzugehen. Sie werden durch unsere Behandlung umlernen. Glauben Sie uns, es kann nichts passieren.«

Während er sprach, montierte sein Mitarbeiter Elektroden an Freytags Handgelenke. Nachdem Dr. Markus ihn verkabelt hatte, führte er Freytag mitsamt den Kabeln auf den Schrank zu. Dieser hatte auf einmal das Gefühl, als wäre ihm der Körper abhandengekommen. Er spürte weder Arme noch Beine, noch Kopf, er war ein hohles Gefäß.

»Ich habe bestimmt einen sehr hohen Blutdruck«, stammelte er, »gleich platzen die Arterien in meinem Gehirn.«

Der Professor sah auf einen Monitor.

»Alles prima. Ihr Blutdruck ist zwar erhöht, aber nicht bedrohlich.«

»Wie hoch ist er?«, fragte Freytag.

»Aktuell 160 zu 90«, antwortete der Professor gelassen. »So hoch ist er auch, wenn Sie leicht joggen. Kein Grund zur Besorgnis.«

Endlich saß Freytag auf dem Stuhl im Schrank. Der Doktor ordnete zum letzten Mal die Drähte, dann sah Robert Freytag das hagere Gesicht von Prof. Meyer direkt vor sich: »Wir schließen jetzt ab. Machen Sie sich keine Sorgen, wir bleiben über Lautsprecher in Kontakt. Es kann Ihnen nichts passieren.«

Die Schranktür wurde verschlossen, gleichzeitig ging ein schwaches Licht an. Robert Freytag hörte, wie die Tür von außen verriegelt wurde. Durch den Lautsprecher vernahm er die verzerrte Stimme des Professors: »Es ist alles in Ordnung, versuchen Sie ganz ruhig zu atmen. Ihr Blutdruck steigt nicht weiter an. Entspannen Sie sich.«

Freytag schloss die Augen. Er musste dem Professor vertrauen, er musste sich beruhigen. Und tatsächlich, allmählich wich die Panik, sein Atem beruhigte sich. Trotzdem war es sehr eng in dem Schrank. Er konnte mit den Schultern die Holzwände berühren. Die Beine vermochte er nicht auszustrecken.

»Wie lange noch?«, fragte er in eine totale Stille hinein. Es kam keine Antwort.

Aber dafür kam sofort die Angst zurück!

»Verdammt noch mal, antworten Sie mir, wenn ich Sie etwas frage!«, brüllte er so laut er konnte.

Wieder keine Antwort. Die Angst wurde stärker, gleich würde er wieder zu japsen anfangen. Er schlug mit geballter Faust auf die Tür ein. Erst schwach, dann immer stärker.

»Machen Sie sofort auf, ich will hier raus!«

Der Lautsprecher knackte, und er hörte die ruhige Stimme des Professors: »Wovor haben Sie Angst?«

»Ich will hier raus, Sie lassen mich im Stich!«

»Wir sind hier draußen im Raum. Sie brauchen vor nichts Angst zu haben. Weder davor, dass wir Sie alleine lassen, noch davor, dass Sie ersticken oder irgendetwas anderes passiert. Es sind übrigens erst drei Minuten vergangen, bleiben also noch zwölf.«

Plötzlich kam Robert Freytag sich lächerlich vor. Aus eigener Kraft konnte er diesen Schrank nicht verlassen. Er war eingesperrt und diesem Professor hilflos ausgeliefert. Freytag schloss die Augen und versuchte ruhig zu atmen.

Mit der Zeit glaubte er zu bemerken, wie sich die Luft

in dem Schrank verbrauchte. Es roch immer muffiger, der Schweißgeruch seines nassen Hemdes tat ein Übriges. Wenn es stimmte, was der Professor gesagt hatte, käme frische Luft durch irgendwelche Ritzen, ging ihm durch den Kopf. Er sah sich um. Hier waren keine Ritzen! Durch die Ritzen müsste ja auch Licht in den Schrank dringen. Doch er sah nichts als das schummrige Licht der schwachen Deckenleuchte. Plötzlich war er sich sicher, dass es nur noch wenige Minuten dauerte, bis er blau anlaufen und das Bewusstsein verlieren würde. Wieder schlug er gegen die Schrankwand: »Ich ersticke! Verdammt, lassen Sie mich hier raus!«, rief er verzweifelt.

»Herr Freytag, ich habe hier die Sauerstoffsättigung Ihres Blutes auf dem Monitor. Sie beträgt hundert Prozent. Das heißt, Sie sind weit davon entfernt, zu ersticken«, hörte er die ruhige Stimme des Professors. »Haben Sie mich gehört: Alle Messungen zeigen Normalwerte. Es besteht nicht die geringste Gefahr, dass Ihnen etwas passiert.«

Freytag sank in sich zusammen. Er gab auf und überließ sich ganz der Situation, kämpfte nicht mehr gegen die Enge, die Luftarmut und die Dunkelheit. Er schloss die Augen. Und in sich zusammensinkend sah er die dichten Bäume, er lief immer tiefer in den Wald, es wurde immer finsterer, er weinte, und als er am Tümpel ankam, ließ er sich einfach fallen, bereit, im Morast unterzugehen, bis er den starken Griff im Genick spürte. Er wurde hochgehoben wie eine Katze und klammerte sich an seinen Bruder, bis sie beim Picknick-Platz der Eltern angekommen waren. In diesem engen Raum umgab ihn mit einem Mal eine friedvolle Stille, die Triebwerke und Scheinwerfer waren ausgeschaltet, es herrschte Ruhe. Er fühlte sich aufgehoben wie eine Raupe in ihrem Kokon.

Irgendwann öffnete sich die Schranktür, und er sah das zufriedene Gesicht des Professors vor sich.

»Das waren fünfzehn Minuten. Während Sie da drin

saßen, ist Ihr Blutdruck konstant geblieben und nicht ange-
stiegen.«

Der Professor freute sich ehrlich:»Ich bin sehr zufrieden,
Sie haben das sehr gut gemacht.«

Robert Freytag nahm in den nächsten zwei Wochen noch
drei weitere»Schranktermine« wahr und merkte, wie das
Unbehagen, in einem engen Gefängnis eingesperrt zu sein,
kontinuierlich abnahm. Zuletzt konnte er ohne Angst, Luftnot oder andere Symptome bis zu einer halben Stunde im
Schrank sitzen. Anschließend bestellte der Professor ihn in
das Klinikum –»den Ernstfall proben«, wie er gesagt hatte.

Sie standen vor den Fahrstühlen und warteten ab, bis sich
eine größere Gruppe gebildet hatte. Der Professor packte
Freytag am Arm, und gemeinsam stiegen sie mit einem Pulk
von Besuchern, Patienten, Schwestern und Lieferanten in die
Fahrstuhlkabine.

»Im leeren Schrank meditieren, das können Sie jetzt, aber
das hier ist die Realität«, flüsterte er.»Bleiben Sie ganz ruhig,
der Fahrstuhl ist für fünfzehn Personen zugelassen, es ist genug Luft zum Atmen hier drin.«

In Freytag stieg in Bruchteilen von Sekunden eine Flut von
Bildern und Erinnerungen hoch: der Fahrstuhl im chinesischen Hotel, die Metro, die Enge und das Gefühl, strangu-
liert zu werden, der Drang, um sich zu schlagen, sich zu befreien, der kalte Schweiß, das Herzrasen.

Er sah gequält zum Professor:»Ich schaffe es nicht, bitte,
es ist genug.«

»Bleiben Sie ruhig. Was glauben Sie denn, was Ihnen in
diesem Moment Schlimmes passieren könnte?«, fragte sein
Begleiter.

»Ich ersticke, ich werde zertrampelt, zerquetscht«, presste
Robert Freytag hervor. Doch schon während er die Worte
aussprach, merkte er, wie absurd es klang.

»Sie merken selbst, wie wenig real diese Ängste sind«, bestätigte der Professor sein Gefühl.

Sie blieben dann noch fünfzehn Minuten im Aufzug, fuhren dreimal hinauf und hinunter. Robert Freytag schaffte es tatsächlich, seine Symptome im Zaum zu halten. Erst dann ließ der Professor ihn gehen.

Einige Wochen später erhielt ich von Prof. Meyer einen Bericht. Er bedankte sich für die Überweisung des Patienten, es habe eine Panikstörung bestanden, die verhaltenstherapeutisch behandelt worden sei. Im Bericht hieß es: »Nach einem mehrstufigen Verhaltenstraining mit Expositionstherapie war der Patient nahezu beschwerdefrei. Es sind, in längeren Abständen, Kontrolltermine geplant. Der Patient arbeitet wieder und hat seine Freizeitaktivitäten wieder aufgenommen.«

Nach der Therapie lebte Robert Freytag wieder auf. Nur noch vereinzelt wurde er an die Zeit der Panikattacken und Angstzustände erinnert. Vorsorglich hatte er immer das Röhrchen mit den angstlösenden Tavor in der Tasche. Manchmal nahm er eine der Tabletten vorsichtshalber, weil er Angst hatte, dass er Angst bekommen könnte. Aber grundsätzlich ging es ihm gut. Die Therapie bei Professor Meyer hatte ihn aus einem Tal gebracht.

Bei ihrer letzten Sitzung hatte der Professor gefragt: »Kann ich noch etwas für Sie tun?«, und er hatte mutig geantwortet: »Ja, ich möchte gerne Wuschel in der Hand halten.«

Als die Spinne über seinen Unterarm lief und er die pieksenden und kratzenden Berührungen des giftigen Tieres auf seiner Haut spürte, stellte das auch für ihn einen wichtigen Moment dar, denn es war der Beginn eines möglichst angstfreien Lebens.

Maren hatte ihren Mann zurück. Er war kein hilfloses Kind mehr. Plötzlich war ein normales Leben wieder möglich, mit Sport und gemeinsamen Unternehmungen im Urlaub und an Wochenenden. Beruflich erklomm er Stufe um Stufe der Karriereleiter und war bald für die Wartung der Kläranlagen im In- und Ausland zuständig. Geschäftsreisen waren kein Problem mehr für ihn.

Manchmal saß er abends am Schreibtisch und dachte an die böse Zeit zurück, bemerkte in weiter Entfernung Angst und Panik anfluten, wie die Symptome einer leichten Erkältung, die man in den Knochen spürt. Er dachte an den Titel eines alten Fassbinder-Films: »Angst essen Seele auf«.

Bevor er sich in die Behandlung von Professor Meyer begeben hatte, war seine Seele fast vollständig aufgefressen gewesen.

1 Der Begriff Phobie bezeichnet eine unbegründete Angst vor Dingen, Tieren oder Situationen. Angst ist eine völlig normale Gefühlsäußerung unseres Lebens, ohne Angst würden wir uns ständig Gefahren aussetzen. Man stelle sich einen Fußgänger vor, der angstfrei und seelenruhig eine stark befahrene Straße überquert, ohne nach links und rechts zu sehen. Viele Menschen vermeiden Situationen, in denen sie Angst bekommen können; eine diesbezügliche Strategie ist es, Phobien zu entwickeln, dadurch können angstauslösende Situationen komplett vermieden werden. Im Falle von Tierphobien betreffen sie Spinnen (Arachnophobie), Insekten, Hunde (Canophobie), Reptilien (Herpetophobie), Katzen (Ailurophobie) oder Mäuse. Phobien können sich aber auch auf komplexe Situationen beziehen, zum Beispiel bei Flugangst, Höhen- oder Tunnelangst. Angst kann sich, oftmals ohne äußeren Anlass, zu Panikattacken steigern, die von einem extremen Stress und körperlichen Symptomen begleitet werden. Angststö-

rungen und Phobien sind weit verbreitet, man schätzt, dass ca. fünfzehn Prozent der Europäer betroffen sind. Menschen mit einer sozialen Phobie meiden zwischenmenschliche Begegnungen und Situationen, in denen sie befürchten, ins Zentrum der Aufmerksamkeit zu rücken und sich der Bewertung und Kritik anderer auszusetzen. Sie verhalten sich schamvoll, da jede soziale Aufmerksamkeit für sie peinlich ist. Ihre Unsicherheit äußert sich in körperlichen Symptomen mit Erröten, Zittern und Schwitzen. Das Vermeidungsverhalten führt zu einer sozialen Isolation mit negativen Folgen im beruflichen und privaten Bereich, ferner besteht eine erhöhte Gefahr des Alkohol- und Medikamentenmissbrauchs.

Angststörungen und Phobien können unterschiedliche Ursachen haben. Zum Beispiel eine übertrieben behütete Kindheit und Erziehung oder traumatische Erlebnisse in der Vergangenheit, die als angstauslösende Erfahrungen haften blieben. Vererbung spielt ebenfalls eine Rolle, bei eineiigen Zwillingen besteht ein hohes Risiko, dass beide Geschwister an einer Angststörung erkranken. Die tiefenpsychologische Theorie besagt, dass Angststörungen durch innere Abwehrvorgänge entstehen, indem angstauslösende Bewusstseinsinhalte verdrängt und aus dem aktiven Gedächtnis gelöscht werden. Lerntheoretische Erklärungen gehen davon aus, dass Angststörungen erlernt werden und es sich um Programmierfehler handelt, bei denen selbst in alltäglichen Situationen ein Panikprogramm anspringt, ähnlich einer schlecht eingestellten Zentralheizung, die auch im Sommer arbeitet. Das interne Alarmsystem ist falsch programmiert, sodass auch in objektiv harmlosen Situationen die rote Warnlampe »Achtung Gefahr!« aufleuchtet.

2 Der russische Physiologe Iwan Petrowitsch Pawlow (1849 bis 1936) hat mit seinen experimentellen Arbeiten

den Grundstein zur Verhaltenstherapie gelegt. Ihm fiel auf, dass bei Hunden der Speichelfluss nicht nur beim Anblick des Futters einsetzte, sondern bereits dann, wenn die Schritte der Person, die sie fütterte, zu hören waren. In diesem Fall wurde durch ein neutrales akustisches Signal (Schritte) die Verbindung zur Nahrungsaufnahme hergestellt. Diese Form eines Reflexes wird »bedingter Reflex« genannt, weil er zu einer erfahrungsbedingten Verhaltensweise führt.

3 Lorazepam (z.B. Tavor) gehört zu den Benzodiazepinen, oft auch als Tranquilizer bezeichnet. Es wirkt anxiolytisch (angstlösend), sedierend (beruhigend) und antikonvulsiv, das heißt, es unterdrückt epileptische Anfälle. Lorazepam ist verordnungspflichtig und kann bei regelmäßiger Einnahme zur Suchtbildung führen, mit dem Verlangen, es ständig und in steigenden Dosen einzunehmen.

4 Panikattacke: Robert Freytag erlebt in der engen und überfüllten Fahrstuhlkabine eine Panikattacke mit massiven körperlichen und psychischen Begleitsymptomen. Typische Symptome einer solchen Attacke sind Atemnot, Engegefühl in Brust und Kehle, Herzrasen und Schweißausbrüche. Die Patienten beginnen, sehr schnell und hektisch zu atmen, dieser Zustand wird als Hyperventilation bezeichnet. Patienten mit Panikattacken werden häufig in Notaufnahmen von Krankenhäusern eingeliefert, weil die Symptomatik sehr dramatisch und die Unterscheidung zum Herzinfarkt oder Schlaganfall schwer ist. Durch eine ausführliche Untersuchung hat eine körperliche Ursache des dramatischen Zustandes ausgeschlossen zu werden, und der Patient muss psychotherapeutisch weiterbehandelt werden.

5 Die Koronarangiographie ist eine Kontrastmitteluntersuchung der Herzkranzgefäße mittels Röntgenstrahlen. Sie wird mit einem Katheter von der Schlagader in der Leiste

aus ausgeführt. Durch das Kontrastmittel kann der Arzt den Zustand der Herzkranzgefäße beurteilen, die das Herz mit Blut versorgen und Einengungen (Stenosen) oder Verkalkungsherde nachweisen.

6 Epileptische Anfälle entstehen durch eine krankhafte elektrische Entladung von Nervenzellen in der Hirnrinde. Am dramatischsten ist der große epileptische Anfall, Grand Mal, mit Hinstürzen, plötzlichem Bewusstseinsverlust, Krämpfen, Zungenbiss und Urin- und Stuhlabgang. Beim »kleinen« epileptischen Anfall, auch als Petit Mal bezeichnet, kommt es zu einer geringeren Krampftätigkeit, die sich als kurze Aussetzer des Bewusstseins (Absencen) äußert, oder die elektrische Krampfaktivität des Gehirns bleibt auf eine umschriebene Hirnregion beschränkt, sodass der Patient ansprechbar bleibt und es zu Muskelzuckungen oder sensiblen Störungen kommt. Die Epilepsie wird mit krampfunterdrückenden Medikamenten, den Antiepileptika, behandelt. Nicht jede plötzlich aufgetretene Bewusstlosigkeit muss ein epileptischer Anfall sein, sie kann auch Folge eines plötzlichen Blutdruckabfalls oder von Herzrhythmusstörungen sein und wird dann als Synkope bezeichnet.

7 Falscher Erstickungsalarm: Eine wichtige panikauslösende Substanz ist das Kohlendioxid mit der chemischen Formel CO_2. Wir atmen ständig Sauerstoff ein und Kohlendioxid aus. Wenn viele Menschen in geschlossenen Räumen zusammen sind, steigt die Konzentration des Kohlendioxids in der Raumluft an, und wir beginnen, uns unwohl zu fühlen. Der Gehalt des lebenswichtigen Sauerstoffs sinkt, und die Kohlendioxid-Konzentration steigt an. Der amerikanische Psychiater Donald F. Klein bezeichnet als wichtige Ursache von Panikattacken den »falschen Erstickungsalarm«, bei dem Menschen, die zu Panikattacken neigen, über überempfindliche Sensoren für

CO_2 verfügen und somit bei dem geringsten Anstieg von Kohlendioxid, wie er bei verbrauchter Luft in geschlossenen Räumen normal ist, mit Panik und Todesangst reagieren.

8 Die Verhaltenstherapie ist ein Verfahren der Psychotherapie, bei der nicht die Probleme der Vergangenheit analysiert werden, sondern das krankmachende Verhalten durch die Konfrontation mit den auslösenden Reizen beeinflusst wird.

MRSA

Es war Frühling, die Luft wurde milder und ließ einen langen und erbarmungslosen Winter vergessen. Zum ersten Mal in diesem Jahr fuhr ich mit dem Rad zur Klinik, und prompt erwischte mich ein Regenguss. Das Wasser stürzte vom Himmel, sodass ich verzweifelt in die Pedale trat. Als ich endlich im Klinikfoyer ankam und aufatmete, waren Jackett und Hose erbarmungswürdig durchnässt. In meinem Untersuchungszimmer zog ich die weiße Krankenhauskluft an und hängte die feuchten Sachen auf einen Bügel an die Schranktür.

Als Frau Sommer in das Zimmer trat, blähte sie die Nüstern und fragte: »Was riecht denn hier so komisch?«

»Die Wolle meines feuchten Anzugs«, antwortete ich sachlich, was so viel heißen sollte wie »Keine weitere Diskussion, bitte, ich habe zu tun«. Schließlich hatte ich wichtigere Probleme zu lösen als ein muffelndes Jackett im Untersuchungszimmer.

Aktuell bestand in unserer Klinik ein Engpass bei der Besetzung des ärztlichen Dienstes. Ein Assistent hatte sich beim Skifahren ein Bein gebrochen, und zwei Ärztinnen waren schwanger gemeldet. Ich musste mich vergewissern, dass auf der Station trotzdem alles in Ordnung war und die Patienten von den jungen Ärzten gut versorgt wurden. Was dazu führte, dass ich von einer Visite zur nächsten ging und mein

Kopf seit Tagen vor Patientendaten nur so schwirrte. Außerdem begann in fünf Minuten meine Sprechstunde.

Doch Frau Sommer ließ nicht locker, räusperte sich und sagte mit gedämpfter Stimme:»Entschuldigen Sie, Herr Professor, aber da sind zwei Herren von der Kriminalpolizei.« Ich schaute sie überrascht an.

»Ich glaube, die wollen Sie verhören«, flüsterte sie.

»Nicht verhören, nur mit Ihnen reden«, sagte ein kleiner rundlicher Mann mit rötlichem Mecki-Schnitt, der sich an Frau Sommer vorbei in mein Büro schob und mir einen Ausweis hinhielt.

»Ich bin Kommissar Sadewasser. Ronny Sadewasser.«

»Was kann ich für Sie tun?«, fragte ich verdattert und zugegebenermaßen auch ein wenig eingeschüchtert.

»In Kendelow ist ein Hühnerhof abgebrannt, wir vermuten Brandstiftung.«

Zwischenzeitlich war noch ein zweiter Herr in Polizeiuniform hereingekommen, der sich an der Tür postierte, als müsste er mich an einer Flucht hindern.

»Was habe ich mit einer Hühnerfarm zu tun?«, fragte ich. »Ich war noch nie in Kendelow, ich weiß noch nicht einmal, wo das liegt.«

»Erstaunlich. Wir haben am Tatort eine Visitenkarte von Ihnen gefunden.«

Er holte ein Tütchen aus der Tasche, eines, wie sie Sammler zum Aufbewahren von Briefmarken benutzen. Und tatsächlich schimmerte meine blauweiße Karte durch das Zellophan.

»Darf ich mal sehen?«, fragte ich. Es handelte sich um die offizielle Visitenkarte unseres Universitätsklinikums, die den Ärzten von der Marketingabteilung zur Verfügung gestellt wurde. Ich erkannte meinen Namen und den Begriff Neurologie.

»Kein Zweifel, das ist meine Visitenkarte«, antwortete ich.

Als der Kommissar nicht antwortete, fuhr ich fort:»Aber wie Sie sicher wissen, besteht der Zweck einer Visitenkarte darin, dass man sie einem Gesprächspartner aushändigt, damit er weiß, wer man ist und wie man erreicht werden kann. Sie ist nicht dazu da«, versuchte ich einen Scherz,»sie an einem Tatort liegen zu lassen, um der Polizei die Arbeit zu erleichtern.«

Der rundliche Kommissar sah mich noch immer ausdruckslos an.»Sie geben also zu, dass Sie Ihre Visitenkarte am Tatort absichtlich hinterlegt haben?«

Ich stöhnte empört auf. Welches Motiv sollte ich wohl haben, die Gebäude einer Hähnchenmastanlage niederzubrennen?

»Wie gut kennen Sie Frau Lydia Wenckenkamp, die Besitzerin der größten Hähnchenmastanlage in unserem Bundesland?«, fragte er unvermittelt.

»Ich kenne keine Frau Wenckenkamp«, sagte ich schroff und wurde ärgerlich. Immerhin saßen im Wartebereich bereits die Patienten und schauten unruhig auf die Uhr.

»Mein lieber Herr Professor, nach unseren Informationen kennen Sie Frau Wenckenkamp sehr wohl. Vor ein paar Tagen haben Sie mit der Dame öffentlich getanzt, es gibt Zeugen, die uns erzählt haben, dass sie ziemlich nah an ihr dran waren. ›An die Wäsche gehen‹ nennt man so was wohl.«

Ich musste mich setzen.

»Sie glauben doch nicht im Ernst, dass ich nachts losziehe, um Hühnerfarmen in Brand zu setzen?«

»Wir sind hier, um diesen Umstand auszuschließen«, erwiderte der Kommissar.

Dann schaute er plötzlich um sich und schnüffelte.

»Riecht komisch bei Ihnen«, sagte er.

»Ich weiß, das ist mein feuchter Anzug, ich bin mit dem Fahrrad gekommen. Er hängt hinten zum Trocknen.«

Er schaute sich um wie ein Fuchs, der Witterung aufnahm: »Ja, die imprägnieren die Stoffe heute brutal, damit sie nicht von Maden oder Raupen befallen werden. Das muss dann auch mal ausdünsten dürfen ...«

Kurz darauf war der Spuk vorüber. Ich saß wie anästhesiert an meinem Schreibtisch und schaute die Wand an. Einige Akten, Disketten und auch mein Laptop waren beschlagnahmt worden. Ich war froh, dass ich regelmäßig Sicherungskopien von Vorlesungen und wichtiger Korrespondenz auf eine externe Festplatte gezogen hatte.

»Soll ich Ihnen einen frischen Kaffee kochen?«, drang die Stimme von Frau Sommer durch den Nebel meiner Gedanken.

»Ja, gute Idee, bitte«, antwortete ich geistesabwesend.

So etwas war mir wirklich noch nie passiert. Ich ließ das surreale Gespräch mit dem Kommissar Revue passieren. Die Polizei hatte recherchiert, dass ich beim Sommerfest unseres Tennisklubs zweimal mit der Betreiberin des abgebrannten Hühnerhofs, einer Frau Wenckenkamp, tanzte. Leider stimmte das. Mein Tennisfreund Wolfgang Meyer, frisch geschieden, hatte sie mitgebracht und mir als Lydia, seine neue Flamme, vorgestellt. Auffallend an ihr war die tiefblaue Färbung der Augen gewesen, die ihrem Blick eine unergründliche Tiefe gab. Lydias kristalliner Blick wirkte auf mich zunächst unnatürlich. Sie schaute mich zur Begrüßung so intensiv an, als wollte sie in mein Innerstes blicken. Dann erst sagte sie: »Freut mich, Wolfgangs Freunde kennenzulernen«, und lächelte ironisch. »Lydia ist eigentlich Lehrerin, unterrichtet allerdings nicht mehr«, erklärte Wolfgang, »sie kümmert sich um ihr Erbe.«

Dass es sich bei dem Erbe um eine riesige Hähnchenmastanlage handelte, verriet er allerdings nicht. Lydia trug schulterlanges, ins Rötliche changierendes Haar und war einen halben Kopf größer als Wolfgang. Am Anfang waren die beiden unzertrennlich und turtelten, was das Zeug hielt. Nach einer Stunde jedoch kippte Wolfgang an der Bar einen Kognak nach dem anderen und hatte sich mit dem Klubpräsidenten in Gespräche über Vereinsinterna vertieft. Lydia tippte mir währenddessen auf die Schulter und fragte gut gelaunt: »Haben Sie Lust zu tanzen?«

Aus Höflichkeit sagte ich ja, aber auch, weil der DJ gerade »Surfin' USA« von den Beach Boys aufgelegt hatte. Wir tanzten zwei Lieder lang zu den Klängen der Sechziger. Ein richtiges Gespräch führten wir nicht, schon wegen der Lautstärke der Musik. Ich erinnerte mich aber, dass mich die Frau ununterbrochen angelächelt hatte, wie um zu signalisieren, dass sie sich wohlfühlte und dass es völlig in Ordnung wäre, dass ihr Begleiter dabei war, sich sinnlos zu betrinken. Wenig später verabschiedete ich mich und fuhr nach Hause. Alleine versteht sich. Daran, ihr meine Visitenkarte ausgehändigt zu haben, konnte ich mich beim besten Willen nicht erinnern …

Ich wählte also Wolfgangs Nummer und fragte ihn, ob seine Begleitung auf der Party tatsächlich Wenckenkamp geheißen habe.

»Ach, du meinst die Hühnerbaronin. Ja, das ist ihr Nachname. Aber mit der ist wieder Schluss. Zu eigenwillig, die Dame. Du weißt, ich mag so was nicht. Hat eine riesige Hühnerfarm geerbt, soll allerdings jetzt Stress haben, weil sie abgebrannt ist. Na ja, das soll nicht meine Sorge sein.«

Die nächsten Tage verliefen ruhig. Ich hörte nichts mehr von der Polizei, und das seltsame Erlebnis verblasste allmählich. Eines Morgens jedoch schlug ich am Frühstückstisch die lokale Zeitung auf. Ich war am Vorabend spät von einer Tagung in Berlin nach Hause gekommen und deshalb noch etwas übernächtigt, als ich im Lokalteil folgende Schlagzeile las: »Feuerteufel schlägt wieder zu.«

Diesmal war eine Hühnerfarm auf Rügen Opfer eines

Brandanschlags geworden. Doch es kam noch schlimmer: »Wie wir erfahren konnten, wird ein Professor der hiesigen Universität verdächtigt, Drahtzieher dieser Anschläge zu sein. Die Motive liegen noch im Dunkeln.«

»Oh, mein Gott«, durchfuhr es mich. »Mit dem Greifswalder Professor bin doch hoffentlich nicht ich gemeint?« Der Kaffee schmeckte plötzlich fade. Sofort griff ich zum Handy und wählte die gespeicherte Nummer von Kommissar Sadewasser.

Als ich sein scharfes und ungeduldiges »Ja, bitte, wer spricht?« hörte, bereute ich den spontanen Entschluss augenblicklich.

Trotzdem erzählte ich ihm dann, dass ich gerade in der Zeitung von dem zweiten Brandanschlag gelesen hätte. Zumindest dafür käme ich jedoch nicht in Frage, weil ich nachweislich gestern Abend in Berlin bei einer Tagung gewesen und erst im Laufe der Nacht wieder zu Hause angekommen sei.

»Wir überprüfen das alles, Herr Professor. Jedenfalls haben Sie dieses Mal keine Visitenkarte am Tatort hinterlegt«, sagte er trocken. »Man lernt eben immer etwas dazu«, fügte er dann sarkastisch hinzu und lachte.

Im Büro checkte ich wie jeden Morgen zunächst meine Mails. Täglich erreichten mich unter meiner dienstlichen Adresse viele Anfragen und Bitten um Stellungnahme zu neurologischen Fragestellungen. Es wurden mysteriöse Muskelschwächen, unvermittelte Ohnmachten oder unwillkürliche Zuckungen des Körpers geschildert, bei denen ich um Rat und Hilfe gebeten wurde. Dahinter verbargen sich häufig hoffnungslose Fälle und der Wunsch nach einer zweiten Expertenmeinung. Obwohl es sich um eine zusätzliche Arbeit handelte, bemühte ich mich stets, zumindest einige dieser Anfragen zu beantworten, oder leitete sie an die Oberärzte mit der Bitte um Bearbeitung weiter.

Heute fiel mir eine Mail von Donata Meinhardt ins Auge. Der seltene Name erinnerte mich daran, dass in meiner Kindheit ein Mädchen namens Donata in unserer Nachbarschaft gewohnt hatte. »Sehr geehrter Herr Professor, ich sende Ihnen die Aufzeichnungen, die ich über das Schicksal meines Mannes gemacht habe. Ich hoffe, dass Sie mich auch weiter unterstützen, damit in Zukunft solche schlimmen Dinge nicht mehr geschehen können. Denn ich weiß, dass Sie die Schweinereien genauso verabscheuen wie ich. Ich vertraue Ihnen. Ich möchte die Menschheit aufrütteln, damit sie sich nicht selbst ihren Untergang bereitet. Wir bleiben in Kontakt. Donata Meinhardt.«

Mich befremdete die Tatsache, dass die Schreiberin davon ausging, wir würden uns kennen. Und um welche »Schweinereien« handelte es sich, die ich angeblich genauso verabscheute wie sie? Meine Neugierde war geweckt, also öffnete ich den anhängenden Bericht und begann zu lesen:

»Bericht über den Mord an meinem Mann Frank Meinhardt, geboren am 2.4.1968, gestorben am 25.9.2011

Wir führten eine glückliche Ehe. Frank war sehr sportlich, er rauchte nicht und trank nur zu besonderen Anlässen ein Glas Wein oder Sekt. Er brauchte jeden Tag Bewegung, gleich nach der Arbeit zog er die Laufschuhe an und joggte im Wäldchen hinter unserem Haus, oder er ging, bei schlechtem Wetter, ins Fitnessstudio neben dem Ärztezentrum. Letztendlich hat ihn dieser innere Drang, sich zu ertüchtigen, umgebracht. Und die Brutalität dieser Welt.

Im März 2009 stiegen nach einem langen und harten Winter endlich die Temperaturen, und der Frühling kündigte sich an. Wir waren in unserer kleinen Finnhütte am Peenestrom, wo Frank im Sommer angelte und wir in einem Ofen die Fische räucherten, die er von seinen Touren nach Hause brachte. Als wir gerade den Frühjahrsputz machten, sagte Frank, dass er Lust habe, eine Runde Mountainbike zu fahren. Ehe ich ihn vor dem Glatteis warnen konnte, verschwand er mit seiner Wollstrumpfhose, der roten Fleecejacke und dem gelben Fahrradhelm im Schuppen und holte das eingestaubte Fahrrad hervor. Es taute, viele Straßen und Wege waren von einer glitschigen Matschschicht überzogen. Frank aber freute sich, nach dem langen Winter endlich wieder in die Pedale treten zu können. Nicht weit von unserem Haus führt ein Waldweg einen steilen Abhang hinab. Dort muss es passiert sein. Er hat wohl gebremst, das Vorderrad blockierte, er verlor die Kontrolle und prallte gegen einen Baum. Später erzählte er, dass er zunächst überhaupt keinen Schmerz verspürt habe, obwohl sein linker Unterschenkel ganz seltsam vom Körper abgestanden sei. Er rief mich auf dem Handy an, ich informierte den Notarzt und rannte zu ihm. Frank lag da auf dem Waldboden wie in Schockstarre, ich sah sofort, dass das Bein zertrümmert war. Im Krankenhaus wurde ein komplizierter Bruch des linken Unterschenkels festgestellt, der eine vierstündige Operation notwendig machte. Sie haben ihm einen Nagel in das Knochenmark getrieben und einige Knochenfragmente mit angeschraubten Platten befestigt.

Heute denke ich oft, dass alles gut geworden wäre, wenn er in das Uniklinikum gebracht worden wäre und die Operation nicht in dem kleinen Krankenhaus stattgefunden hätte. Doch da lag nun also mein Frank mit hochgelagertem linken Bein im Bett und blickte mich unglücklich an. ›Es wird schon werden, ich bin ja nicht der erste Mensch, der sich das Bein bricht‹, meinte er tapfer. Nach zwei Wochen wurde er mit Krücken entlassen. Er wurde krankgeschrieben, denn seine Arbeit als Erzieher im Jugenddorf konnte er vorläufig nicht ausüben. Dreimal wöchentlich ging er zur Physiotherapie und machte jeden Morgen und jeden Abend seine Übungen. Der Hausarzt wechselte in regelmäßigen Abständen den Verband, bis er eines Tages sagte: ›Es suppt, Sie müssen das mal in der Klinik nachsehen lassen.‹

Ich habe mir daraufhin einen freien Tag genommen, und wir sind noch einmal in das Krankenhaus gefahren, in der die Notoperation gemacht wurde. Der Chirurg in der Nachschausprechstunde beruhigte uns, es sei alles halb so schlimm. ›Ich gebe da ein antibiotisches Pulver drauf, und Sie bekommen Tabletten mit einem Breitbandantibiotikum. Vorher nehmen wir einen Abstrich. Wenn etwas Besonderes dabei herauskommt, bekommen Sie Bescheid.‹ Das selbstsichere Auftreten des Arztes tat uns gut, wir fuhren beruhigt nach Hause, und Frank setzte seine Übungen fort. Einige Tage später lag ein Brief aus dem Krankenhaus in unserem Briefkasten. ›Ergebnis der mikrobiologischen Untersuchung, Abstrich Wundsekret, Z.n[1]. Unterschenkelfraktur mit Osteosynthese[2]‹ stand auf dem Schreiben.

Und dann: ›Nachweis von: Methicillin Resistenter Staphylococcus Aureus MRSA[3].‹

Ferner lag ein Brief bei, in dem der ›liebe Patient Frank Meinhardt‹ gebeten wurde, sich zu melden, weil eine erneute stationäre Aufnahme zur Sanierung der Wundverhältnisse notwendig sei. Ich habe dann sofort im Internet unter dem Stichwort MRSA nachgeschaut, und schon während des Lesens das große Grausen bekommen. MRSA, hieß es, sei ein multiresistenter Keim, eine Bakterie also, gegen die kein Kraut gewachsen sei. Er gehöre zur Gruppe der ›Krankenhauskeime‹, Bakterien, die quasi in Krankenhäusern gezüchtet würden und die man sich vor allem auch in Krankenhäusern holen könne.

Niemand kann nachfühlen, wie schwer die Zeit, die nun anbrach, für uns beide gewesen ist. Unser Leben war stets von Ruhe und Beschaulichkeit geprägt gewesen. Wir hatten unsere Arbeit, unsere Hobbys, ein paar Freunde, abends die ruhigen Stunden. Bisher hatte es mit dem Kinderkriegen nicht geklappt, aber wie heißt es so schön: ›Der Weg ist genauso wichtig wie das Ziel.‹ Wir waren immer gerne zusammen. In der Klinik wurde Frank dann isoliert. Fortan durfte ich sein Zimmer nur noch mit einem grünen Schutzkittel, Papierhaube und Operationsmaske vor dem Gesicht betreten. Frank konnte während der ganzen Zeit seines Krankenhausaufenthaltes niemals in ein Gesicht sehen, selbst der Krankenhausseelsorger trug diese Gesichtsmaske, um sich vor Franks Bakterien zu schützen. Ein-, zweimal, wenn keine Schwester in der Nähe war und wir uns alleine im Krankenzimmer befanden, schob ich meine OP-Maske hoch und küsste ihn. ›Es wird alles gut werden‹, hat er mir zugeflüstert, ›unser Leben ist so wunderbar, das kann uns niemand wegnehmen.‹ Während er bis zum Ende geduldig und sanft war, kochte in mir schon damals die blanke Wut hoch, und ich dachte: Was können wir dafür, dass diese versiffte Klinik voller Keime ist? Warum wird er jetzt wie ein Verbrecher behandelt?«

An dieser Stelle brach der Bericht mit der Bemerkung ab: »Jetzt muss ich aber aufhören, ich melde mich wieder.«

Ich schrieb zurück: »Vielen Dank für die Zusendung des Krankenberichts Ihres Mannes. Ich frage mich allerdings, warum Sie den Bericht an mich schicken. Die Krankheit Ihres Mannes betrifft nicht mein Fachgebiet als Neurologe; und soweit ich den Bericht verstehe, ist die Infektion ja auch nicht in unserem Klinikum aufgetreten.«

Auf dem Weg zum Konferenzraum ging mir das Problem der Hospitalismuskeime durch den Kopf, von denen Donata Meinhardt geschrieben hatte. Oft handelt es sich dabei um ursprünglich harmlose Keime. Staphylokokken zum Beispiel sind Bakterien, die eigentlich auf der Haut oder im Nasen- und Rachenraum siedeln. Im Rahmen einer Abwehrschwäche können sie aber auch krankmachen: eiternde Furunkel verursachen oder auch zu Hirnhaut- oder Lungenentzündungen führen. Diese gefährlichen Erkrankungen ließen sich bisher effektiv mit Antibiotika behandeln. Jedoch hat die überbordende Verwendung von Antibiotika schon bei banalen Infekten inzwischen dazu geführt, dass immer mehr Bakterienstämme gegen diese Medikamente unempfindlich geworden sind, weil sie ihr Erbgut verändern und resistente Nachfahren hervorbringen. Diese resistenten Staphylokokken werden auch MRSA genannt und sind vor allem in Krankenhäusern, aber auch in Heimen und Pflegeeinrichtungen zu finden. Man schätzt, dass rund hundertsiebzigtausend Menschen in deutschen Kliniken jährlich an Infektionen mit MRSA-Bakterien erkranken und über fünftausend daran sterben.

Die Kliniken versuchen sich natürlich dagegen zu schützen. In unserem Klinikum zum Beispiel wird jeder Patient, der aus einem anderen Krankenhaus oder Heim aufgenommen wird, zunächst so lange isoliert, bis erwiesen ist, dass keine MRSA-Infektion vorliegt. Ärzte, Schwestern oder Besucher dürfen sein Krankenzimmer nur mit Maske betreten. Von MRSA betroffene Patienten werden dann für die Dauer des gesamten Krankenhausaufenthaltes isoliert, ganz so, wie es Donata Meinhardt beschrieben hatte. Das ist schon ein Wahnsinn, dachte ich bei mir. Wie soll ein vertrauensvoller Kontakt zwischen Arzt und Patienten entstehen, wenn der Mediziner sogar während des gemeinsamen Gesprächs wie ein Bankräuber aussieht?

Während ich im Kreise meiner Kollegen über zukünftige Forschungsprojekte diskutierte, vergaß ich den Fall.

Als ich am nächsten Morgen jedoch meine E-Mails durch-

sah, stieß ich auf eine weitere Nachricht von Donata Meinhard, die diesmal sehr kurz gehalten war: »Ich schreibe Ihnen auf Empfehlung meiner Mutter, die Sie von früher kennen, ich melde mich.«
Alles sehr geheimnisvoll, dachte ich bei mir und machte mich an die Arbeit.

Am nächsten Tag saß ich meinem Freund und Anwalt Hans-Friedrich Elmskötter gegenüber und erzählte ihm von den Brandanschlägen und dem hartnäckigen Kommissar Sadewasser.

»Da bist du ja in eine unangenehme Sache hineingeraten«, murmelte er und biss in eine Möhre, die er aus einer Schreibtischschublade herausgefischt hatte. Seit er sich das Rauchen abgewöhnt hatte, musste er immer an etwas knabbern, aktuell bevorzugte er Rohkost in Form von Kohlrabi-Schnitzen und Möhren.

»Ich habe Akteneinsicht angefordert. Wie es aussieht«, er sah mich durchdringend an, »zählst du bei beiden Brandstiftungen nach wie vor zum Kreis der Verdächtigen.«

Ich wusste nicht, was ich sagen sollte.

»Jetzt mal ganz ehrlich«, meinte er nach einer Weile, wobei das mahlende Geräusch seiner Kiefer die Situation merklich entdramatisierte, »was hattest du mit der Hühnerbaronin zu tun? Man erzählt, du seist bei ihr ganz schön zur Sache gekommen.«

»Ich wusste doch zu diesem Zeitpunkt nicht einmal, dass sie etwas mit Hühnern zu tun hat, man stellte sie mir schließlich als Lehrerin vor. Außerdem bin ich glücklich verheiratet, das weißt du. Ich habe zwei Tänze mit ihr hingelegt, weil ihr damaliger Freund Wolfgang Meyer, den du ja auch kennst, sich an der Theke hat volllaufen lassen! Alles völlig harmlos, wir haben uns noch nicht einmal wirklich unterhalten.«

»Na ja, soll ja auch ganz flott sein, die Hühnerbaronin«,

sagte Elmskötter und schmunzelte. »Trotzdem: Irgendwas muss doch hinter den beiden Brandstiftungen stecken. Versicherungsbetrug? Übrigens steht auch noch in der Akte, dass du mit einem durchgeknallten Öko-Aktivisten aus Heidelberg eng befreundet bist. Das macht dich doppelt verdächtigt.«

Ich wusste sofort, wer gemeint war. Mit dem Kinderarzt Heribert Henschel war ich seit meiner Schulzeit befreundet. Wir hatten zusammen in Heidelberg studiert, er führte dort nach wie vor eine Praxis, wo er seine Patienten auch mit Akupunktur und Homöopathie behandelte. Wenn ich in der Gegend war, besuchte ich ihn, wir tranken beim Griechen ein Glas Retsina und redeten über alte Zeiten. Heribert war ein lebendiger, kritischer Geist, der die Pharma-Konzerne ebenso hinterfragte wie die Ernährungs- und Futtermittelindustrie. Doch er war alles andere als militant.

»Henschel soll Mitglied einer anarchistischen Gruppe sein, die gegen die Pharmaindustrie agiert, und du wirst aufgrund deiner häufigen Besuche bei ihm zu seinem Umfeld gezählt.«

Langsam wurde es mir zu bunt: »Wo leben wir eigentlich? Darf ich nicht mal einen alten Freund besuchen? Meines Wissens ist er niemals angeklagt worden. Dass ich jetzt auch noch verdächtigt werde, ein militanter Aktivist zu sein, ist doch wohl die Höhe!«

»Ich sage nur, dass du vorsichtiger sein solltest«, sagte Hans-Friedrich und biss in seine Möhre. »Ich werde das Ganze weiterverfolgen und dir Bescheid geben, wenn ich Näheres weiß.«

Das Gespräch beruhigte mich nicht im Geringsten.

Als ich schließlich aus der Villa in die feuchtwarme Frühlingsluft trat, sah ich den Zettel an der Windschutzscheibe schon von Weitem. »Mist, schon wieder ein Strafzettel«, dachte ich. Dann aber sah ich, dass es sich um kein amtliches

Dokument handelte. Auf dem Zettel stand in Druckbuchstaben: »Schön, dass du mit an Bord bist.«

Einige Wochen lang verlor ich die leidige Angelegenheit um die Hühnerbaronin dann aus dem Blick. In der Zeitung war von keinen weiteren Brandanschlägen zu lesen, die Kriminalpolizei schien mich vergessen zu haben, und unter meinem Scheibenwischer fanden sich keine weiteren seltsamen Nachrichten.

Eines Tages rief mich jedoch ein Journalist des Norddeutschen Rundfunks an und fragte, ob ich zu einem Interview über den sogenannten Proust-Effekt bereit sei. Er nannte den Namen einer bekannten Zeitschrift, die sich mit psychologischen Themen beschäftigte. Er arbeite an der Frage, warum wir uns an einige Dinge intensiver oder eher erinnern könnten als an andere. Ich sagte zu.

Zwar handelte es sich bei dem von ihm gewählten Begriff um keinen Fachbegriff, aber ich hatte sofort gewusst, was gemeint war. In Marcel Prousts Roman »Auf der Suche nach der verlorenen Zeit« spielten Erinnerungen eine große Rolle, und der Autor beschrieb, wie der Geschmack einer Madeleine, eines kleinen französischen Gebäckstückchens, beim Helden seiner Geschichte die lebhaftesten Kindheitserinnerungen wachrief.

Während des Interviews erläuterte ich dem Journalisten, dass wir täglich unzählige Erlebnisse in unserem Gedächtnis abspeicherten, die meisten jedoch rasch wieder vergäßen. Ob wir etwas langfristig erinnern, entscheidet die Intensität der emotionalen Beteiligung, die wir mit dem Erlebnis verknüpfen. Geruchs- und Geschmackseindrücke zum Beispiel sind meist besonders emotional gefärbt und werden entsprechend tief im Gedächtnis verankert. Jedem ist bekannt, wie wichtig der Geruchssinn für die Sexualität ist, man denke nur an spezielle Parfums. Die Geschmacks- und Geruchseindrücke werden über Riechrezeptoren aufgenommen und zum Schläfenlappen geleitet, in dem sowohl die Zentren für die Erinnerung als auch für ihre emotionale Wertung lokalisiert sind. So wird zum Beispiel der Geruch oder Geschmack von verdorbenem Fleisch deshalb als ekelhaft wahrgenommen, weil er zumeist eine negativ besetzte Erinnerung aktiviert. Ebenso ist die Erinnerung an die Situation, seine Hausaufgaben vergessen zu haben und dafür vor der Klasse gescholten zu werden, mit Angst und Unbehagen besetzt. Dies hat nicht zuletzt die Funktion, uns in der Zukunft vor solchen Situationen zu schützen.

Der Journalist zitierte einen Satz: »Den ersten Kuss vergisst man nie«, und wollte wissen, ob damit im Grunde der gleiche Mechanismus gemeint sei. Ich nickte und sah prompt die Tochter unseres damaligen Nachbarn vor meinem geistigen Auge auftauchen: Wir waren vierzehn Jahre alt, saßen gemeinsam mit den anderen auf den Bänken des Spielplatzes zwischen den Häusern und blödelten herum. Die Mädchen hatten heimlich Lippenstift aufgetragen und die Jungs ihre Haare mit Pomade zurückgegelt, um wie Elvis Presley oder Ted Herold auszusehen.

Ein Nachbarmädchen trug eine blaue Strickmütze mit weißem Elchmuster, die den wilden rötlichen Haarschopf nur mit Mühe bändigen konnte. Sie sah mich provozierend an. Wir spielten ein Fangspiel, einer von uns lief weg, und derjenige, den er zu Beginn seiner Flucht anschubste, musste ihn fangen. Das Mädchen mit dem roten Haar tippte mich an, rief »Fang mich doch!«, und rannte die Wiese hinunter in das Dunkel zu den Gärten. Als ich sie einholte, stand sie schwer atmend an einen Zaun gelehnt, neigte den Kopf zur Seite, schloss die Augen und öffnete die Lippen. Ich atmete den Duft ihrer Haare und stand wie betäubt vor ihr. Für einen kurzen Moment begegneten sich unsere Lippen, und ich wich erschrocken zurück, als ich bemerkte, wie sich ihre Zungenspitze zwischen meine Zahnreihen schob.

Vor einigen Jahren hatte mich die Nachricht erreicht, dass sie an Krebs gestorben sei, und ich weiß noch genau, wie betroffen ich war.

Während ich mich an meinen ersten Kuss erinnerte, fiel mir ein, dass das Mädchen mit der Elchmütze und den rotblonden Haaren Donata geheißen hatte, genauso wie die geheimnisvolle E-Mail-Schreiberin, die mich kürzlich so sehr beschäftigte.

Wie es der Zufall will, fand ich noch am selben Tag nach meiner Rückkehr folgende Mail in meinem Posteingang vor:

»Fortsetzung der Krankengeschichte Frank Meinhardt:

Frank wurde mit riesigen Dosen behandelt. Er, der immer so gesund gelebt hatte und Tabletten nur im äußersten Notfall einnahm, rechnete mir vor, dass er tagtäglich achtzehn Tabletten runterwürgen müsse. Hinzu kamen noch diverse Infusionen mit verschiedenen farbigen Flüssigkeiten.

Eines Tages kam der Oberarzt und erklärte uns, dass man Frank nach Hause entlassen werde, im Krankenhaus könne man nichts mehr für ihn tun. Zu Hause müsse sein Hausarzt jeden Tag kommen und ihm eine Infusion anlegen, und die Schwester eines Pflegedienstes habe die Wunde zu versorgen. So sehr wir uns freuten, dass Frank wieder nach Hause kam, so sehr machten wir uns Sorgen, dass er mit dem gefährlichen MRSA-Keim nur abgeschoben wurde, weil er für die Klinik eine Gefahr darstellte.

Die Zeit zu Hause war fürchterlich. Frank war völlig demoralisiert. Der Hausarzt verweigerte zunächst die Hausbesuche, weil er Angst hatte, sich anzustecken, und die Gemeindeschwester war lediglich bereit, mir zu zeigen, wie man die Wunde verband. Sie wollte höchstens alle vierzehn Tage kommen. Franks Bein war geschwollen und feuerrot, die Operationsnarbe war offen und klaffte auseinander. Das Schlimmste jedoch war, dass Frank seinen Lebensmut verloren hatte und nur noch apathisch und depressiv im Bett lag. Obwohl er dazu in der Lage gewesen wäre, weigerte er sich, mit Krücken in den Garten zu gehen oder einen anderen Weg als den zur Toilette zurückzulegen.

Im Herbst bekam er schließlich Fieber und schrecklichen Schüttelfrost. Ich rief den Notarzt, und er wurde noch einmal ins Krankenhaus gebracht. Heute denke ich, dass wir darauf hätten bestehen müssen, dass Frank diesmal ins Klinikum transportiert würde, aber der Fahrer erklärte uns, dass er den Auftrag habe, alle Patienten aus unserem Dorf ins Krankenhaus zu transportieren. Dort wurde die Wunde noch einmal versorgt, und man machte uns Hoffnung, dass die Metallplatten, sobald die Entzündung aus dem Körper gewichen sei, operativ entfernt werden würden. Angeblich seien sie die Ursache der Entzündung. In der Nacht vom 28. auf den 29. September starb Frank schließlich an einer Lungenembolie. Im entzündeten Bein hatte sich ein Gerinnsel gebildet, das sich löste und hinauf zur Lunge gewandert war.«

Damit schloss der Bericht.

»Sehr geehrte Frau Meinhardt«, schrieb ich, »ich habe die tragische Krankengeschichte Ihres Mannes gelesen und bin stark betroffen. Ich frage mich jedoch nach wie vor, warum Sie diesen Bericht gerade mir geschickt haben. Wie Sie sicher wissen, bin ich Neurologe und habe mit Wundversorgung und Wundinfektionen nichts zu tun. Ihnen alles Gute.«

Abends saß ich daheim in meinem Sessel und las einen spannenden Krimi, als mein Handy klingelte. Es war Herbert, der Nachbar von gegenüber. »Ich will dich ja nicht beunruhigen, aber da steht seit einer Stunde eine Gestalt vor eurem Haus. Wirkt irgendwie komisch, schau besser mal nach.«

Es dämmerte bereits, aber als ich durchs Fenster blickte, konnte ich sie sehen: Auf dem Gehweg vor dem Gartentor stand eine Frau. Trotz der sommerlichen Temperaturen trug sie einen hellen Mantel, über dessen Kragen langes rötlich schimmerndes Haar fiel. Ich trat hinaus und ging auf sie zu. Es war unfassbar.

»Donata«, stammelte ich und sah, wie sie die Arme ausbreitete, den Kopf zur Seite neigte und leicht den Mund wie zu einem Kuss öffnete. Ich war mir sicher, einem Geist gegenüberzustehen. Verdattert drehte ich mich um, eilte ins Haus zurück und verriegelte die Tür. Dann goss ich mir ein Glas Cognac ein. Das war doch gar nicht möglich, diese Frau sah wirklich aus wie Donata aus meiner Heimatstadt, an die ich mich während des Interviews so lebhaft erinnert hatte. Aber Donata war tot. Und die Frau vor der Tür war höchstens dreißig. War ich im Begriff durchzudrehen? Ich checkte die Anruferliste meines Handys. Kein Zweifel, Herbert, unser Nachbar, hatte mich vor nicht einmal fünf Minuten angerufen. Also war Donatas Doppelgängerin real und nicht nur eine Truggestalt.

Ich verbrachte eine unruhige Nacht. Am nächsten Morgen setzte ich mich als Erstes zu Hause an meinen Schreibtisch und machte den Laptop an. Im Posteingang befand sich eine neue Nachricht von Donata Meinhardt:

»Wir haben uns bei einer Veranstaltung des Medizinischen Vereins kennengelernt.«

Der Medizinische Verein war eine bereits 1863 gegründete ehrwürdige Ärztevereinigung, deren Hauptaufgabe die Organisation von Fortbildungen für Mediziner war. Seit einigen Jahren war ich der ehrenamtliche Vorsitzende und organisierte die Vortragsveranstaltungen. An die Mail angehängt war eine Fotografie, die bei einer der Veranstaltungen aufgenommen worden war. Auf dieser war Dr. Erich Kusanke, Professor für Krankenhaushygiene, zu sehen, wie er gerade einen Vortrag hielt. Selbst auf diesem Schnappschuss war deutlich zu erkennen, wie der übergewichtige Professor am ganzen Leib schwitzte.

Ich erinnerte mich noch gut an diesen Abend, dessen Thema Krankenhauskeime war. Ich selbst war, als Moderator der Veranstaltung, am linken Rand des Bildes zu erkennen, rechts sah man die ersten beiden Hörerreihen. In der Mitte der zweiten Reihe, den Blick gebannt auf den Referenten gerichtet, saß eine Frau mit kurzgeschnittenen Haaren. War das Donata Meinhardt, die Person, von der ich unablässig E-Mails empfing?

Kusankes Vortrag hatte eine lebhafte Diskussion entfacht. Er hatte Daten präsentiert, die belegten, dass die Zunahme von multiresistenten Keimen kein isoliertes Problem von Krankenhäusern war: Ein Teil der gefährlichen resistenten Keime würde in landwirtschaftlichen Betrieben infolge eines übermäßigen Gebrauchs von Antibiotika in der Tiermast gezüchtet.[4] Das Fleisch der Tiere sei voller Antibiotika, ebenso unser Grundwasser und die gesamte Nahrungskette. Die Bakterien hätten so ausgiebig Zeit und Muße, sich an die Antibiotika, die uns das Leben retten sollen, zu gewöhnen. Während seiner Ausführungen hatte er seine fleischigen Lippen zu einem wollüstigen Grinsen verzogen, ganz so, als machte es ihm Freude, sich vorzustellen, wie aus einer harmlosen Mikrobe ein gefährlicher Killerkeim wurde. Seine Ausführungen hatten die Frau mit dem Bubikopf sehr empört. Man müsse doch etwas dagegen unternehmen, wie könnten denn alle so ruhig bleiben, wenn Menschen daran stürben, warf sie in die Runde.

»Sie sehen aus wie eine Freundin, die ich vor über vierzig Jahren kannte«, schrieb ich.

Die Antwort ließ nicht lange auf sich warten: »Ich weiß. Das war meine Mutter, ich nenne mich nach ihrem Tod auch Donata, um ihr näher zu sein. Sie hat mir vorgeschlagen, Sie um Hilfe zu bitten.«

»Das kann nicht sein. Soweit ich weiß, ist die Donata, die ich kannte, vor fünf Jahren an Brustkrebs gestorben. Zu diesem Zeitpunkt war Ihr Mann noch gesund.«

»Ich spreche mit ihr. Am Grab oder in der Kirche. Sie gibt mir häufig Rat. Ich sehe aus wie sie, wir sind eins.«

»Unsinn. Ich beende die Kommunikation, wenn Sie mir solch einen Quatsch erzählen.«

»Auch wenn Sie mir nicht glauben, sind Sie es ihr schuldig, mir zu helfen.«

»Haben Sie etwas mit den Brandstiftungen in den Mastanlagen zu tun? Bei kriminellen Machenschaften kann ich nicht helfen. Außerdem werde ich niemals Vegetarier.«

»Die nächsten Schritte müssen legal sein. Deshalb brauchen wir Sie. Der Antibiotika-Wahnsinn in der Tiermast muss aufhören. Denken Sie an die vielen toten Patienten in den Kliniken ...«

Erschöpft drückte ich den OFF-Knopf meines Notebooks, trank eilig eine Tasse Kaffee und fuhr in die Klinik.

Am nächsten Tag stand sowohl in der regionalen als auch der überregionalen Presse zu lesen: »Aktionsforum gegen Antibiotika in der Tiermast gegründet. Einer der Gründungsmitglieder ist ein Greifswalder Neurologie-Professor.«

1 »Z.n.« ist die Abkürzung von »Zustand nach«, das bedeutet, dass eine Erkrankung abgeschlossen ist.

2 Osteosynthese ist ein operatives Verfahren zur Stabilisierung eines gebrochenen (frakturierten) Knochens. Im Ge-

gensatz zum Eingipsen kann der Knochen nach einer Osteosynthese schon sehr früh belastet werden, man verhindert dadurch Muskelschwund und Sehnenverkürzungen. Der gebrochene Knochen wird entweder mit Hilfe von Schrauben und Platten stabilisiert, oder es wird ein langer Nagel in die Markhöhle des Knochens geschlagen, sodass der Knochen wieder zusammenwachsen kann. Mögliche Komplikationen dieses Eingriffs sind Knocheninfektionen, Durchblutungsstörungen des Knochens und eine Lockerung des implantierten Materials. Quelle: Pschyrembel, De Gruyter Verlag, 266. Auflage, http://flexikon.doccheck. com/de/Osteosynthese; abgerufen am 29.06.2015

3 Methicillin Resistenter Staphylococcus Aureus (MRSA): Staphylokokken sind meist harmlose Bakterien, die auf der Haut oder auf anderen Oberflächen nachgewiesen werden können. Gefährlich werden sie erst dann, wenn sie günstige Bedingungen für eine ungehemmte Vermehrung vorfinden; dies ist zum Beispiel bei abwehrgeschwächten oder alten Menschen der Fall. Dann kann es zur Lungenentzündung, Hirnhautentzündung oder Endokarditis (Entzündung der Herzinnenhaut) kommen. Durch zu häufigen Gebrauch von Antibiotika entwickeln sich resistente Staphylokokken, indem die empfindlichen Keime abgetötet werden, aber die resistenten Keime, denen die Behandlung nichts anhaben kann, überleben. Der MRSA ist ein besonders gefährlicher Bakterienstamm, weil er gegen alle Arten von Antibiotika, auch Penicillin, unempfindlich ist. Er breitet sich vor allem in Krankenhäusern und Pflegeeinrichtungen aus, in denen kranke und alte Menschen sowie Patienten mit frischen Operationswunden untergebracht sind. Im Krankenhaus erworbene Infektionen werden »nosokomiale« Infektionen genannt. Es sind die häufigsten Komplikationen, die während eines Klinikaufenthaltes auftreten können.

Ärzte und Kliniken müssen solche Infektionen (sowie den Verdacht darauf) dem Gesundheitsamt melden. In jedem Krankenhaus gibt es Arbeitsanweisungen, um die Ausbreitung von nosokomialen Infektionen zu verhindern, hierzu zählen das Tragen von Schutzkleidung, die Händedesinfektion nach jedem Patientenkontakt und das fachgerechte Desinfizieren der Krankenzimmer. Quellen: Bundesinstitut für Risikobewertung, http://www.mrsa-net.nl/de; abgerufen am 29.06.2015

4 Antibiotika in der Tiermast: In Deutschland werden massiv Antibiotika in der Tiermast eingesetzt, im Jahr 2012 waren es mehr als tausendsechshundert Tonnen. Diese Medikamente werden nicht indes nur bei kranken Tieren verwendet, um Infektionen zu behandeln, sondern auch bei gesunden Tieren zur Steigerung der Futterverwertung und Gewichtszunahme. Obwohl seit 2006 offiziell der Einsatz von Antibiotika als Mastbeschleuniger EU-weit verboten ist, stieg dennoch der Umsatz mit Antibiotika für die Landwirtschaft weiter an. Einige der verwendeten Medikamente werden auch in der Humanmedizin zur Behandlung von Patienten verwendet. Nach einer Studie des Bundesinstituts für Risikobewertung (BfR) werden Masthähnchen in ihrem etwa vierzig Tage dauernden Leben durchschnittlich an zehn Tagen mit Antibiotika behandelt. Tierärzte der Hochschule Hannover haben bei Mastschweinen in zweiundneunzig Prozent der Fälle MRSA in der Schnauze gefunden. Durch den unkritischen Gebrauch der Antibiotika in Mastbetrieben nehmen Resistenzen bei den Erregern zu, und antibiotikaunempfindliche Bakterien können auch Menschen infizieren. Quellen: http://www.eu-koordination.de/component/content/article/2171-antibiotika-in-der-tiermast; http://www.spiegel.de/wissenschaft/natur/antibiotika-in-der-tiermast; abgerufen 29.06.2015

SCHLUMMERSUCHT

Er rannte die Straße hinunter, zwischen den kleinen Häusern mit Steingärten und akkurat geschnittenen Ligusterhecken, als wäre der Teufel hinter ihm her. Die beiden Verfolger in gelben Jogginganzügen waren ihm dicht auf den Fersen. Atemlos näherte er sich der Hausnummer 42. Im fahlen Licht der Straßenlaterne stand sein Elternhaus da wie früher und wurde von der großen Birke im Vorgarten überragt. Wie üblich waren die rostroten Fensterläden geschlossen. Sein Vater hatte es immer als seine Aufgabe begriffen, das Haus »für die Nacht zu sichern«, wie er mit einem Augenzwinkern verkündete.

Der blasse Mond hüllte Haus und Garten in einen milchigen Schleier. An der Straßenlaterne vor dem Haus stand ein grauhaariger Mann und winkte ihm mit ausladenden Bewegungen zu, deutete auf den Eingang des elterlichen Hauses. Der Mann trug einen violetten Anzug mit schwarzer Krawatte und sah aus wie der Angestellte eines Beerdigungsinstituts. Obwohl er hinter sich den schweren Atem seiner Verfolger hörte, freute er sich, nach all den Jahren nach Hause zu seinen Eltern zu kommen. Er würde sich auf einen der braunen Sessel im altmodisch eingerichteten Wohnzimmer setzen, und seine Mutter würde ihm Kaffee mit selbstgebackenem Streuselkuchen servieren.

Er drückte bereits die Klinke der Haustür herunter, als er einen heftigen Schlag im Rücken verspürte. Zwei kräftige

Hände rissen ihn zu Boden und packten ihn an Hals und Schulter. Er ergriff das Ohr eines der Angreifer und versuchte sich den zweiten vom Leib zu halten, indem er strampelnd nach ihm trat. In dem Moment sah er das faltige blasse Gesicht des Grauhaarigen vor sich, der bedauernd mit den Schultern zuckte, so als täte es ihm leid, dass er das rettende Elternhaus nicht erreichen konnte.

Markus Bühler lag im ehelichen Bett und sah über sich den gelblichen Schirm der Schlafzimmerlampe, die seine Frau Agnes in einem Berliner Lampengeschäft gekauft hatte. Dann erfasste sein Blick den antiken Schlafzimmerschrank, auf dem die chinesische Vase vom Trödelmarkt stand. Der kleine rote Drache leuchtete im fahlen Mondlicht, das durch die halb herabgelassenen Rollos ins Zimmer drang. Ihm fiel auf, dass der Greis noch immer da war und ihm aus geringer Distanz ins Gesicht sah. Auch die beiden Angreifer in ihren Jogginganzügen versuchten nach wie vor, ihn am Boden festzuhalten. Sie ächzten und stöhnten und hielten seinen Hals umklammert.

Markus Bühler versuchte sich aus dem Würgegriff zu befreien. Mit den Beinen wollte er seine Frau Astrid anstoßen, um sie auf seine Not aufmerksam zu machen. Aber seine Glieder gehorchten ihm nicht. Er wollte ihr zurufen, dass er gelähmt sei und Hilfe brauche. Doch es kam nur ein Röcheln aus seiner Kehle, einer der Angreifer hatte ihm den Arm um den Hals gelegt und drückte ihm die Kehle zu. Panik ergriff ihn, während er hilflos im Bett lag, unfähig, sich zu bewegen, und erdulden musste, dass die Angreifer ihn malträtierten. Wie eine Schraubzwinge umfasste der muskulöse Arm des einen Schlägers seinen Hals, während der zweite mit Tritten und Schlägen seinen Körper bearbeitete. Das Gesicht des alten Mannes, der immer noch bedauernd mit den Achseln zuckte, zerfloss und wurde zu dem milchigen Mond, der am dunklen Nachthimmel hing. Sein Herz pochte so stark und schnell, dass Astrid allein davon hätte wachwerden müssen. Wo war sie denn, um Himmels willen?

Ganz allmählich erst ließ der Druck der Umklammerung durch seine Gegner nach, und die Traumgestalten begannen zu verblassen. Die Welt seines Albtraumes und die reale Welt des Schlafzimmers trennten sich voneinander, die Wirklichkeit des Traumes verschwand. Schweißgebadet und erschöpft sank er zurück in einen bleiernen Schlaf.

Als er einige Stunden später aufwachte, fühlte Markus Bühler sich völlig zerschlagen. Wie war es möglich, gleichzeitig wach zu sein und sich in einem Traum zu befinden? War das der Beginn des Wahnsinns?

Normalerweise stand nach der Morgenkonferenz das Lesen der aktuellen E-Mails auf der Tagesordnung. Das war heute nicht möglich, denn ich sollte einen neuen Computer bekommen und erwartete wieder einmal Herrn Behrendt, den Mitarbeiter der klinikinternen Abteilung »Computer Support«.

Herr Behrendt hatte ein neues Hobby, nämlich Ausdauersport, und er trainierte seit einiger Zeit täglich für den Berlin-Marathon. Aus dem deutlich übergewichtigen, entspannten IT-Spezialisten war innerhalb eines knappen Jahres ein drahtiger, nervös wirkender Ausdauersportler geworden. Am Telefon hatte er vorab angekündigt, dass der neue Rechner schneller, leistungsstärker und schicker sei als der alte.

Pünktlich um neun Uhr stand er dann mit mehreren Kisten auf dem Arm im Türrahmen und machte sich sofort an die Arbeit. Er sah abgekämpft aus, so als hätte er bereits eine Unzahl von Runden im nahegelegenen Stadion hinter sich gebracht. Er begann, meine Dateien auf den neuen Computer zu überspielen und erzählte dabei von seiner Low-Carb-Diät.

»Es ist ganz einfach: Nach fünfzehn Uhr keine Kohlenhydrate mehr. Steaks: ja, Hühnchenfleisch: ja. Hackbraten ohne Semmelbrösel: ja. Aber keine Kartoffeln, keine Nudeln und vor allem kein Brot!«

Kritisch sah er zu mir herüber.

»Das würde Ihnen auch nicht schaden«, fügte er dann hinzu.

Frau Sommer schaute genau in diesem Augenblick und noch bevor ich Gelegenheit hatte, etwas zu erwidern, zur Tür herein: »Da ist noch ein Patient, den ich für heute angenommen habe. Er hat es sehr dringend gemacht.«

»Schön und gut, nur: Wohin mit ihm?«, entgegnete ich. »Herr Behrendt wird hier noch einige Zeit zu tun haben.«

Dieser blickte stoisch auf den neuen Flachbildschirm, wo Dateien von dem einen auf den anderen Computer geladen wurden.

Frau Sommer beschwichtigte: »Ich dachte, Sie weichen mit Herrn Bühler in eines der Ambulanzzimmer aus, seine Akte ist schon angelegt und liegt auf dem Schreibtisch.«

Besagtes Zimmer war mit einer höhenverstellbaren Untersuchungsliege, einem Aktenschrank sowie einem kleinen Schreibtisch ausgestattet. Vor dem Schreibtisch stand ein großer lederner Stuhl, der zwar eindrucksvoll aussah, aber sehr unbequem war.

Bevor ich den Raum wechselte, warf ich noch einen Blick auf Herrn Behrendt, der nach wie vor wie in Trance vor dem PC saß. Erst jetzt fiel mir auf, dass sein Schädel rasiert war und die Haarstoppeln im Licht des Neonlichtes rötlich schimmerten.

»Sie haben ja eine neue Frisur«, bemerkte ich im Vorbeigehen.

»Ja«, sagte er und löste seinen Blick von den beiden Bildschirmen. »Ich habe mich beraten lassen, passt besser zu mir. Eine Typberatung würde Ihnen bestimmt auch gut tun ...«

Der Erfolg seiner Diät hat ihn ja doch etwas besserwisserisch gemacht, dachte ich bei mir.

Mit der Akte in der Hand ging ich zur Tür und rief Markus Bühler auf. Ein circa fünfzigjähriger Mann mit Bauchansatz, der mir vage bekannt vorkam, trat kurz darauf ein. Sofort füllte er das Untersuchungszimmer mit einem intensiven Duft nach Eau de Toilette. Er war jugendlich gekleidet, trug stone-washed Jeans und eine Camp-David-Jacke. Im Gegensatz zu seiner flotten Kleidung zeigte sein erschöpftes Gesicht tiefe Sorgenfalten. Er besaß so dunkle Augenränder und dicke Tränensäcke, als hätte er wochenlang keinen Schlaf gefunden.

»Ich freue mich, dass Sie sich für mich Zeit nehmen, obwohl Sie Probleme mit Ihrem Computer haben«, sagte er freundlich, »denn ich bin wirklich verzweifelt.«

Er nahm Platz.

»Ich habe Sie nach Ihrem Vortrag im Museum neulich angesprochen, und Sie haben mir geraten, mir einen Termin geben zu lassen. Sie erinnern sich sicher.«

»Sind Sie nicht der Landschaftsgärtner?«, fragte ich.

»Genau, der bin ich, ich habe die Außenanlagen rund ums Museum bepflanzt.«

»Schön, dass Sie es hergeschafft haben, Herr Bühler. Was ist Ihr Problem?«

Er schaute mich unsicher an.

»Kann man gleichzeitig wach sein und träumen? Ich glaube, dass es so etwas gar nicht geben kann und dass ich verrückt werde.«

»So etwas kann schon vorkommen, man nennt das ›hypnagoge Halluzination‹[1], und es kann sehr viele Ursachen haben. Wie oft haben Sie solche Zustände?«, fragte ich ihn und versuchte mehr Informationen zu bekommen – Vorerkrankungen, zusätzliche Symptome, gleichzeitig auftretende Lähmungserscheinungen oder Tagesmüdigkeit betreffend.

Markus Bühler sah mich mit Grabesmiene an.

»Habe ich einen Dachschaden, Doktor? Sie müssen es mir ehrlich sagen, deshalb bin ich zu Ihnen gekommen. Ich vertrage die Wahrheit schon, keine Sorge, nur nicht um den heißen Brei reden.«

»Das Wort Dachschaden kommt in der Medizin nicht vor. Also: Haben Sie diese Zustände öfter?«

»Schon manchmal«, murmelte Bühler und sank nun regelrecht in sich zusammen. »Ich habe einen großen Betrieb, wissen Sie, ich muss mich kümmern, dass Aufträge hereinkommen, dass alles richtig läuft. Und jetzt bin ich den ganzen Tag oft total müde und fertig und kann mich auf nichts mehr konzentrieren.«

Durch die Tür hörte ich Herrn Behrendt laut telefonieren, er schien aufgeregt zu sein. »Hoffentlich hat er nicht alle meine Dateien gelöscht«, dachte ich beunruhigt.

Nach und nach erfuhr ich mehr von den Symptomen, die Herrn Bühler veranlasst hatten, mich aufzusuchen. Mindestens dreimal sei er in den letzten Wochen inmitten eines Traumes aufgewacht und habe sich in einer doppelten Realität befunden: in seinem Bett im Schlafzimmer und in der Fortsetzung der Traumhandlung. Außerdem sei er seit einiger Zeit tagsüber hundemüde und schlafe häufig bei monotonen Handlungen ein.

»Solche Symptome können bei einer Störung des Schlaf-Wach-Rhythmus vorkommen«, erklärte ich. »Der normale Schlaf besteht aus Traumphasen und Phasen, in denen wir nicht träumen. Während wir träumen, bewegen sich die Augen ruckartig nach rechts und links. Dies wird die REM-Phase genannt. REM bedeutet ›Rapid Eye Movement‹, also schnelle Augenbewegung. Während dieser REM-Phase ist unsere Motorik blockiert, das heißt, wir sind während dieser Zeit praktisch gelähmt. Das hat auch seinen Sinn. Stellen Sie sich vor, Sie träumten von einem Boxkampf und würden im Bett während des Traumes brutal um sich schlagen. Ihre Frau würde gefährlich leben«, versuchte ich einen Scherz.

»Meine Frau ist tot«, fiel mir Markus Bühler ins Wort.

»Entschuldigen Sie, das wusste ich nicht.«

»Das tut auch nichts zur Sache.«

Ich schluckte und nahm den Faden wieder auf:»REM-Phase und Nicht-REM-Phase lösen sich ab. Wenn das nicht funktioniert, ist die Nachtruhe gestört, der Schlaf ist nicht mehr erfrischend, man wacht morgens zerschlagen und völlig fertig auf. Es kann vorkommen, dass die Traumwelt bis in den Wachzustand verschoben wird und geträumte Bilder zur zweiten Wirklichkeit werden. Zusätzlich kann es passieren, dass man zwar wach ist, sich aber nicht bewegen kann. So, als wäre man komplett gelähmt. Das ist ein sehr quälender Zustand, da man die körperliche Lähmung während der REM-Phase, die man normalerweise gar nicht mitbekommt, bewusst erleben muss.«

»Ja«, sagte er leise,»das stimmt, man fühlt sich völlig hilflos, es ist die Hölle. Was ist die Ursache für solch eine Störung?«

»REM-Verschiebungen können auch bei gesunden Menschen vorkommen. Dichter haben solche Zustände beschrieben, zum Beispiel Julien Green in seinem Roman»Der andere Schlaf« oder Jean Paul. Kinder mit ihrer lebhaften Fantasie können ähnliche Erlebnisse haben, ohne dass dies einen Krankheitswert hätte. REM-Verschiebungen kommen aber auch als Begleiterscheinung bei verschiedenen Erkrankungen vor, der Narkolepsie[2] zum Beispiel. Neben den hypnagogen Halluzinationen können plötzliche Schlafanfälle auftreten. Der Patient fällt mitten am Tag, häufig während ganz normaler Handlungen, in einen tiefen Schlaf. Dieser kann Sekunden bis Minuten dauern. Durch den gestörten Schlaf sind die Patienten den ganzen Tag über müde und wirken unausgeglichen und depressiv, sie haben Konzentrationsstörungen und hängen regelrecht in den Seilen.«

Ich sah mein Gegenüber an.»Besonders ausgeruht wirken Sie auf mich übrigens nicht.«

149

»Ich schlafe schlecht, da haben Sie Recht«, gab er zu. »Das kann aber ja auch vorkommen, ohne dass man an einer mysteriösen Krankheit leidet. Der Tod meiner Frau hängt mir ziemlich nach. Wir haben eine wunderbare Ehe geführt. Die letzten Monate vor ihrem Tod aber waren der Horror. Eine Chemotherapie nach der anderen. Ich habe das noch nicht verarbeitet.«

»Schlafen Sie tagsüber manchmal ein, ohne dass Sie es wollen?«

»Was wollen Sie?«, brauste Bühler auf. »Ich habe das gegoogelt: Gegen diese Schlafanfälle kann man nicht viel machen, aber wenn man sie hat, darf man nicht Auto fahren. Das geht bei mir aber nicht, dann bin ich fertig. Ich bin darauf angewiesen, von Baustelle zu Baustelle zu fahren. Wir legen Grünanlagen an und pflegen sie, und jetzt haben wir die Landesgartenschau dazubekommen. Was glauben Sie, wie ich da hinterher sein muss. Auf die Mitarbeiter ist ja kein Verlass. Wenn ich nicht alles kontrollieren würde, käme es zu einem Chaos.«

»Verstehe«, sagte ich ruhig. »Aber Hand aufs Herz: Kommen solche Schlafattacken vor, oder nicht? Wenn ja, dann sind Sie nicht in der Lage, ein Fahrzeug zu führen, bis Sie so behandelt sind, dass Sie mindestens ein Jahr lang keine solche Attacke mehr gehabt haben.«

»Sie wollen mir das Autofahren verbieten? Nein, definitiv nein: Ich kenne solche Schlafzustände nicht. Das kann ich nicht gebrauchen, ich habe zurzeit genug Stress.«

Auf meine Einwände, dass man sich seine Krankheit nicht aussuchen könne und es schlimmer wäre, wenn er auf dem Weg zu einer Baustelle einen Unfall baute, ging er nicht ein. Immerhin wollte er am Ende wissen, wie die Behandlung einer durch Narkolepsie verursachten Tagesmüdigkeit aussehe.

Ich erklärte ihm, dass man mit stimulierenden Medikamenten, zum Beispiel Vigil³, die Schlafschübe verhindern könne.

»Können Sie mir Vigil verschreiben?«

Ich schüttelte resolut den Kopf.

»Nein, Herr Bühler, das kann ich nicht. Sie haben mir eben erklärt, dass Sie keine Schlafanfälle haben, also brauchen Sie auch kein Medikament dagegen.«

Er presste die Lippen aufeinander.

Als ich Markus Bühler schließlich neurologisch untersuchte, fand sich kein krankhafter Befund, und auch eine Ableitung der Hirnströme und eine Magnetresonanztomographie des Kopfes fielen normal aus. Nach längerem Hin und Her war er dann zumindest bereit, eine Überweisung zu einer Psychotherapeutin zu akzeptieren, die ihm helfen sollte, den Tod seiner Ehefrau zu verarbeiten.

Einige Wochen später radelte ich abends nach einer Veranstaltung heimwärts. Ich wählte einen kleinen Umweg über den Wall, eine ringförmig um die Stadt reichende Parkanlage, die im Mittelalter den Befestigungswall des Universitätsstädtchens gebildet hatte. Die Abenddämmerung tauchte den Weg und die mächtigen Kastanien in blaugrünes, transluzides Licht, hinter der Silhouette der Dächer war gerade noch das rosa Kolorit der untergegangenen Sonne zu erahnen. Ich hatte den spektakulären Himmel auf den Bildern Caspar David Friedrichs, eines Sohnes dieser Stadt, immer als romantischen Kitsch empfunden, bis ich ihn hier im Norden tatsächlich zu sehen bekam. Unentwegt kamen mir Fahrradfahrer entgegen, lachende Gruppen von Studenten, die von der Vorlesung nach Hause radelten oder der nächsten Fete entgegenfuhren. An einer großen Kreuzung musste ich halten und in einem Pulk von Fahrradfahrern auf Grün warten. Da sah ich einen Mann, der an den Mast der Ampelanlage gelehnt stand und anscheinend ebenfalls darauf wartete, die Kreuzung zu überqueren. Es war Markus Bühler. Ich schob mich zu ihm durch und begrüßte ihn, aber der Angesprochene antwortete nicht. Als ich ihn näher betrachtete, konnte ich es nicht glauben: Seine Augen waren geschlossen, der Unterkiefer heruntergeklappt, und bei genauem Hinhören war ein regelmäßiger, leicht pfeifender Schnarch-Ton zu vernehmen.

Markus Bühler schlief im Stehen, tief und fest. Ich rüttelte ihn kräftig an der Schulter. Er öffnete die Augen und schaute verwundert um sich. Dann erkannte er mich: »Oh, Herr Professor, jetzt haben Sie mich aber erwischt. Ich war so müde, dass ich hier an der Ampel eingeschlafen sein muss.«

»Ja, das sehe ich. Sie waren also so müde, dass Sie im Stehen an einer belebten Kreuzung eingeschlafen sind.«

»Ja und, was ist denn dabei? Das kann doch jedem mal passieren.«

Unwillig wandte er sich zum Gehen. Ich hielt ihn sanft am Arm zurück.

»Herr Bühler, ich bin nicht Ihr Kindermädchen, aber Sie spielen Theater. Sie haben mir doch erzählt, dass Sie keine Schlafattacken hätten. Und heute finde ich Sie inmitten lauten Straßenverkehrs schlafend vor, und Sie wollen mir einreden, dass das ganz normal sei, dass das jedem passieren könne ...«

»Vielleicht haben Sie Recht«, gab er zu. »Ich glaube, ich muss doch noch einmal bei Ihnen vorbeikommen und mit Ihnen über eine Behandlung sprechen.«

Und so stellte sich Herr Bühler einige Zeit später zum zweiten Mal in meiner Sprechstunde vor.

In der Zwischenzeit startete er eigenständig eine Initiative, um seiner Einsamkeit zu entfliehen, wie ich dann erfuhr:

»Attraktiver Mittvierziger, Unternehmer, sucht adäquate und lebensfrohe Partnerin«, lautete die Annonce, die er in der Sparte »Er und Sie« des überregionalen Teils der Ostseezeitung aufgegeben hatte. Astrid hätte auch nicht gewollt, dass ich alleine bleibe, dachte er bei sich, als er den Umschlag zuklebte und auf das Tischchen im Flur legte, neben die Autoschlüssel und die Brieftasche, um ihn auf dem Weg ins Büro in den Briefkasten zu werfen.

Er vermisste Astrid jeden Tag. Mit den meisten praktischen Dingen kam er zwar durchaus gut zurecht. Er hatte gelernt, einkaufen zu gehen, die Zugehfrau bügelte seine Hemden, und wenn er nach Hause kam, versorgte er als Erstes die Katze, dann kümmerte er sich um den Garten. Doch ihm fehlte Astrids Zuwendung. Nicht so sehr im sexuellen Sinn, sondern ihr aufmerksamer, wohlwollender Blick und ihre Präsenz. Wenn er erschöpft nach Hause kam und von der Arbeit erzählt hatte, war sie stets dafür offen gewesen, sich seine Sorgen anzuhören. Jetzt hatte er niemanden mehr, mit dem er seine Gedanken teilen konnte.

Genau das musste sich ändern, hatte er beschlossen. Nicht, dass er glaubte, Astrid durch eine andere Frau ersetzen zu können. Aber wenn er erst einmal eine Frau gefunden hätte, die an seiner Seite leben und die er zumindest mögen würde, dann würde es auch gesundheitlich wieder aufwärtsgehen. Dessen war er sich sicher. Lieb musste sie sein, er musste den Kopf an ihre Schulter lehnen können. Eine dieser überemanzipierten Kettenraucherinnen käme ihm nicht ins Haus. Aber das war ja der Vorteil solch einer Annonce: Er hatte eine große Auswahl.

Als Markus Bühler eine Woche später zum Zeitungsbüro ging, um die chiffrierten Antworten abzuholen, konnte er kaum glauben, wie viele Umschläge ihm überreicht wurden. Das Fräulein am Tresen kramte aus einer rückwärtig gelegenen Schreibtischschublade eine leere Edeka-Tüte hervor und stopfte die vielen Antwortkuverts hinein.

Zu Hause wertete er die Einsendungen systematisch aus: Er sortierte nach Alter, Haarfarbe und Beruf. Einige der Damen hatten ein verführerisches Parfüm auf ihren Brief geträufelt, und er schnupperte an verheißungsvollen Rosen- und Veilchendüften.

»Verwitwete Bauunternehmerin«, las er.

Lieber nicht, dachte er, in der Baubranche gab es massenhaft Insolvenzen, am Ende saß die auf einem Berg Schulden.

»Besitzt großen Garten und wünscht sich tatkräftige Unterstützung«, hieß es an anderer Stelle.

Das wäre ja noch schöner, er mühte sich schließlich auf seinem eigenen Grundstück schon genug ab.

»Geübt in Tantra-Massagen und Yoga.« Auf dem Bild lächelte ihn eine sympathische, sportliche junge Frau an, die aber – das verrieten ihre Zeilen – leider viel zu esoterisch für ihn war.

Schließlich stieß er nach längerer Suche auf eine nicht mehr ganz so junge Frau, die mit strahlenden Augen in die Kamera blickte und ihn durch die Art, wie sie den Kopf zur Seite neigte, durch die leicht gerümpfte Nase und das Grübchen am Kinn an Astrid erinnerte. Wenn er nach den Fotos entscheiden sollte, war jedenfalls Birgit Müller seine Favoritin, obwohl der Text zugegeben eher nichtssagend war: »Versicherungsagentin, wohnhaft in Neubrandenburg, geschieden, keine Kinder.«

Doch je öfter er ihr Bild ansah, umso mehr sah sie Astrid ähnlich, nur jünger war sie. Er ging in die Küche und entkorkte eine Flasche von dem Rioja, den er zu besonderen Gelegenheiten gerne trank. Mit Birgits Brief ging er zurück ins Wohnzimmer, setzte sich in den Fernsehsessel und nippte an dem schweren Wein. Zwei Gläser später war er sich sicher, dass Birgit Müller sein Herzblatt war. Gerade jetzt, da er diese geheimnisvolle Schlafkrankheit bekommen hatte, brauchte er eine echte Partnerschaft, kein Betthäschen ohne Verstand. Birgit Müller machte einen soliden Eindruck, und ihr Lächeln schien ihm förmlich zu sagen: »Ich bin die Richtige!«

Er wählte die Handynummer auf dem Antwortschreiben. Seine Hände waren feucht, und sein Herz klopfte heftig, als er das Freizeichen vernahm. Dann erklang eine warme, freundliche Frauenstimme: »Ja, bitte?«

»Hier ist Bühler, Markus Bühler. Entschuldigen Sie vielmals die Störung, Sie haben auf meine Annonce in der Ostseezeitung geantwortet. Sie wissen schon: ›Attraktiver Mittvierziger‹ und so weiter. Ihre Antwort und vor allem Ihr Foto haben mir sehr gefallen. Wenn Sie noch immer Interesse haben, könnten wir uns auf einen Kaffee treffen.«

»Kaffee ist schlecht.«

Ihre Stimme war sanft, sie hatte einen leichten sächsischen Akzent. »Ich muss tagsüber sehr viel arbeiten. Aber wie wäre es, wenn wir uns abends zu einem schönen Essen verabreden würden?«

Innerlich jubelte er: Das war natürlich wirklich viel besser. Sie könnten ein Glas Wein miteinander trinken, und wer weiß, vielleicht kam man sich dann näher. Erstaunlich, wie sehr ihn diese weiche Stimme bereits am Telefon stimulierte und erotische Fantasien ihn ihm wachrief. Er war sich sicher: Er hatte die Richtige an der Angel. Sie vereinbarten für die nächste Zeit ein Treffen in Neubrandenburg.

Als sie sich verabschiedet hatten, bestellte er einen Tisch im Restaurant eines Hotels, trank das Glas Wein aus und schaute die Spätausgabe der Tagesschau.

Als Markus Bühler in Folge unserer überraschenden Begegnung an der Ampel dann erneut in meine Sprechstunde kam, hatte ich mir vorgenommen, ihm dieses Mal streng entgegenzutreten. Immerhin hatte er mir bewusst Informationen über seine Erkrankung vorenthalten. Im Gegensatz zu unserer ersten Begegnung aber saß Markus Bühler mir heute voller Spannkraft und Elan gegenüber und lächelte mich an.

»Ich hoffe, Sie können mir meinen Fehler verzeihen. Ich muss tatsächlich gestehen, dass ich die Schlafattacken wegen der Autofahrerei verheimlicht habe. Aber jetzt ist alles in Ordnung, Sie können unbesorgt sein. Ich fahre nicht mehr selbst Auto, ich habe eine Studentin angeheuert, eine wirklich nette Person, die fährt mich zu den Baustellen. Tolle Sache übrigens, ich kann hinten sitzen und meine Arbeit erledigen. Jetzt bin ich hier, um über die Behandlung zu sprechen.«

Ich nickte ihm zu.

»Na, dann mal los.«

Er holte einen Notizzettel hervor.

»Sie erwähnten das Medikament Vigil. Ich habe im Internet nachgeschaut. Dort sind Unmengen von Nebenwirkungen beschrieben.«

Er sah auf den Zettel. »Von Darmkoliken bis zu Halluzinationen. Was ist das denn für ein Zeug? Und wie wirkt es?«

Ich fasste noch einmal zusammen: Vigil sei der Name des Medikaments, dabei handele es sich chemisch um Modafinil, eine stimulierende Substanz, die dazu verwendet werde, Müdigkeit zu reduzieren und das Konzentrationsvermögen zu stärken – beides Wirkungen, die Markus Bühler vermutlich gut gebrauchen könne. Zu guter Letzt erklärte ich ihm, dass es die gefährlichen Schlafanfälle im Alltag unterdrücken würde. Während ich sprach, saß Markus Bühler verträumt in meinem Besuchersessel.

»Das ist alles sehr interessant, Herr Professor«, sagte er, als ich geendet hatte.

Dann beugte er sich plötzlich vor: »Aber wissen Sie, warum es mir wieder so gut geht?«

Ich hob die Brauen.

»Ich bin verliebt. Durch einen Zufall habe ich vielleicht die Frau meines Lebens getroffen.«

Er strahlte mich an.

»Das hätte ich nach Astrids Tod gar nicht mehr für möglich gehalten, dass ich noch einmal die Kurve kriege.«

Und dann erzählte er mir begeistert von seiner Bekanntschaft mit Birgit Müller.

Zum Ende hin deutete er auf mein Bürofenster: »Übrigens: Die beiden Kakteen dort auf dem Fensterbrett sind fürchterlich, die machen auf Besucher einen schlechten Eindruck. Ich bringe Ihnen mal ein paar Topfpflanzen mit. Nicht solche stachligen Gebilde, sondern schöne großblättrige Pflanzen. Wenn Ihnen das Gießen zu viel ist, bekommen Sie Hydrokulturen.«

Kaum zu glauben, wie Liebe einen Mann verändern kann, dachte ich im Stillen, stellte ein Rezept über Vigil aus und wünschte ihm ein harmonisches Wochenende. Wie ich später von ihm erfahren sollte, gestaltete sich allerdings für ihn das bevorstehende Wochenende alles andere als harmonisch.

Markus Bühler fuhr auf der A20 Richtung Neubrandenburg. Zweimal noch hatte er lange mit Birgit Müller telefoniert und war von ihrer Stimme und der witzigen Art zu sprechen begeistert gewesen. Was für ein Glücksfall, sagte er sich immer wieder.

Birgit schien wie für ihn geschaffen. Sie liebte Pflanzen und interessierte sich für alles, was mit Gärtnerei zu tun hatte. Und sie erweckte den Eindruck, als verstünde sie sogar etwas von Dünge-Techniken. Als sie am Telefon über ihre gemeinsame Zukunft sprachen, hatte sie gesagt: »Ich vertraue dir meine Zukunft an. Seit meiner Scheidung habe ich mich aufgehoben für jemanden wie dich.«

Das hatte ihm beinahe Tränen in die Augen getrieben. Spontan hatte er sie nach ihrer Adresse gefragt, aber die wollte sie ihm »noch nicht« mitteilen. Wahrscheinlich war das auch gut so, dachte er bei sich, sonst hätte er sich vor Ungeduld in sein Auto gesetzt und wäre zu ihr gefahren. Doch jetzt war er endlich unterwegs zu ihr. Der Sender spielte »Schwerelos« von Andrea Berg. Normalerweise mochte er deutsche Schlager nicht, aber dieser Text passte unheimlich gut zu seiner Stimmung. »Lass mich einfach nur fliegen, lass mein Herz wieder lieben. Schwerelos durch Raum und Zeit«, klang es aus den Lautsprechern, und Markus Bühler bekam eine Gänsehaut. Schwerelos, in Raum und Zeit, so schwebte er seiner Liebe entgegen.

Es war Mai, das Wetter traumhaft, über ihm am blauen Himmel war keine Wolke zu sehen. Tizianblau, dachte er, wie auf einem Madonnenbildnis, dazu die gerade erblühten Rapsfelder mit ihrem irrwitzigen tiefen Gelb.

»Das müsste ich malen können«, seufzte er.

Seine gute Laune und die Vorfreude auf das Treffen mit seiner »Neuen«, wie er sie ein wenig machomäßig insgeheim nannte, steigerten sich immer mehr, sanft klopfte er den Takt der Musik aufs Lenkrad. Das Nächste, was er dann wahrnahm, war ein lautes Krachen und metallisches Knirschen. Sein Range Rover schrammte an der Leitplanke entlang. Die Tachonadel stand bei 140.

»Verdammt, ich muss eingeschlafen sein«, schoss es ihm durch den Kopf.

Mit Müh und Not brachte er den Wagen wieder in seine Gewalt und konnte gerade noch verhindern, dass er mit einem Audi auf der Überholspur kollidierte. Sein Puls raste, er stand unter Schock. Am meisten ärgerte er sich über seine Unbekümmertheit. Natürlich konnte er sich nicht von der Studentin zu einem privaten Rendezvous fahren lassen. Aber warum hatte er dann nicht wenigstens dieses Vigil-Rezept eingelöst? Nun ja, weil er Bedenken wegen der Nebenwirkungen gehabt hatte. Was, wenn er seine Auserwählte so bezirzen könnte, dass sie willig wäre, ihm auf das vorsorglich reservierte Hotelzimmer zu folgen, und er just in jenem Moment, wo er anfangen würde, sie zu beglücken, Halluzinationen bekäme? Im Beipackzettel des Medikaments stand ausdrücklich, dass das Medikament Halluzinationen auslösen könne. Nun überkam ihn allerdings plötzlich eine andere Angst. Was, wenn er beim Sex mit seiner neuen Bekannten einschliefe, wie es ihm soeben passiert war? Wäre das nicht noch viel peinlicher? Markus Bühler befand sich nun kurz vor der Peenebrücke und beschloss, in Jarmen Station zu machen, um sich das Medikament zu besorgen.

Die Apotheke lag mitten im Ort. Er parkte direkt daneben und inspizierte den rechten Kotflügel. Die Folgen des Zusammenstoßes mit der Leitplanke waren deutlich zu sehen. Der Wagen musste auf jeden Fall in die Werkstatt. Er betrat den Verkaufsraum. Die Apothekerin war sehr hager, so als wäre es lange her, seit sie das letzte Mal eine warme Mahlzeit bekommen hätte. Dazu wirkte sie streng und kein bisschen freundlich.

»Guten Tag, ich brauche eine Packung Vigil«, sagte er.

Die Verkäuferin runzelte die Stirn.

»Das Rezept, bitte.«

»Moment.«

Er wühlte in seiner Brieftasche, irgendwohin musste er das Rezept ja gesteckt haben. Siedend heiß fiel ihm dann ein, dass er vorgestern alle losen Papiere inklusive Tankquittungen, Einkaufsnotizen und bereits eingelösten Rezepten zu den Steuersachen sortiert hatte. Mit flehendem Blick wandte er sich an die mürrische Apothekerin: »Hören Sie, ich habe das Rezept verlegt, aber ich brauche das Medikament ganz dringend. Ich habe die Schlafkrankheit und muss mit Vigil behandelt werden. Sie können gerne bei dem Professor an der neurologischen Universitätsklinik anrufen, bei dem ich in Behandlung bin. Der wird Ihnen das bestätigen.«

Die hagere Apothekerin sah ihn misstrauisch an.

»Wie lange nehmen sie Vigil schon?«

»Also, um ehrlich zu sein, ich habe es noch gar nicht genommen, ich wollte gerade damit anfangen.«

Noch während er das sagte, kam er sich ertappt vor. Die Apothekerin schüttelte energisch den Kopf. Fast schien es ihm, als lächelte sie schadenfroh, während sie sagte: »Wenn ich sonst nichts für Sie tun kann, dann verlassen Sie bitte die Apotheke. Ich kann Ihnen doch nicht ein verschreibungspflichtiges Medikament ohne Rezept aushändigen, welches Sie angeblich noch nie genommen haben ...«

Wieder schüttelte sie den Kopf, als wäre sie von ihm enttäuscht. »Bei einem Notfall wäre ich schon bereit, mich zu bemühen, aber wenn Sie das Medikament noch nie genommen haben, sind Sie wohl kaum als Notfall zu bezeichnen. Für Vigil brauche ich ein Spezialrezept. Sonst könnte ich ja auch gleich Morphium an die Leute verteilen.«

»Morphium kenne ich. Von meiner verstorbenen Frau.«

Der Blick der Verkäuferin wurde etwas sanfter. Er witterte eine Chance und beugte sich vor: »Ich will ja gar kein Morphium. Und auch sonst keine starken Medikamente. Ich möchte einfach nur Vigil, damit ich tagsüber nicht mehr einschlafe.«

Charmant lächelte er die Apothekerin an. Er würde sie schon herumkriegen.

»Kommen Sie bloß nicht näher«, rief sie plötzlich in einem schrillen Tonfall. »Ich rufe die Polizei.«

Markus Bühler stöhnte.

»Aber ich will Ihnen doch nichts tun, ich will nur mit Ihnen reden.«

Er griff nach ihrem Oberarm, um sie zu beruhigen.

»Hilfe, Überfall!«, schrie die Apothekerin nun lauter als zuvor. Aus dem Nebenraum kam eine dickliche Frau in weißem Kittel, ein Stück Marmorkuchen in der Hand.

»Ist etwas nicht in Ordnung?«, fragte sie mit vollem Mund. »Soll ich die Polizei rufen?«

»Nein, das ist nicht notwendig, entschuldigen Sie die Störung«, sagte Markus Bühler rasch und verließ schleunigst den Verkaufsraum.

»Na ja, was soll's«, sagte er sich, während er wieder ins Auto einstieg. »Auf nach Neubrandenburg, die Liebe wartet!«

»Oh Gott, das geht gar nicht«, dachte er, als er Birgit Müller in der Hotellobby die Hand gab, und war tief enttäuscht. Birgit musste ein Jugendfoto von sich geschickt haben, oder sie konnte sehr gut mit Bildbearbeitungsprogrammen umgehen, dachte er. Auf jeden Fall wirkte sie in natura wesentlich älter und verlebter als auf dem Foto ihres Schreibens. Ihr Gesicht war aufgeschwemmt, sie hatte teigige Augenpartien und ein Doppelkinn. Das Haar war unnatürlich schwarz, ihm kam der Begriff »rabenschwarz« in den Sinn. Sie trug eine ärmellose dunkelbraune Bluse mit silbern glänzenden Streifen. Durch den Schnitt der Bluse wurden die fülligen Oberarme stark betont. Außerdem roch sie nach Zigarettenrauch. Birgit war überhaupt nicht sein Typ. Was hatte er sich da bloß vorgegaukelt? Am liebsten wäre er weggerannt, auf und davon. Doch er nahm sich zusammen und begrüßte sie so galant wie möglich: »Schön, dass wir uns endlich persönlich kennenlernen, ich habe einen Tisch bestellt.« Birgit lächelte ihn an und entblößte eine Reihe ungepflegter Zähne.

Die Einrichtung des Restaurants war kitschig: rosa Gardinen und ein Firlefanz aus getrockneten Gräsern als Tischdekoration. In einer Ecke stand ein geschnitzter Matrose mit einer Baseballkappe. Sie waren die einzigen Gäste. Er ließ die Weinkarte kommen und bestellte eine Flasche Müller-Thurgau.

»Eigentlich trinke ich nur Bier«, sagte Birgit, »aber für Sie mache ich eine Ausnahme.«

Sie sah ihm kokett in die Augen. Bernd hatte erneut Mühe, den Impuls zu unterdrücken, aufzuspringen und das Weite zu suchen. Er bestellte ein Steak mit Salat, sie Flunder mit Bratkartoffeln. Zu Markus Bühlers Erleichterung kam das Essen rasch, sodass sie die Wartezeit mit unverbindlicher Plauderei überbrücken konnten. Dann aßen sie schweigend. Die Stille war unangenehm, bis Birgit plötzlich das Weinglas hob.

»Wir haben uns noch gar nicht offiziell das Du angeboten. Ich bin die Birgit.«

Sie näherte sich mit gespitzten, glänzenden Lippen seinem Gesicht.

»Und ich bin der Markus«, konnte er gerade noch stammeln, bevor sie ihn auf die rechte Wange küsste. Dabei hielt sie das Weinglas nicht am Stiel, wie Astrid es getan hätte, sondern am Kelch, sodass auf dem Glas fettige Fingerabdrücke zu sehen waren. Der Anblick des blinden Glases machte ihn melancholisch. In rascher Folge trank er mehrere Schoppen hintereinander, der Alkohol vertrieb seine Schwermut nach und nach. Allmählich schwand sogar seine Abneigung gegen Birgit Müller. Die körperlichen Nachteile der Frau traten durch den Wein mehr und mehr in den Hintergrund, dafür nahm er nun ihre lachenden Augen, ihr wallendes Haar und ihr tiefes Dekolleté umso stärker wahr.

Als die zweite Flasche Müller-Thurgau serviert wurde, war er sich bereits wieder sicher, eine nicht ganz falsche Wahl getroffen zu haben. Immerhin stand er auf der Schwelle zum ersten erotischen Abenteuer als Witwer und fühlte Euphorie in sich aufsteigen. An der ist wenigstens was dran, dachte er beim Gang auf die Toilette. Er schwankte bereits, und als er am Pissoir stand, bemerkte er eine bleierne Müdigkeit. Er verfluchte die unbeugsame Jarmener Apothekerin, die ihm das rettende Medikament verwehrt hatte. Jetzt hätte er es gut gebrauchen können.

Als er sich erleichtert hatte, ging er zunächst zur Hotelrezeption und checkte für die Nacht ein. Mit der Schlüsselkarte in der Hosentasche setzte er sich wieder zu Birgit Müller ins Restaurant, die ihn, wie ihm schien, ein wenig abschätzend anschaute.

»Ich bin schon ein wenig angetrunken. So kann ich unmöglich nach Hause fahren«, sagte er und nahm all seinen Mut zusammen. »Ich habe ein Zimmer hier im Hotel gebucht, wir könnten ja dort oben die Flasche gemeinsam zu Ende trinken.«

»Klar«, entgegnete sie lächelnd, »deshalb sind wir ja hier.«

Mann oh Mann, dachte er, die macht ja keine Umstände.

»Vorher gehe ich aber noch eine rauchen«, sagte sie, stand auf, nahm ihre Handtasche und stapfte aus dem Gastraum.

Markus Bühler saß in der Zwischenzeit etwas unbeholfen da und bestellte deshalb einen Espresso, der schnell serviert wurde und den er lustlos trank.

Er zog sein iPhone hervor, checkte die Mails und sagte dem Kellner, dass er die Rechnung aufs Zimmer schreiben solle. Als Birgit Müller wieder kam, roch sie nach kaltem Rauch. Gemeinsam gingen sie zum Fahrstuhl. Im Zimmer drängte er sich an sie und küsste sie. Sie umarmte ihn ebenfalls, wenn auch zögerlicher.

»Du bist aber stürmisch«, sagte sie, während er sein Gesicht in ihren üppigen Brüsten vergrub.

Dann merkte er den schlechten Geschmack im Mund.

»Ich gehe mal kurz auf die Toilette«, stammelte er und verschwand im Bad, um sich dort die Zähne zu putzen.

Als er das Hotelzimmer wieder betrat, saß sie auf dem Bett. Die Bluse lag neben ihr, und sie hielt zwei gefüllte Weingläser in den Händen. Ernüchtert stellte er fest, dass sie einen fleischfarbenen BH trug, der alles andere als sexy war. Er nahm ihr das eine Glas aus der Hand und legte sich neben sie. Vielleicht hat sie mir etwas in den Wein getan, schoss es ihm plötzlich durch den Kopf. Er konnte das Glas gerade noch auf das Nachtschränkchen stellen. Dann verschwand die Welt um ihn herum.

Markus Bühler saß in seinem Lieblingscafé an der Promenade von La Playa. Astrid kam mit einem großen Stück Nusskuchen zu ihm an den Tisch. Sie setzte sich zu ihm, streichelte seinen Handrücken und hielt ihm ein Stück Kuchen auf der Gabel hin. Er machte den Mund auf und schmeckte die herrliche Süße. Im Hintergrund versank die Sonne als glutroter Ball im Meer. Er lächelte Astrid an, die jetzt ganz nahe bei ihm saß.

Hinter ihr sah er die braune Schrankwand. Das rote Licht der Sprinkleranlage an der Decke ging im unregelmäßigen Rhythmus an und aus. Die Frau stand mit dem Rücken zu ihm. Sie hatte immer noch den fleischfarbenen BH an, und er nahm die Fettwülste an ihrer Hüfte wahr. In der Hand hielt sie seine Brieftasche und zählte die Scheine. Er versuchte, etwas zu sagen, doch seine Stimme gehorchte ihm nicht. Sie sah sich nach ihm um und bemerkte die geöffneten Augen, die auf sie gerichtet waren. Mit einer verächtlichen Bewegung warf sie die leere Brieftasche auf das Bett, raffte ihre Kleider zusammen und verließ das Zimmer.

Ihm wurde bewusst, dass er sich nicht bewegen konnte und unfähig war, um Hilfe zu rufen.

Er war wie gelähmt.

Doch diesmal störte es ihn nicht.

Astrid war bei ihm.

1 Hypnagoge Halluzination ist die Vermischung von Trauminhalten und der Realität in der Phase des Übergangs vom Wachen zum Schlafen (hypnagoge Phase). Es sind Pseudo-

halluzinationen, bei denen es nicht möglich ist, zwischen Traumbildern und der Wirklichkeit zu unterscheiden. Hypnagoge Halluzinationen treten häufig bei der Narkolepsie auf.

2 Narkolepsie ist eine Störung des Schlaf-Wach-Rhythmus. In ihrer vollen Ausprägung kommt es bei monotonen Tätigkeiten, zum Beispiel während des Autofahrens oder beim Blick auf die Leinwand im Kino, zu zwanghaften (imperativen) Schlafanfällen. Der Betroffene schläft zwingend, ohne sich dagegen wehren zu können, ein. Außerdem klagen die Patienten über Tagesmüdigkeit und sind selbst nach einem ausführlichen Nachtschlaf nicht erholt. Morgens kommen sie schlecht in Gang und müssen sich auch tagsüber immer wieder zum Schlafen hinlegen. Neben Schlafanfällen und der hypnagogen Halluzination kommt bei der Narkolepsie auch die Schlaflähmung vor. Hierbei handelt es sich um eine Bewegungsunfähigkeit des Körpers während Traumphasen. Die Atemmuskulatur ist von der Schlafstarre ausgeschlossen.

Bei fünfzig Prozent der Narkolepsie-Patienten besteht eine familiäre Belastung. Verwandte ersten Grades (Kinder oder Geschwister) haben ein vierzigfach erhöhtes Erkrankungsrisiko. Die Ursache der Narkolepsie ist noch unbekannt, es handelt sich um eine Störung der Schlafarchitektur, bei der die Übergänge von Schlafen und Wachen falsch ablaufen.

3 Vigil® (chemische Bezeichnung: Modafenil) gehört zu den psychostimulierenden Medikamenten; es ist seit 1980 im Handel und wird zur Behandlung der Narkolepsie eingesetzt. Als weiteres Medikament gegen Narkolepsie wird das Natrium-Oxybat eingesetzt (Xyrem®). Literatur: Webseite der Deutschen Narkolepsie-Gesellschaft DNG: http://www.dng-ev.de/narkolepsie; abgerufen am 09.07.2015

UNTER ZWANG

Der Lärm war ohrenbetäubend. Ein Rasenmäher, und das um sieben Uhr morgens.

»Unverschämtheit«, murmelte ich, »es ist Sonntag.«

»Das ist bestimmt der Schmalke, dieser komische Kauz«, vermutete meine Frau schlaftrunken und zog sich die Bettdecke über den Kopf.

Das Ehepaar Schmalke wohnte einige Häuser weiter am Ende der Straße, wir grüßten einander im Vorbeigehen. Im Sommer sah man Herrn Schmalke, einen großen hageren Mann mit leuchtend gelbem, nach hinten gekämmtem Haarschopf, oft im Garten arbeiten. Der Rasenschnitt war stets exakt, die Beete akkurat abgestochen. Als ich später an jenem Sonntag an seinem Grundstück vorbeiradelte, sah ich ihn mit einer Heckenschere und einem höchst konzentrierten Gesichtsausdruck die Koniferen beschneiden.

»Herr Schmalke«, sagte ich so freundlich wie möglich, nachdem ich abgestiegen war. »Den Rasen sonntags um sieben Uhr in der Früh zu mähen ist doch sicher nicht dringend nötig? Sie haben uns aufgeweckt.«

Er hob den Blick und sah mich aus blauen Augen an, in denen etwas Intensives, ja Verstörendes lag.

»Haben Sie eine Ahnung«, stieß er hervor. »Auch ich muss mit der Arbeit fertig werden. Ich kann keine Rücksicht darauf nehmen, ob es Sonntag ist oder nicht!«

Mit diesen Worten wandte er sich wieder seiner Tätigkeit zu und bedachte mich keines weiteren Blickes.

Eine Woche später saß ich auf der Terrasse bei einer Tasse Kaffee und kämpfte mit dem riesigen Format der Wochenendausgabe der Süddeutschen. Der Frühsommer kündigte sich an, und die milden Sonnenstrahlen taten nach dem harten Winter gut. Meine Frau war nach Dresden gefahren, um ihre Eltern zu besuchen, ich hatte keine Pläne und also jede Menge Zeit. So ließ ich den Blick durch den Garten schweifen und bemerkte zwei neue Maulwurfshügel, die über Nacht entstanden waren. Ich musste an das Bilderbuch mit Maulwurf Grabowski denken, das ich den Kindern vorgelesen hatte. Wenn er auf einem frischen Hügel saß und die Sonnenstrahlen spürte, seufzte er: »Wie beschaulich, wie geruhsam.« Grabowski wollte eben auch nur seine Ruhe haben. Und genauso ging es mir an diesem Nachmittag auch, trotz ISIS im Irak und Krieg in Palästina.

Ich blätterte weiter zum Feuilleton. Neben meinem Gartenstuhl stritten sich zwei Amseln um etwas, das sie unter dem Rindenmulch hervorgekratzt hatten. Im Laufe des Tages wollte ich noch den Rasen mähen und fürs Wochenende einkaufen. Doch für Eile fehlte mir heute die Zeit. Da vernahm ich das Quietschen unseres Gartentors.

Es war ein fürchterliches Geräusch, als würde jemand einer Katze auf den Schwanz treten. Die Scharniere mussten dringend geölt werden. Dafür erfüllten sie die Funktion einer ausgezeichneten Alarmanlage: Quietschen bedeutete Eindringling. Ich hörte stampfende Schritte auf dem Kiesweg und fragte mich erstaunt, wer das wohl sein könnte, schließlich erwartete ich niemanden. Zu meinem Erstaunen sah ich meinen Nachbarn Dieter Schmalke zwischen den Kirschlorbeersträuchern um die Ecke biegen. Der sonst so korrekte Mann bot einen erbarmungswürdigen Anblick: Unrasiert und ungekämmt in einem gelben T-Shirt voller Fett- und Ketchup-Flecken, sah er mich mit flackerndem Blick an. Offensichtlich war er von einem starken Erregungszustand erfasst. Beunruhigt legte ich die Zeitung beiseite. Ich konnte mir nicht vorstellen, dass er Böses im Sinn hatte oder gewalttätig werden könnte, trotzdem war ich auf der Hut. Was wusste ich schon von ihm? Wir wohnten seit ein paar Jahren in derselben Straße und durch die Art, wie er seinen Garten bearbeitete, hielt ich ihn für ausgesprochen ordnungsliebend, um nicht zu sagen pedantisch. Auch schien er eher menschenscheu zu sein. Zumindest waren er und seine Frau allen Einladungen der Nachbarschaft zum gemeinsamen Grillen bisher ausgewichen.

Als Herr Schmalke mich erblickte, blieb er abrupt stehen. »Verzeihen Sie, aber ich muss Sie stören«, stieß er hervor, »bitte, hören Sie mich an. Sie sind doch Arzt, oder?«

»Ja, das bin ich«, antwortete ich. »Nehmen Sie doch Platz und beruhigen Sie sich erst einmal. Ich hole uns einen Kaffee, und dann können wir in Ruhe miteinander reden.«

Mein geruhsamer Tag mit mir alleine war dahin, aber man muss sich den Herausforderungen des Lebens stellen. Während ich ins Haus ging, rief ich mir in Erinnerung, dass Geisteskranke nur in den seltensten Fällen gefährlich sind. Selbst wenn es sich bei Schmalkes Zustand um den akuten Schub einer Psychose[1] handeln sollte, was angesichts seines Auftritts nicht ausgeschlossen war, hatte ich kaum etwas zu befürchten.

»Hoffentlich«, dachte ich insgeheim, als ich mit einer Tasse für Schmalke wieder auf die Terrasse trat.

Deeskalierend mit ihm reden, eventuell Hilfe rufen – das war jetzt das Gebot der Stunde. Mein Nachbar war noch immer hocherregt. Er saß so steif auf seinem Stuhl, als hätte er sich erst letzte Woche einer komplizierten Wirbelsäulenoperation unterziehen müssen. Außerdem zitterten seine Hände.

Als ich ihm die Tasse Kaffee reichte, nahm er das Mokka-Löffelchen von der Untertasse und begann, damit einen nervösen Rhythmus auf die vor ihm liegende Süddeutsche zu trommeln. Dann brach er das Getrommel plötzlich ab, fixierte mich, als wollte er mich hypnotisieren, und sagte: »Ich bin der Vater meines Bruders.«

Völlig perplex schaute ich mein Gegenüber an.

»Und meine Frau will sich von mir trennen«, fügte er hinzu.

»Sind Sie betrunken?«, fragte ich. Etwas Besseres fiel mir in diesem Moment nicht ein.

»Ich bin völlig nüchtern«, antwortete er eindringlich, »und ich brauche Ihre Hilfe. Noch einmal: Mein Bruder ist mein Sohn. Daran gibt es gar keinen Zweifel, das ist eine unumstößliche Tatsache.«

Trotz der Absurdität seiner Aussage war ich froh, dass ein konkreter Gesprächsgegenstand gefunden war. Ich fühlte mich von seinem Eindringen nicht mehr latent bedroht. Offensichtlich gab es etwas, worüber er reden wollte.

Ich goss Milch in seinen Kaffee und sagte: »Nun mal langsam, vielleicht erzählen Sie erst einmal die Geschichte mit Ihrem Bruder, und dann können wir über die Sache mit Ihrer Frau sprechen.«

Mit einer roboterhaften Bewegung führte er die Tasse an die Lippen und trank den Inhalt in einem Zug aus. Dann erzählte er, sein Hausarzt Dr. Meier sei mit ihm am Ende und habe ihm empfohlen, sich an mich zu wenden. Ich nickte. Dr. Meier war mir durch diverse Patientenkontakte ein Begriff, außerdem sah ich ihn trotz einer nicht unerheblichen Körperfülle immer wieder an unserem Haus vorbei zum Wäldchen im Elisenhain joggen. Es war schon öfter vorgekommen, dass er Patienten zu mir geschickt hatte.

Besorgt sah Schmalke mich an: »Sie sind doch Arzt, Ihnen kann ich mich doch anvertrauen, oder?«

»Ich bin Arzt, aber nicht Ihr Beichtvater. Außerdem habe ich gerade keine Sprechstunde«, sagte ich freundlich, aber distanziert. »Wenn Sie ein neurologisches Problem haben, können Sie gerne zu mir in die Klinik kommen. Wir können aber auch einfach als Nachbarn unseren Kaffee trinken, und ich höre Ihnen gerne zu, wenn Sie mir etwas zu erzählen haben.«

Mit gedämpfter Stimme begann er dann zu berichten, so als würde er mir ein lebenswichtiges Geheimnis anvertrauen. Es ging um ein Ereignis, das bereits weit in der Vergangenheit lag, ihn aber immer noch schwer zu beschäftigen schien: Vierzehn Jahre sei er damals alt gewesen, ein pubertierendes Kalb. Bei diesem Begriff lächelte er zum ersten Mal. Eine picklige Bohnenstange im Stimmbruch, voll vom Hormonschub erwischt. Damals habe es weder Zentralheizung noch Boiler gegeben, und es sei nur einmal in der Woche, nämlich sonnabends, gebadet worden. Nachdem der Vater den Badeofen mit Briketts angeheizt habe, sei die Badewanne für jedes Familienmitglied frisch eingelassen worden und man habe der Reihe nach gebadet. Es habe zwar Familien gegeben, bei denen alle im selben Badewasser gebadet hätten, aber das habe seine Mutter eklig gefunden. Also sei das Badewasser zwischendurch abgelassen und die Wanne neu gefüllt worden.

Schmalke nippte am Mineralwasser, das ich zusammen mit dem Kaffee vor ihn hingestellt hatte. Dann holte er tief Luft und senkte die Stimme noch ein wenig: Eines Sonnabends habe er im warmen Wasser geplanscht und plötzlich eine Erektion bekommen. Aus purer Wohligkeit habe er dann begonnen, daran zu reiben.

Ein kleiner rötlicher Käfer versuchte an Schmalkes Wasserglas hochzuklettern. Er schnipste ihn vorsichtig herunter, rückte seinen Stuhl in meine Richtung, sodass sein Gesicht mir immer näher kam: »Sie müssen das verstehen, man war noch ein halbes Kind, da war nichts Böses dran. In einer engen Neubauwohnung gab es kaum Möglichkeiten, alleine zu sein.«

»Was Sie schildern, ist etwas ganz Normales und gehört zur Entwicklung jedes jungen Mannes«, versuchte ich ihn zu beruhigen.

»Jedenfalls«, fuhr er fort, »als die Lust größer wurde und das Reiben intensiver – Sie verstehen, was ich meine –, da klopfte es plötzlich an der Badezimmertür, und ich hörte die Stimme meiner Mutter.«

Er sah mich so intensiv an, als wäre er ein Schauspieler in einem Einakter. Dann imitierte er in einer schrill krächzenden Tonlage eine hysterische Frauenstimme: »Dieter, beeil dich, ich muss auch noch in die Wanne, wir wollen doch alle die Schlagerrevue sehen!«

Er sah sich suchend um, bevor er verschwörerisch fortfuhr: »Das war zu viel für mich, verstehen Sie? Mir kam es genau in dem Moment, als meine Mutter meinen Namen rief! Der Samen ergoss sich in das Badewasser und gerann, und überall um mich herum schwammen diese weißen Fäden.«

Dieter Schmalkes Gesicht war fleckig geworden.

Ich tätschelte ihm die Hand, bevor er fortfuhr: »Ich rief dann: ›Ich bin gleich fertig, Mama!‹, und zog den Stöpsel. Dann begann ich, die Wanne zu schrubben. Ich nahm ein Wischtuch und putzte mit Scheuerpaste die Emaille-Wände sauber.«

Er sah sich noch einmal um und wirkte erschöpft. Ich schenkte ihm Mineralwasser nach, und er trank das Glas in großen Schlucken leer. Schmalke brannte offensichtlich darauf, mit seiner Geschichte fortzufahren. Diesmal gelang ihm die Stimme der Mutter noch schriller, noch übergeschnappter: »›Dieter, jetzt trödle nicht so!‹, rief meine Mutter und klopfte immer wieder ungeduldig gegen die Badezimmertür.

›Nun mach doch, Dieter. Nun mach doch, Dieter‹ – noch
heute höre ich immer wieder diesen Satz, wenn ich alleine im
Bad bin. Ich scheuerte also die Badewanne wie besessen, der
Gedanke, meine Mutter könnte sich in die besudelte Wanne
legen und sich ahnungslos, umwimmelt von meinen Sperma-
fäden, im warmen Wasser räkeln, machte mich wahnsinnig
vor Angst! Herr Doktor, Sie können mir glauben, das waren
die schlimmsten Minuten in meinem ganzen Leben. Noch
heute träume ich von dieser Situation. Es ist ein Horror. Sagen Sie ehrlich, gibt es eine schlimmere Vorstellung?«
Ich war sprachlos vor Verwunderung. Mein Nachbar offenbarte mir die intimsten Details seines Innenlebens. Offensichtlich verwechselte er mich mit einem Psychiater oder Psy-
choanalytiker. Ich musste ihn schleunigst über seinen Irrtum
aufklären. Schmalke jedoch hatte sich jetzt in Rage geredet.
Er reckte den Kopf in die Höhe und schrie mit hoher Stimme:
»›Ich muss für mich auch noch die Wanne einlaufen lassen.
Nie sehe ich die Sendung komplett, nur weil ihr trödelt!‹
Mittlerweile war ich mit dem Putzen der Wanne fertig und
hatte meinen Schlafanzug angezogen. Endlich öffnete ich die
Tür und überließ der Mutter die besudelte Badewanne.«
Plötzlich sah er so erschöpft aus, als hätte er soeben ein
Klavier in das fünfte Stockwerk transportieren müssen.
»Was ich Ihnen da erzählt habe, habe ich noch nieman-
dem anvertraut, selbst meiner Frau nicht. Ich trage es aber
immer mit mir herum. Können Sie sich vorstellen, dass ich
täglich an dieses Ereignis denken muss? Habe ich auch
gründlich genug geschrubbt, fragte ich mich immer wieder,
während ich mir in der Küche die Haare frottierte. Ängstlich
erwartete ich in jedem Moment den Aufschrei der Mutter:
›Du Schwein, was hast du hier getrieben?‹«
Diesmal wurde seine Stimme so schrill und laut, dass ich
Bedenken bekam, er könnte gänzlich überschnappen.
»Aber Mutter meldete sich nicht, sondern planschte of-

fensichtlich fröhlich in dieser Brühe. Warum musste sie denn auch so drängeln!«, rief er verzweifelt.

Ich gab mir Mühe, meinen Nachbarn mitfühlend anzusehen.

»Herr Schmalke, ich verstehe, dass dies eine unangenehme Situation für Sie war, aber was hat das alles mit Ihrem Bruder zu tun?«

Mein Nachbar riss die Augen auf: »Ja, was glauben Sie denn!? Exakt neun Monate später kam mein kleiner Bruder zur Welt! Ein Nachzügler, hat es immer geheißen, aber ich bin mir zu hundert Prozent sicher: Der leibliche Vater kann nur ich sein. Ich habe die Badewanne einfach nicht gründlich genug geschrubbt! Wie auch, so wie meine Mutter gedrängelt hat! Niemals hätte ich das Bad für sie freigeben dürfen. Niemals! Seitdem fühle ich mich schuldig.«

Ich lehnte mich zurück und holte tief Luft. So sachlich wie möglich erklärte ich ihm, dass es aus rein anatomischen Gründen unmöglich sei, dass Samenfäden von sich aus, ohne die Heranführung durch das männliche Geschlechtsorgan, ihren Weg bis zum Eierstock einer Badenden finden könnten. Außerdem habe er ja die Badewanne gesäubert, dabei sei ohne Zweifel die Großzahl der Spermien abgestorben. Und selbst wenn ein paar wenige überlebt hätten: Das Prinzip der Befruchtung bestehe aus einem unvorstellbaren Überfluss, es seien Millionen von Spermien nötig, um eine Eizelle erfolgreich zu befruchten. Die Grundlage jeder künstlichen Befruchtung beispielsweise sei, dass das Sperma, bevor es eingeführt wird, angereichert wird, um in einer möglichst hohen Konzentration auf die Eizelle zu treffen.

Mein Gast lachte sarkastisch auf: »Sie haben gut reden. Es gibt nichts, was es nicht gibt. Zum Schluss befruchtete ein Samenfaden eine Eizelle, so ist das nun einmal, und so ist es bei mir und meiner Mutter gewesen. Ich bin überzeugt davon, dass mein Bruder auch mein Sohn ist.«

Spätestens zu diesem Zeitpunkt war mir klar, dass bei meinem Nachbarn eine schwere neurotische Störung[2] vorlag, die innerhalb einer Psychotherapie intensiv behandelt werden musste. Meine Argumente erreichten ihn nicht. Meine Bemühungen waren zwecklos.

Dann fiel mir aber doch noch etwas ein: »Warum machen Sie keinen Vaterschaftstest?«

Mein Nachbar schüttelte mitleidig den Kopf. Sofort merkte ich, dass er darüber bereits ausführlich nachgedacht hatte. Was solle dabei schon herauskommen, fragte er mich. Dass er mit seinem Bruder verwandt sei, das wisse man ohnehin schon, das müsse nicht mehr nachgewiesen werden. Er habe sich erkundigt: In so einem speziellen Fall lasse sich eine Vaterschaft nur durch sehr umfangreiche und sehr teure Tests nachweisen. Außerdem müsse der Bruder mit den Untersuchungen einverstanden sein, das hieße, er müsse dem Bruder seinen Verdacht mitteilen.

Ich war am Ende mit meinem Latein. Obwohl ich mir vorgenommen hatte, es bei einem rein nachbarschaftlichen Gespräch bewenden und den Arzt außen vor zu lassen, schien es mir aber doch angebracht, Schmalkes Problembewusstsein zu wecken.

»Herr Schmalke, es könnte möglich sein, dass hinter dieser Geschichte eine Zwangsstörung[3] steckt«, sagte ich vorsichtig.

»Das ist doch Quatsch«, sagte er vehement. »Ich bin korrekt und genau, aber zwanghaft: Dahin ist es noch ein großer Schritt.«

Er legte die rechte Hand neben die Kaffeetasse. Die Haut sah entzündet aus und pellte sich. Um die Fingerkuppen herum waren blutunterlaufene Pusteln zu sehen.

»Wie oft waschen Sie sich die Hände?«, fragte ich. »Fünfmal am Tag? Zehnmal am Tag? Ständig? Ich hole eine Hautsalbe für Sie.«

Ich ging ins Haus und holte eine Tube Linola-Salbe. Ein wenig beschämt öffnete er die Tube, drückte Salbe in die Handflächen und rieb sich die Hände ein.

Zum ersten Mal wurde sein starrer Blick etwas weicher: »Über Monika, meine Frau, müssen wir eigentlich gar nicht reden«, sagte er, »die kommt wieder, wir gehören zusammen, das kann ich Ihnen versichern.«

Er schenkte sich noch eine Tasse Kaffee ein.

Während er trank, sagte ich: »Ich gehe davon aus, dass Sie mich aufgesucht haben, um sich Rat zu holen.« Es war an der Zeit, Nägel mit Köpfen zu machen. Mein Nachbar nickte langsam und sah mich ängstlich an. Ich würde ihm reinen Wein einschenken müssen, ich hatte keine andere Wahl.

»Sie machen auf mich den Eindruck eines Menschen, der seelisch erheblich aus dem Gleichgewicht geraten ist. In Ihnen stecken eine Menge unverarbeiteter Erlebnisse. Ich kenne Sie nicht, aber ich vermute, dass Sie unter einer oder mehreren Zwangsstörungen leiden.«

Schmalke wollte protestieren, doch ich wies auf seine Hände: »Auf jeden Fall – das kann ich am Zustand Ihrer Hände ablesen – besteht ein Waschzwang.«

Er versuchte mich zu unterbrechen, doch ich ließ ihn nicht zu Wort kommen: »Gleich können Sie reden. Um es kurz zu machen: Sie benötigen eine Psychotherapie, von einem Facharzt. Der Hausarzt als Vertrauensperson für gelegentliche Gespräche ist gut, kann Ihnen aber letztlich nicht helfen. Sie brauchen einen Spezialisten. Wenn Sie wollen, vermittle ich Ihnen einen Therapieplatz in der psychiatrischen Tagesklinik.«

Mein Gegenüber schaute sehr skeptisch drein.

»Das enttäuscht mich ein wenig. Ich komme mit einem konkreten Problem zu Ihnen, und Sie schieben mich an einen Psychiater ab. Ich habe mir vorgestellt, dass Sie vielleicht eine konkrete Lösung für mich hätten, einen Ratschlag.

Meine Mutter ist schon sehr alt, aber ich überlege, ob ich mit meinem Bruder sprechen soll? Was meinen Sie?« Ich holte tief Luft. Dieses Gespräch dauerte nun eindeutig zu lange. »Genau das kann ich Ihnen so nicht sagen, das müssen Sie mit einem Therapeuten besprechen, der Sie besser kennenlernt.«

Ich ging ins Haus an meinen Schreibtisch, öffnete am PC die Seite der Psychiatrie und druckte die Kontaktdaten der psychotherapeutischen Beratungsstelle aus.

»Rufen Sie dort an, Sie werden kurzfristig einen Termin erhalten.«

Schmalke faltete den Bogen und behielt ihn in der Hand.

Ich begleitete ihn zur Gartentür, die ich unter Kreischen öffnete.

»Ich hätte die Tür längst geölt«, sagte mein Gast.

»Das kann ich mir gut vorstellen«, entgegnete ich.

Ernst sah ich ihn an: »Herr Schmalke, Sie müssen mir zwei Dinge versprechen.«

»Ja, bitte?« Er schaute mich erwartungsvoll an, und wie um mich zu ärgern, machte er kleine Bewegungen mit dem Gartentor, sodass ein unangenehmer quietschender Singsang entstand.

»Erstens rufen Sie dort an.« Ich wies auf den Ausdruck.

»Wenn Sie es nicht sofort tun, werfen Sie den Zettel bitte nicht weg, stecken Sie ihn hinter den Badezimmerspiegel. Oder irgendwohin, wo Sie an ihn erinnert werden.«

»Und zweitens?«, fragte er.

»Zweitens: Wenn es Ihnen nicht gutgeht, kommen Sie wieder bei mir vorbei.«

Er ergriff meine Hand und drückte sie lange. Dann drehte er sich um und ging mit hochgerecktem Kopf die Straße hinunter.

Es dämmerte bereits, als Dieter Schmalke von der Arbeit nach Hause kam und seinen Wagen in den Carport manövrierte. Es kostete ihn stets einige Anstrengung, das Auto in die richtige Parkposition zu bekommen. Mit schleifender Kupplung rangierte er so lange vorwärts und rückwärts, nach rechts und nach links, bis die Ligusterhecke exakt fünfzig Zentimeter von der Beifahrertür entfernt war. Früher hatte er noch einen Zollstock benutzt, um die Abstände zu kontrollieren. Inzwischen konnte er die richtige Distanz per Auge abschätzen. Heute gelang es ihm sogar, den Wagen in nur vier Schritten zu parken.

Zufrieden betrat er das Haus. Monika stand schon in der Küche und kochte. Sie arbeitete in einer Kindertagesstätte und hatte im Gegensatz zu ihm in der Regel pünktlich Feierabend. Unter der großen roten Schürze trug sie eine helle Bluse mit gelbem Blümchenmuster und Jeans. Ihr braunes Haar war kurz, seit Neustem aber trug sie einen Pony. Als er sie zum ersten Mal mit der neuen Frisur gesehen hatte, war er sich sicher gewesen, dass ein anderer Mann dahintersteckte, und rasende Eifersucht hatte von ihm Besitz ergriffen. Um ihm zu gefallen, ging sie mit Sicherheit nicht zum Friseur. Doch er hatte nichts gesagt. Diese Blöße würde er sich nicht geben.

»Bis du eingeparkt hast, vergeht immer eine Ewigkeit«, sagte Monika zur Begrüßung, während sie Tomaten für den Salat kleinschnitt.

In der Küche hatte sie bereits für das gemeinsame Abendessen gedeckt.

»Es ist eben nicht so einfach, exakt mittig einzuparken«, entgegnete er und verschwand im Bad, um sich gründlich die Hände zu waschen. Wie immer benutzte er die scharfe Seifenpaste, wie sie in Handwerksbetrieben in Gebrauch war, um Farb- und Ölreste zu entfernen. Anschließend schrubbte er seine Hände mit einer Wurzelbürste. Dann wischte er mit einem Steriltuch das Waschbecken ab. Auch Wasserhahn und Seifenspender säuberte er sorgfältig. Als er aus dem Bad kam, stellte er überrascht fest, dass einer der beiden Teller nebst Besteck vom Küchentisch verschwunden war. Aus dem Wohnzimmer hörte er, wie der Fernseher lief. Anscheinend hatte Monika sich spontan entschlossen, ohne ihn zu essen. Na, wenn sie meinte.

Er nahm am Küchentisch Platz, entfaltete eine Serviette, legte sie sorgfältig in seinen Schoß und begann mit dem Salat.

Das Verhältnis zwischen Monika und ihm war, das konnte er nicht leugnen, mit den Jahren eher freudlos geworden. Seine Sorgen bei der Arbeit und der daraus resultierende Stress nahmen viel Leichtigkeit aus ihrer Beziehung. Aber was sollte er machen? Er hatte nun mal einen verantwortungsvollen Job. Das musste Monika doch begreifen. »Sei doch mal locker!« Wenn er das schon hörte. Monika hatte leicht reden mit ihren Gören im Kindergarten. Klar, da konnte man entspannt sein. Trotzdem wäre es Dieter Schmalke niemals eingefallen, seine Ehe in Frage zu stellen. Gab es nicht in jeder Ehe solche Phasen? Er war sich sicher, dass er Monika über alles liebte und ihr allen Respekt entgegenbrachte. Und dass es umgekehrt genauso war und so auch zu sein hatte.

Schmalke war Angestellter eines Wachdienstes und für die Erstellung von Einsatzplänen und die Sicherung von Gewerbeanlagen und öffentlichen Gebäuden zuständig. Zu seinen besonderen Aufgaben gehörte die Abwehr von Diebstahl und Sabotage. Das ehemalige Kernkraftwerksgelände gehörte ebenso zu seinem Verantwortungsbereich wie die neuen Firmenniederlassungen rund um den Universitätscampus.

Früher war sein Job einfach und übersichtlich gewesen. Für jeden Wachmann hatte er eine Karteikarte gehabt: Ein roter Reiter bedeutete, dass der Mitarbeiter krank, ein blauer Reiter, dass er verfügbar war. Auf diese Weise hatte er jahrelang virtuos die kompliziertesten Einsatzpläne im Griff gehabt. Die Probleme hatten angefangen, als die Umstellung der Dienstpläne von Papier auf Computer erfolgte. Mit einem Mal war alles anders gewesen, und er hatte es von Anfang an mühsam gefunden, mit Programmen wie Word, Excel oder dem hauseigenen Einsatzprogramm umzugehen. Zwar eignete er sich in wochenlangen Fortbildungsseminaren ein basales Wissen an, im Grunde jedoch misstraute er der neuen Technologie. Wer konnte sich schon sicher sein, dass all die geheimen Informationen in einem Rechner sicher vor dem Zugriff Unbefugter waren? Man denke nur an die vielen Hacker-Angriffe und Datendiebstähle! Der Feind war anonym.

Vor seinem geistigen Auge waren die Hacker dennoch erstaunlich konkret: Feist, ungewaschen und unrasiert, von Pickeln und Schuppen übersät, saßen sie zwischen leeren Chips-Tüten und Cola-Flaschen in einer abgedunkelten Wohnung und knackten Codes, um an wichtige Informationen seines Wachservice zu kommen. Wenn sie erfolgreich wären, würde das katastrophale Folgen haben: gezielte Einbrüche, Sabotageakte, womöglich Raub oder Brandstiftung. Es war seine Pflicht, diese Katastrophen zu verhindern. Er war der Wall, der sich der Gefahr entgegenstemmte. Das war sein Job.

»Vergessen Sie niemals, nach Büroschluss den Computer auszuschalten und vom Netz zu nehmen.« Dieser Satz war während einer der Sicherheitsfortbildungen mehrmals gefallen und hatte sich tief in sein Gedächtnis gebrannt.

Wenn er nach Feierabend bereits auf dem Weg zum Parkplatz war, überwältigten ihn häufig Zweifel: Hatte er auch wirklich den Computer ausgeschaltet? Dann machte er noch einmal auf dem Absatz kehrt, um sich zu vergewissern. Auch daheim grübelte er oft stundenlang darüber nach, wie sicher die Daten seiner Firma in Wirklichkeit waren. Das Gefühl, mangelnde Sorgfalt oder ein Fehler seinerseits könnten eine gigantische Katastrophe auslösen, verfolgte ihn ständig. In seinen Angstträumen sah er brennende Fabrikhallen, explodierende Depots und verkohlte Leichen. Man deutete mit ausgestreckten Händen auf ihn: Er war schuld, er war unpräzise und nachlässig gewesen. Er hatte das Inferno verursacht!

Am nächsten Vormittag – Dieter Schmalke hatte soeben die Einsatzpläne für die kommende Woche fertiggestellt – klingelte sein Handy, und Hans Heinrich, ein ehemaliger Schulkamerad, meldete sich.

»Mensch, Dieter, alte Gurke«, erklang seine Stimme in gewohnt flapsigem Ton, »ich bin wieder mal im Lande, und stell dir vor, rein zufällig ist Herbert Möller auch hier, der ist doch die meiste Zeit mit seiner Trockenausbaufirma auf Montage in Norwegen. Wir haben gedacht, dass es toll wäre, wie früher zusammen ein gepflegtes Bierchen zu trinken. Wir treffen uns um sechs im Anker am Hafen. Und keine Ausreden!«

Schmalke war von diesem Anruf so überrascht, dass er nicht, wie es sonst seine Gewohnheit war, genug Einwände gegen diese außerplanmäßige Aktion vorbringen konnte. Ja, als er aufgelegt hatte, freute er sich insgeheim sogar ein wenig auf eine entspannte Zeit mit seinen alten Klassenkameraden.

Es wurde tatsächlich ein schöner Abend. Sie tauchten ein in alte Erinnerungen, Geschichten über ihre Lehrer, den Physiklehrer Hoss zum Beispiel, der so sanftmütig gewesen war, dass die Klasse mit ihm hatte machen können, was sie wollte, oder den strengen Werkmann in Mathe, der den Mädchen immerzu den Po getätschelt hatte. Auch ihre ersten Kontakte mit dem anderen Geschlecht waren Thema. Dieters Geknutsche mit der scharfen Elke, das Herbert mit der Leica seines Vaters gestochen scharf aufgenommen hatte.

»Irgendwo muss ich die Negative noch haben«, freute sich Herbert, »die schicke ich deiner Frau.«

»Um Gottes willen, bloß nicht, Monika rastet aus, da könnt ihr sicher sein«, stöhnte Dieter.

Er trank an diesem Abend eine für ihn ungewohnt große Menge Rotwein, zum Schluss kippten sie noch jeder einen doppelten Aquavit auf ex.

Als er am nächsten Morgen verkatert am Frühstückstisch saß und matt sein Müsli aus der Schale löffelte, klingelte das Handy.

»Schmalke, kommen Sie bitte sofort ins Büro, wir brauchen Sie hier«, hörte er seinen Chef bellen. »GreifenGen ist heute Nacht ausgeraubt worden. Alles ist weg, die Produktionsanlagen sind ausgeräumt, alle Computer, Drucker und Telefone: alles weg. Ein detailliert geplanter Einbruch, jetzt müssen wir gegenüber der Polizei und dem Auftraggeber unser Sicherheitskonzept offenlegen.«

Dieter Schmalkes Kopf dröhnte, als wolle er jeden Moment mit einem lauten Knall zerplatzen. Er sah Kowalskis breiten Schädel vor sich und dessen grobes Gesicht vor Erregung förmlich rot anlaufen.

»Jawohl, Herr Kowalski, ich bin sofort im Betrieb«, antwortete er eilfertig, trank noch einen Schluck Tee und ließ sich von Monika zu seinem am Hafen parkenden Auto fahren.

Als er sein Büro betreten hatte, wollte er den Computer hochfahren. Doch mit Schrecken stellte er fest, dass der noch an war. Er war offenbar die ganze Nacht im Standby-Modus gewesen. Es durchfuhr ihn wie ein Blitz: Er hatte vergessen, den Computer herunterzufahren! So eilig hatte er es gestern gehabt, zu diesem verdammten Herrenabend zu kommen.

Jeder Hacker der Welt hätte sich ohne Mühe in das System einloggen und die geheimen Einsatzpläne seiner Firma studieren können.

Schmalke legte den Kopf in die Hände, am liebsten wollte er im Erdboden versinken. Er war schuld an dem Einbruch. Ich werde die Verantwortung übernehmen, dachte er entschlossen und richtete sich auf. Es war eine Tatsache, er hatte versagt. Langsam ging er den Gang entlang zum Zimmer des Chefs. Frau Wagner, die Sekretärin, schaute ihn verschüchtert an. Kowalski sah nicht nur aus wie ein Nilpferd. Wenn er gereizt war, benahm er sich auch so. In diesem Zustand konnte er sein Gegenüber erbarmungslos fertigmachen.

Dieter Schmalke öffnete die Tür zu Kowalskis Büro und sah den fülligen Vorgesetzten schwitzend und schnaubend über einen Packen Papiere gebeugt dasitzen. »Herr Kowalski, ich übernehme die volle Verantwortung«, stotterte er, noch in der Tür stehend. »Ich habe gestern Abend vergessen, meinen Computer auszuschalten. Das muss dazu geführt haben, dass die Einsatzpläne unserer Wachmänner ausgespäht worden sind. Chef, ich bin der Schuldige.«

Kowalski sah ihn verständnislos an. Dann tobte er los: »Reden Sie doch keine Scheiße, Schmalke! Ob Sie Ihre Kiste ausschalten oder nicht, ist doch furzegal. Es war ein Problem der Alarmanlage, die wir installiert haben, dafür muss unsere Schwachstromabteilung geradestehen.«

Schmalke verstand nun gar nichts mehr.

Kowalski herrschte ihn an: »Schwachstrom, verstehen Sie? Alarmanlagen funktionieren mit Schwachstrom, Sie Schwachkopf. Das Signal war zu schwach. Die sind durch die Hintertür hineinspaziert und haben alles ausgeräumt, ohne dass ein Alarm ausgelöst worden wäre. Keine gute Reklame für unseren Laden, das kann ich Ihnen sagen. Uns wird vorgeworfen, dass wir eine nicht funktionierende Anlage eingebaut hätten.«

Kowalski schaute ihn aus blutunterlaufenen Augen an. »Wir müssen sofort einen Trupp Wachmänner dorthin beordern. Die sollen ab sofort rund um die Uhr vor Ort das Objekt bewachen. Die Herren von GreifenGen haben Angst, dass die Einbrecher zurückkommen. Was natürlich völliger Unsinn ist, die haben ja schon alles weggeholt, aber was soll man machen? Also schicken Sie zwei Ihrer Männer sofort hin, und machen Sie einen Schichtplan, bis die neue Alarmanlage eingebaut ist. Ich will, dass immer zwei von unseren Leuten dort sind, damit sich die Herren beruhigen. Und hören Sie mir ja auf mit dem Computer-Quatsch, bringen Sie die von GreifenGen bloß nicht auf komische Ideen. Wir haben eine Firewall, da kommt keiner durch, eingeschaltet oder nicht. Kapiert?«

Wie aus einer Narkose erwacht, stand Dieter Schmalke auf dem Flur vor dem Büro seines Chefs. Selbstverständlich glaubte er kein Wort von dem, was dieser gesagt hatte. Wenn der Computer nicht ausgeschaltet war, konnten Hacker ins System eindringen und Daten klauen. So hatte er es gelernt, und so war es. Er war schuld an der Katastrophe, am Untergang von GreifenGen, der führenden Gentechnik-Firma in der Region. Weit über hundert Mitarbeiter würden arbeitslos werden, ein großer Zukunftsmarkt der Region war mit einem Handstreich praktisch zerstört. Er hatte seinen Arbeitsplatz nicht ordnungsgemäß abgesichert, stattdessen hatte er sich volllaufen lassen. An einem normalen Tag wäre ihm auf dem Nachhauseweg mit hundertprozentiger Sicherheit eingefallen, dass etwas mit dem Computer nicht stimmte. Er wäre die einzelnen Schritte auf dem Heimweg im Kopf durchgegangen und hätte gemerkt, dass etwas nicht in Ordnung war. Zur Kontrolle wäre er noch einmal rausgefahren und hätte den Fehler entdeckt, und nichts wäre geschehen. Doch er war im Vollrausch gewesen. Kompletter Kontrollverlust. Und prompt war sie da, die Katastrophe. Wie sollte er mit dieser Schuld leben?

Als Erstes musste er Monika informieren, immerhin war sie seine Frau, die jetzt zu ihm halten musste. Und natürlich hatte sich einiges zu ändern in seinem Leben. In Zukunft musste er weit disziplinierter, genauer und pflichtbewusster sein, egal ob am Arbeitsplatz oder daheim.

Als er nach Hause kam, sah Monika ihn besorgt an: »Was ist mit dir, Dieter? Wie siehst du denn aus? Hattest du Stress?«

Er setzte sich aufs Sofa, vergrub das Gesicht in den Händen und sagte: »Monika, es ist etwas Schreckliches passiert. Ich bin am Untergang von GreifenGen schuld. Wir müssen Konsequenzen ziehen. Das stundenlange Herumsitzen und Zeitschriften-Lesen und das unnütze Fernsehen müssen ein Ende haben.«

Monika starrte ihn fassungslos an.

Dieter Schmalke schien dann noch etwas einzufallen, er riss plötzlich die Augen auf und rief: »Mein Gott … Die Einbrecher hätten auch noch Feuer legen können! Die Tanks der Aral-Tankstelle neben GreifenGen hätten in die Luft fliegen können, die ganze Stadt wäre in einem Feuerinferno untergegangen. Ich wäre am Tod von Tausenden Menschen schuld gewesen. Das darf ja alles nicht wahr sein. Ich kann nicht einfach so weiterleben, als wäre nichts geschehen.«

Er stand auf und ging Richtung Bad.

Monika stemmte die Hände in die Hüften. »Dieter, jetzt drehst du komplett durch, das ist nicht mehr normal! Du musst zu einem Arzt, du brauchst Hilfe!«

»Ich brauche keinen Arzt«, rief er durch die offene Badezimmertür, während er sich gründlich die Hände schrubbte. »Ich muss nur meine Arbeit tun, mehr nicht. Ich muss einfach mein Leben in den Griff bekommen. Als Erstes müssen wir Listen erstellen von den Dingen, die täglich zu kontrollieren sind. Herd und Elektrogeräte, Tür- und Fensterverriegelungen, die Ablaufdaten der Lebensmittel, Ungeziefer in Keller und Garten, die Abflüsse der Wasch-und Toilettenbecken ... Und natürlich die täglichen Kontobewegungen und ...«

Er war noch lange nicht mit der Aufzählung der Dinge fertig, die von nun an täglich zu überprüfen waren, als er hörte, dass die Haustür ins Schloss fiel und er durch das Badfenster Monika auf ihrem Fahrrad in Richtung Stadt fahren sah.

Am Abend war sie noch immer nicht zurück. Er ging ins Bad und wusch sich zum wiederholten Mal die Hände. Er ärgerte sich über Monika. Sein Tag war schwer genug gewesen. In solchen Situationen musste ein Paar doch zusammenhalten, da konnte man nicht einfach abhauen. Aber Monika kam nicht. Er versuchte sie auf ihrem Handy zu erreichen, doch sie ging nicht ran.

Irgendwann ging er schlafen, das Ehebett fühlte sich leer und seltsam an. Als er am nächsten Morgen aufwachte, begann er, sich Sorgen zu machen. Er ging wie gewohnt zur Arbeit, musste schließlich seine Pflicht erfüllen. Zu seinem Erstaunen kam niemand zu ihm, um ihn zur Rede zu stellen oder zu verhören, gleichwohl er den ganzen Tag in angstvoller Erwartung damit rechnete. Anscheinend waren die Hacker Profis gewesen und hatten keine Spuren hinterlassen, die zu seinem Rechner führten. Aber das änderte ja nichts an seiner Schuld.

Zu Hause stellte er fest, dass der Koffer, den sie auf dem Schlafzimmerschrank lagerten, verschwunden war. Außerdem fehlten Monikas Laptop sowie Wäsche und Kleidung. Kurz verspürte er einen Anflug von Befriedigung. Endlich hatte er genügend Zeit und Freiraum. Endlich konnte er einmal gründlich Ordnung schaffen. Endlich konnte er, wenn es notwendig war, auch nachts noch einmal zur Kontrolle ins Büro fahren, ohne sich dumme Bemerkungen anhören zu müssen. Dann aber dachte er nach: Warum war Monika gegangen? War es eine Kurzschlussreaktion gewesen? Er erinnerte sich an die Male, wo sie ihm gesagt hatte, sie könne es nicht mehr aushalten mit ihm, er sei verrückt. Was daran denn verrückt sei, wenn jemand sich ordentlich und korrekt verhalte, hatte er ihr stets entgegengehalten.

Dass er gut daran tat, auf die Einhaltung von Regeln Wert zu legen, hatte der Einbruch bei GreifenGen ja wohl eindrucksvoll gezeigt. Schließlich war es, nachdem ihm in seinem Verantwortungsbereich ein fataler Fehler unterlaufen war, prompt zur Katastrophe gekommen. Er konnte nur heilfroh sein, dass nicht noch Schlimmeres passiert war.

Hatte er vielleicht zu wenig mit Monika gesprochen, ihr zu wenig erklärt? Er hatte es versucht, doch sie war immer gleich aus der Haut gefahren. Zuletzt hatte sie besonders seine Vorsicht im Zusammenhang mit der Zahl drei genervt. Dabei war es offensichtlich, dass die Zahl drei in seinem Leben – und damit auch in ihrem – eine negative Rolle spielte[4]: Erst der vereiterte Zahn vor zwei Jahren, Dreier rechts, den der Zahnarzt hatte ziehen müssen. »Übrigens sieht der Dreier auf der anderen Seite auch nicht mehr so gut aus«, hatte der zum Abschluss gesagt. Dann der Auffahrunfall am dritten März. Und er hatte Monika noch Dutzende weitere Beispiele aufgezählt: Sein Vater war an einem dritten Oktober gestorben, sie selbst hatte sich bereits dreimal den rechten Fuß verknackst, zuletzt bei dem Frauenabend, als sie mit drei Freundinnen zur Sonnenwende um das Feuer bei einem Bauern in Wolgast herumtanzte. Er hatte nachgesehen: Die Adresse lautete »Am Felde 3«! Es war völlig offensichtlich. Und deswegen war er gezwungen gewesen, Gegenmaßahmen einzuleiten, ob es seiner Gattin nun gefiel oder nicht. Als Erstes hatte er alle Displays der elektronischen Geräte mit einem breiten braunen Paketband abgeklebt. Damit war es nicht mehr möglich, dass ungewollt die Zahl drei auf einem Display auftauchte. Im zweiten Schritt hatte er alle Uhren und

Wecker aus dem Haus entfernt, die Ziffer drei bei allen Wandkalendern abgeklebt und schließlich auf Regalen und Fensterbrettern sämtliche Arrangements so verändert, dass niemals drei Gegenstände nebeneinanderstanden. Monika hatte geweint und wiederholt gesagt, dass sie das nicht aushalte, dass sie ihn nicht mehr ertrage, dass es Momente gebe, wo sie gehen wolle.

»Unsinn«, hatte er ruhig geantwortet. »Du gehörst hierher, du kannst nicht weggehen.«

Doch jetzt war sie tatsächlich verschwunden.

Später am Abend registrierte Dieter Schmalke, dass nicht nur der Koffer fehlte, sondern auch zwei Reisetaschen. Typisch Monika, dachte er. Drei Gepäckstücke – das konnte ja nur schiefgehen.

Nach seinem sonntäglichen Überfall suchte mein Nachbar mich zunächst nicht mehr auf. Allerdings hatte ich auch genug an seiner letzten Stippvisite zu knabbern. Offensichtlich litt Dieter Schmalke unter einer schweren Zwangsstörung und brauchte Hilfe. Als Neurologe war ich zwar nur am Rande mit Neurosen befasst, jedoch überschneiden sich die Fächer Neurologie und Psychiatrie. Jeder Neurologe muss deshalb während der Ausbildung eine Pflichtzeit in der Psychiatrie absolvieren, genauso wie jeder Psychiater eine Zeit in der Neurologie arbeiten muss.

Nachdem mein Nachbar damals gegangen war, hatte ich aus dem Bücherregal ein aktuelles Lehrbuch für Psychiatrie gezogen und unter dem Stichwort »Zwangserkrankung« nachgelesen, was es Neues auf diesem Gebiet gab. Die Erkrankung war durch die beiden Faktoren »Zwangsgedanken« und »Zwangshandlungen« charakterisiert. Zwangsgedanken sind definiert als immer wiederkehrende Denkinhalte, welche die Gedankenwelt des Betroffenen ausfüllen. Dazu gehört oft der Glaube, Handlungen nicht zufriedenstellend ausgeführt zu haben. Zur Zwangskrankheit gehören aber auch Zwangsimpulse, bei denen bestimmte Handlungen – zum Beispiel das permanente Händewaschen – unter einem inneren Zwang ausgeführt werden. Begleitend kann ein Grübelzwang auftreten, bei dem sich Gedanken und Ideen immer wieder festsetzen, ohne dass ein Ergebnis in Sicht wäre. Soll ich einen VW kaufen oder einen Skoda? Alles muss bedacht und erwogen werden: Unfallstatistik, Benzinverbrauch, Ausstattung, Dichte der Servicestationen, Kofferraum, Lackqualität, Anordnung der Blinker, zu guter Letzt wird das alte Auto behalten. So stellt oft jede Entscheidung einen quälenden Prozess dar.

Ein weiteres Symptom der Zwangskrankheit ist das Zweifeln. Die meisten von uns kennen die Situation, im Auto zu sitzen und plötzlich zu denken: Habe ich den Herd wirklich ausgeschaltet? Normalerweise verschwinden diese Zweifel nach einer Weile und kommen überhaupt nur selten vor. Bei einem Zwangskranken können sie täglich auftreten und so stark sein, dass sie sein Denken komplett ausfüllen. Im Falle eines tatsächlichen Unglücks werden dann alle negativen Folgen auf sich bezogen, und der Zwangskranke gibt sich allein die Schuld. Die Angst vor dieser Schuld führt dazu, dass er zunehmend kleine, an sich unbedeutende Details seiner Umgebung kontrollieren muss, um sicherzugehen, für eventuelle Katastrophen nicht verantwortlich zu sein. Nicht umsonst wird die Krankheit in Frankreich »Maladie du doute«, also die Krankheit des Zweifels, genannt. Die Störung, so las ich abschließend, bringe – nicht weiter erstaunlich – deutliche Belastungen und Beeinträchtigungen des Alltagslebens mit sich.

Ich rief einen Kollegen an, den Leiter einer großen psychiatrischen Klinik in Süddeutschland, den ich vom Studium her gut kannte. Wir hatten über all die Jahrzehnte lockeren Kontakt zueinander gehalten und riefen uns ab und zu an, auch um fachspezifische Fragen zu besprechen. Zwangskrankheiten zählten zu seinen Spezialgebieten.

Ich schilderte ihm die Begegnung mit meinem Nachbarn und äußerte die Befürchtung, sein Zustand könne außer Kontrolle geraten und er dekompensieren.

»Befürchtest du, dass er sich umbringen könnte?«, fragte er.

Ich konnte das nicht ausschließen, aber er beruhigte mich: »Man kann natürlich niemals einen Menschen komplett ergründen, aber statistisch gesehen ist die Gefahr, dass ein Zwangskranker sich umbringt, nicht größer als dies bei der Normalbevölkerung der Fall ist. Ehe sich ein Zwangskranker suizidiert, wird er erst mal richtig ungemütlich: Alles, was nicht in sein Ordnungsschema und in seine oftmals komplizierte Gedankenwelt passt, wird passend gemacht. Das kann für den Partner zu einer höllischen Belastung werden. Wenn, dann bringt der sich um. Warum schickst du deinen Nachbarn nicht einfach in eure Psychiatrie? Dort wäre er doch bestens aufgehoben.«

»Wenn er nur dazu bereit wäre«, seufzte ich.

»Offensichtlich sucht er Hilfe, sonst käme er nicht zu dir«, gab mein Kollege zu bedenken. »Er wird schon auf dich hören.«

»Wir werden sehen. Er weiß ja, wo er mich findet«, sagte ich, nun doch etwas ruhiger, und verabschiedete mich von meinem alten Freund.

Die ersten Tage ohne Monika waren leicht gewesen. Wenn Dieter Schmalke ehrlich war, spürte er sogar Erleichterung, seinen Tagesablauf nun alleine bestimmen zu können: Ohne dass jemand nörgelte, konnte er um vier Uhr morgens aufstehen und das ganze Haus gründlich durchsaugen. Niemand riss mehr die Paketbänder von den Displays der Haushaltsgeräte, und es meckerte auch niemand, wenn er nachts hochschrak, unsicher darüber, ob der Computer in seinem Büro wirklich runtergefahren war, und sich dann hastig anzog, um hinzufahren und nachzusehen. Doch dann ebbte das Hochgefühl ab, und er musste sich eingestehen, dass Monika ihm fehlte. Weniger ihre Präsenz im Hause oder die gemeinsamen Gespräche. In erster Linie belastete ihn die Tatsache, dass er nicht wusste, wo sie sich aufhielt, was sie gerade tat und mit wem. Sie gehörten doch zusammen, dachte er und sagte sich immer wieder, einem Mantra gleich: »Ich muss wissen, wo sie ist.«

Wenn er von der Arbeit nach Hause kam, bemerkte er manchmal, dass Dinge fehlten, die Monika gehörten. Das Fotoalbum mit ihren Jungmädchen-Bildern, die Schmuckschatulle oder die Saftpresse aus der Küche. Anscheinend räumte sie nach und nach das Haus leer. Es machte ihn rasend, sich auszumalen, wie Monika heimlich wie ein Dieb durch die Zimmer schlich und Sachen zusammenraffte. Er veränderte die Einstellung seines Handys, sodass er nicht mehr als Anrufer identifiziert werden konnte, und rief Monika in der Kindertagesstätte an.

Erstaunlicherweise klang ihre Stimme keineswegs traurig oder niedergeschlagen, als sie den Anruf entgegennahm, sondern sie meldete sich mit einem fröhlichen »Hallo, wer spricht denn da?«.

»Ich bin es, Dieter. Es ist genug, bitte komm zurück«, sagte er, obwohl es ihn Überwindung kostete.

Zu seiner Verwunderung klang Monika verärgert, als sie ihm mit ungewohnt fester Stimme antwortete: »Dieter, ich brauche Abstand, ich will nicht, dass du mich anrufst.«

Verständnislos entgegnete er: »Aber wir gehören doch zusammen, ich muss doch wissen, wo du bist und was du tust.«

Nun wurde Monikas Stimme lauter. »Du willst immer alles und jeden kontrollieren! Lass dich behandeln, bei dir stimmt was nicht im Oberstübchen.«

Dieter Schmalke blieb ruhig, fast stoisch, und wiederholte mit fester Stimme: »Du musst nach Hause kommen. Du gehörst hierher.«

Monika stöhnte laut und legte auf.

In den folgenden Tagen ließ Dieter Schmalke die größte der drei Birken im Vorgarten fällen und entfernte das Regal mit den drei Querstreben über der Eingangstür. Außerdem schrubbte er mehrmals sämtliche Waschbecken und Wannen. Dazwischen versuchte er immer wieder, Monika anzurufen, um sie zu überreden, zurückzukehren. Manchmal rief er sie auch nachts an, wenn er sich schlaflos im verlassenen Ehebett wälzte.

Doch Monika ging nicht an ihr Handy, stets meldete sich die Mailbox. Beim Erklingen des Pieptons gab er sich Mühe, weder zu jammern noch zu flehen, sondern hinterließ kurz und knapp die immer gleiche Nachricht: »Monika, kehr zurück. Es ist deine Pflicht, du gehörst zu mir.«

Einige Tage später rief er Monika von seinem Büro aus in der Kindertagesstätte an. Er verstellte seine Stimme und sagte in einem gespielt fröhlichen Ton: »Hallo, hier spricht der Vater der kleinen Clara. Könnte ich die zuständige Erzieherin, Frau Monika Schmalke, sprechen?«

Als er Monika »Ja, bitte?« hauchen hörte, überwältigte ihn eine große Sehnsucht.

Er konnte nicht anders und fing an zu jammern: »Monika, ich brauche dich. Es wird alles besser, ich verspreche es, ich werde mich ändern.«

Er musste sich beherrschen, um nicht in Tränen auszubrechen.

»Du?«, entfuhr es Monika. »Wie kannst du es wagen, mich schon wieder hier anzurufen?«

Dann schluchzte sie auf: »Lass mich endlich in Ruhe, du Monster!«

Eine Stunde lang saß er wie versteinert an seinem Schreibtisch. Sie ist doch meine Frau, dachte er immer und immer wieder. »Alles ist beliebig in dieser Welt, jeder Einfaltspinsel kann sich in meinen Computer einhacken, aber unsere Ehe, das ist doch etwas Festes, das kann man doch nicht einfach so kaputtmachen. Ich werde nicht zulassen, dass Monika aus meinem Leben verschwindet. Ich werde sie überzeugen, dass sie sich nicht einfach auf- und davonmachen und alles in Unordnung bringen kann.«

Am Abend traf sich Dieter Schmalke mit einer Freundin von Monika. Margitta arbeitete als Krankenschwester in einem Seniorenheim. Sie war ein schriller Paradiesvogel und ständig auf Männerbekanntschaften aus. Er war sich sicher, dass sie keinen guten Einfluss auf seine Frau hatte, vielleicht hatte sie Monika sogar angestachelt, ihn zu verlassen. Aber er musste sich zusammennehmen und mitspielen, denn sie kannte ohne Zweifel Monikas aktuelle Adresse. Diese Information würde er ihr entlocken, koste es, was es wolle. Er zog das hellblaue Hemd von Lacoste an, darüber das Cord-Jackett aus schwarzem Samt. Dann trug er Rasierwasser auf.
Auf Margittas Vorschlag waren sie an der Bar eines teuren Hotels verabredet, in der sich Geschäftsleute und Vertreter zu einem Schlummertrunk trafen oder auf ein amouröses Abenteuer aus waren. Als sie in die Lobby trat und ihn an der polierten silbernen Bar erblickte, hielt er den Atem an. Sie trug ein kurzes schwarzes Kleid, dazu hochhackige Lackschuhe. Ihre Lippen waren grell geschminkt. Rein gar nichts Solides hat diese Person an sich, unanständig und ordinär ist sie, schoss es ihm durch den Kopf. Mit ihrer unmoralischen Art hat sie Monika in den Sumpf gezogen.
»Finde ich toll, dass du dich entschlossen hast, trotz allem das Leben zu genießen«, sagte sie zur Begrüßung und klimperte mit ihren langen angeklebten Wimpern.

Sie bestellte einen Wodka-Lemon. Seine Strategie war klar: Er würde Margitta umgarnen und sich dann Schritt für Schritt an das Thema Monika heranpirschen.

Er bestellte ebenfalls und rückte näher an Margitta heran. Kurze Zeit später hielt sie das zweite Glas in der Hand. Unter dem schwarzen Ärmel ihres Kleidchens lugte ein Tattoo hervor, eine Schlange oder ein Seeungeheuer. Für einen kurzen Moment blitzte in ihm der Gedanke auf, dass es reizvoll sein könnte, nachzuschauen, ob sie noch an anderen Stellen tätowiert war. Er bestellte sein zweites Glas Rotwein und rief sich in Erinnerung, dass er der Ehemann ihrer besten Freundin war. Trotzdem schaute er hin und wieder in die Tiefen ihres Dekolletés.

Margitta schienen seine Blicke zu gefallen. Obwohl er sich weder für sonderlich witzig noch für unterhaltsam hielt, lachte sie bei jeder seiner Bemerkungen auf und leckte sich über die Lippen, sodass ihr Lippenstift verschmierte. Als sie die Hand auf sein Bein legte, fühlte er seine Zeit gekommen.

»Übrigens, wo wohnt Monika zur Zeit eigentlich?«, fragte er beiläufig. »Ich will ihr ein Schreiben von der Bank in den Briefkasten werfen, ich glaube, es ist die neue PIN für ihre EC-Karte.«

Margitta schaute ihn aus großen, leicht vernebelten Augen an und lächelte entschuldigend: »Sorry, aber das darf ich dir nicht sagen, ist geheim.«

»Bitte«, sagte Dieter und beugte sich zu ihr. »Das ist doch Quatsch. Sie braucht doch ihre Post.«

Margitta seufzte.

»Also gut. Ich fand es sowieso komisch, dass sie nicht will, dass du weißt, wo sie ist. Das ist doch irgendwie nicht richtig. Aber du darfst ihr niemals sagen, dass du es von mir weißt. Versprich es!«

Dieter Schmalke nickte langsam und sah ihr tief in die Augen.

»Sie wohnt bei Dr. Schmidt, dem Gynäkologen, in der Stadtrandsiedlung. Du weißt schon, der Schmidt, der für die Grünen im Stadtparlament sitzt. Er hat ein Gartenhaus ausgebaut, das vermietet er normalerweise an Studenten. Jetzt wohnt Monika drin.«

Zwei Stunden später stand Dieter Schmalke im Kegel einer Straßenlaterne und starrte auf die stillen Häuser vor ihm. Am Briefkasten des Hauses mit der Hausnummer 33 stand »Dr. med. H. Schmidt, Arzt für Frauenheilkunde«. Verdammt, gleich zwei Dreien, dachte er. Er ließ den Blick über das Anwesen schweifen. Es war ein kleines graues Doppelhaus mit einem großen blühenden Magnolienbaum davor. Die riesigen Pappeln auf der anderen Straßenseite rauschten im Wind. Wolken zogen im Mondlicht über die einstöckigen Häuser.

Das Haus war dunkel, kein Wunder, es war zwei Uhr nachts. Margitta hatte partout noch einen Wodka trinken wollen, er hatte sich ein drittes Glas Rotwein bestellt. Anschließend hatte er ihr nur mit Mühe begreiflich machen können, dass er nicht mit ihr auf eines der Hotelzimmer gehen wollte.

Nun war er zwar nicht betrunken, aber um zum Beispiel die Straßenlaterne dort drüben scharfzustellen, musste er ein Auge zukneifen. Wie sollte er weiter vorgehen? Sein erster Impuls war hineinzustürmen, Monika zu packen und nach Hause zu schleppen, notfalls mit Gewalt. Er hatte gehört, dass zwischen zwei und drei Uhr morgens der Schlaf am tiefsten sein sollte, deswegen würden in diesem Zeitraum die meisten Einbrüche verübt. Auf jeden Fall musste er handeln, bevor es drei Uhr war, diese verdammte Unglückszahl durfte ihm nicht in die Quere kommen.

Er schlich den engen Plattenweg zwischen Haus und Garage entlang, am Magnolienbaum vorbei, in den Hinterhof.

Dort stand das kleine Holzhäuschen, aus dessen Fenstern ein Lichtschein drang. Typisch, dachte er. Monika fürchtete sich alleine im Dunkeln, sicherlich hatte sie beim Einschlafen das Licht angelassen. Er klopfte an eines der Fenster und rief leise: »Monika! Monika, mach auf, ich bin es, Dieter.«

Zu seiner Freude schien sie auf ihn gewartet zu haben. Nur Sekunden später wurde mit einem lauten Krachen ein Schlüssel im Schloss umgedreht, und Monika stand vor ihm. Sie trug ein weißes Hemdchen mit dem Aufdruck eines Kükens, das er nicht kannte, und einen schwarzen Slip. Sie ist dünner geworden, dachte er besorgt, wahrscheinlich fehlten ihr die regelmäßigen Mahlzeiten.

Er wollte Monika in die Arme schließen und ging einen Schritt auf sie zu. Da brüllte sie mit hysterischer, sich überschlagender Stimme: »Lass mich endlich in Ruhe, ich will dich nicht mehr sehen! Hau ab!«

Dieter sah sich erschrocken um.

Monika schrie noch lauter. Sie gellte, als wäre er gerade dabei, ihre Kehle zu durchschneiden: »Hilfe, Hilfe, Überfall!«

Im Haus gingen Lichter an, Geräusche und Stimmen wurden laut. Ein Mann in einer gestreiften Pyjamahose und mit nacktem Oberkörper kam in den Garten gerannt, er hielt einen Prügel in den Händen, wahrscheinlich einen Baseballschläger. Er hatte langes Haar, das ihm wallend um den Kopf wehte, was ihm ein wildes, urzeitliches Aussehen verlieh, als wäre er unterwegs, um ein Mammut zu erlegen.

Schmalke drehte sich um und ging, ohne Hast, würdevoll, den Wilden keines Blickes würdigend, den Plattenweg zurück zur Straße.

Als er in seinem Wagen saß, hörte er es in seinem Kopf hämmern: »Ich werde sie zurückholen, ich werde sie zurückholen, ich werde sie …«

Zwei Tage später fand er ein Anwaltsschreiben im Briefkasten vor. In diesem wurde ihm mitgeteilt, dass seine Frau Monika Schmalke sich wegen schwerwiegender seelischer Misshandlung von ihm getrennt und den gemeinsamen Hausstand verlassen habe. Sie fühle sich von ihm belästigt und bedroht. Der Anwalt forderte ihn auf, jede Kontaktaufnahme zu seiner Frau zu unterlassen, sie insbesondere nicht mehr privat oder beruflich anzurufen und sie nicht mehr an ihrem jeweiligen Aufenthaltsort zu belästigen. Ansonsten würde Anzeige bei der Staatsanwaltschaft wegen Stalkings erstattet.

So einen Unsinn hatte er wirklich lange nicht mehr gehört, dachte Dieter Schmalke, während er den Brief noch einmal las. Er, ein Stalker? Er wollte nichts anderes als das, was ihm zustand: seine Ehefrau. Sie sollte wieder in den gemeinsamen Haushalt zurückkehren. Damit wären alle Probleme gelöst. Monika war seine Frau und gehörte zu ihm, und das würde sie auch einsehen müssen. Zornig nahm er das Schreiben, zerknüllte es und warf es in den Eimer mit dem Küchenabfall, ohne sich darum zu scheren, dass es eigentlich in den Papiercontainer gehörte.

So wütend war er.

Am nächsten Tag nahm Dieter Schmalke sich nachmittags frei und fuhr in die Stadt. Er parkte vor dem Kindergarten, in dem Monika arbeitete, und begann die Observation. In einem eigens dafür gekauften Notizbuch dokumentierte er jede Person, die das Gebäude betrat oder verließ. Da er die meisten nicht kannte, begnügte er sich zumeist mit Kurzbeschreibungen wie »Männlich, ca. dreißig Jahre alt, blond, graues Jackett« oder »Weiblich, stark übergewichtig, ca. fünfundvierzig Jahre alt, geblümtes Kleid«.

Es war sechzehn Uhr dreißig, Abholzeit. Eine halbe Stunde später verließen die Angestellten das Gebäude, er erkannte einige Kolleginnen von Monika. Und dann kam sie.

Dieter Schmalke notierte, dass sie den hellen Trenchcoat anhatte, den sie sich im letzten Jahr zusammen mit ihm in Rostock gekauft hatte. Er hatte erwartet, dass sie sich umgehend auf ihr Fahrrad setzen und in ihr Gartenhäuschen fahren würde. Aber das tat sie nicht. Sie zog einen Schlüssel aus der Tasche, ging zu einem schwarzen Audi und setzte sich wie selbstverständlich hinter das Steuerrad.

Dieter Schmalke folgte ihrem Wagen. Er zitterte vor Wut. Woher hatte sie dieses riesige Auto? Die Verbindung zu diesem langhaarigen Dr. Schmidt schien enger zu sein, als er vermutet hatte. Hure, dachte er, das wirst du mir büßen, wenn du wieder zu Hause bist! Langsam fuhr er hinter ihr her. In der Nähe der Fußgängerzone parkte sie in einer Seitenstraße. Er stoppte auf einer Auffahrt, hinter einem weißen Lieferwagen.

Monika stieg aus und flanierte Richtung Fußgängerzone. Ihm blieb nichts anderes übrig, als seinen Wagen ebenfalls zu verlassen und ihr zu folgen. Er achtete darauf, dass er Abstand hielt und immer einige Menschen zwischen ihnen waren. Sie ging in eine Boutique hinein, und er stellte sich in den Eingang der gegenüberliegenden Eisenwarenhandlung. Durch das Schaufenster der Boutique sah er, wie sie ein enges gelbes Kleid anprobierte. Sie wirkte aufgeräumt und fröhlich, gut gelaunt lachte sie mit der Verkäuferin und unterhielt sich auch mit einer anderen Kundin. Es schien ihr gutzugehen. Aber die Suppe würde er ihr versalzen. Als sie an der Kasse stand, wandte sie den Blick zur Straße. Und da entdeckte sie ihn. Ihr Gesicht erstarrte. Sie sprach kurz mit der Kassiererin, dann öffnete sie die Ladentür und ging mit großen Schritten auf ihn zu.

»Du lässt mich in Ruhe, hau ab, oder ich hole die Polizei!«

Noch während er nach einer passenden Erwiderung suchte, lief Monika bereits zur Boutique zurück. Dort sprach sie aufgeregt mit der Verkäuferin, wies nach draußen in seine Richtung und verschwand schließlich im hinteren Bereich des Ladens. Dieter Schmalke vermutete, dass das Geschäft noch einen zweiten Eingang besaß. Schnellen Schrittes ging er zurück zu seinem Wagen, die letzten Meter rannte er. Als er ankam, sah er gerade noch, wie Monika mit dem großen schwarzen Audi davonfuhr. Verwirrt blieb er zurück.

Im Wagen notierte er mit kleiner akkurater Schrift, was soeben geschehen war. Auf einmal wurde an das Fahrerfenster geklopft. Er betätigte den elektrischen Fensterheber und sah in das gut genährte Gesicht eines Polizeibeamten, der sich weit in das Wageninnere beugte: »Zwei Dinge, junger Mann«, sagte er. »Erstens stehen Sie im Halteverbot, hier sind nur Kurzzeitparker erlaubt. Also müssen Sie jetzt weg, sonst bekommen Sie ein Knöllchen von mir. Zweitens …«, und sein Ton wurde schärfer, sein Gesichtsausdruck strenger: »Zweitens hat mir die Dame hier soeben mitgeteilt, dass Sie sie belästigen. Ich werde mit ihr gleich auf die Wache fahren, damit sie eine Anzeige gegen Sie aufgeben kann.«

Eingeschüchtert schaute Schmalke durch das Seitenfenster nach draußen. Neben dem bulligen Polizisten sah er mit versteinerter Miene Monika stehen. Sie sah ihn mit kalten Augen an und sagte: »Ich habe dich gewarnt. Du lässt mich endlich in Ruhe, sonst wanderst du ins Gefängnis.«

Er schüttelte verständnislos den Kopf.

»So ein Unsinn, ich belästige niemanden, das ist meine Ehefrau. Monika, sag bitte dem Beamten, dass ich mit dir verheiratet bin, wie soll ich meine eigene Frau belästigen?«, brachte er mit bebender Stimme hervor.

Ihr »Verpiss dich endlich!« hallte noch lange in ihm nach.

Zu Hause wusch Dieter Schmalke sich zur Beruhigung mehrmals hintereinander die Hände und schrubbte die Wanne. Dabei beschloss er, Monika einen langen Brief zu schreiben mit allen Argumenten, die gegen die Trennung sprachen. Ausführlich wollte er ihr erklären, warum er die Dinge in seinem Leben exakt und korrekt handhaben musste. Ferner hatte er vor, Monika seine Sorgen zu beichten und ihr noch einmal ausführlich von den Gefahren zu berichten, denen er an seinem Arbeitsplatz täglich ausgesetzt war, allen voran den Hacker-Angriffen. Er erwog sogar anzudeuten, dass die Möglichkeit bestand, dass er der Vater seines Bruders war und sich deswegen oft schlecht fühlte. Außerdem wollte er ihr in Aussicht stellen, dass er durchaus kompromissbereit im täglichen Zusammenleben wäre. Und er wollte auch die Möglichkeit einer psychotherapeutischen Behandlung erwähnen und dass er mit dem Professor aus der Nachbarschaft darüber gesprochen habe. Wenn sie nur zu ihm zurückkäme ...

Zwei Tage schrieb er an diesem »Dokument«, wie er es bei sich nannte. Zunächst benutzte er einen Kugelschreiber und edles Briefpapier. Allerdings machten die vielen Korrekturen und Durchstreichungen den handgeschriebenen Text so gut wie unleserlich, sodass er ihn schließlich auf dem Arbeitscomputer abtippte. Am Ende druckte er vier eng beschriebene Seiten aus. Er war sich sicher, dass Monika nach Lektüre dieses Briefes unverzüglich zu ihm zurückkehren würde. Zu logisch, zu zwingend, zu überzeugend hatte er ihr alle seine Handlungen, Beweggründe und Ansichten erklärt. Er hatte lange überlegt, ob er schreiben sollte, dass Monika auch deswegen zu ihm zurückkommen müsse, weil er sie liebe. Doch am Ende hatte er darauf verzichtet. Das verstand sich schließlich von selbst, immerhin waren sie verheiratet.

Drei Tage, nachdem er den Brief an die Privatadresse des Frauenarztes c/o Monika Schmalke abgeschickt hatte, kam er mit dem Postvermerk »Annahme verweigert« zurück. Diesmal war Dieter Schmalke nicht wütend. Im Gegenteil. Er spürte eine fatalistische Ruhe in sich und war nur noch stärker davon überzeugt, dass bald alles wieder so sein würde, wie es sein musste.

Als Nächstes schrieb er E-Mails. Auch wenn er sie bis dato nie benutzt hatte, kannte er Monikas Yahoo-Adresse. Er kopierte den vierseitigen Brief und schickte ihn Monika als Scan. Dann wartete er einen Tag lang auf eine Antwort. Als nichts kam, schrieb er ihr eine weitere Mail. Diesmal wartete er einen halben Tag. Von da an schrieb er ihr stündlich. Nacht für Nacht observierte er außerdem das Haus des Gynäkologen Schmidt mit der Hausnummer 33. Jedoch sah er weder Monika das Anwesen betreten, noch konnte er in der Umgebung den schwarzen Audi, mit dem er sie in der Stadt gesehen hatte, orten. Tagsüber war er oft so müde, dass er im Dienst in einen Sekundenschlaf fiel.

Auch an diesem Abend stand er mit dem Auto in der Nähe des Gynäkologen-Anwesens, als er ein betrunkenes junges Paar mit Tunnelohrringen eng umschlungen in den Weg unter den blühenden Magnolienbaum einbiegen sah.

Er stieg aus und rief: »Entschuldigung, wohnt hier eine Monika Schmalke?« Der junge Mann drehte sich um, lächelte freundlich und sagte: »Sie hat hier gewohnt, jetzt wohnen wir in dem Häuschen im Hinterhof.«

Schmalke fluchte. Er musste dringend Monikas neuen Aufenthaltsort in Erfahrung bringen. Wenn er an die vielen Nächte dachte, die er völlig nutzlos vor der 33 gestanden und observiert hatte, überkam ihn abgrundtiefer Ärger.

Er verabredete sich noch einmal mit Margitta, diesmal jedoch im Weinhaus am Marktplatz. Der Abend war so warm, dass man draußen sitzen konnte. Sie bestellte einen Vorspeisenteller und französischen Weißwein. Nach dem dritten Glas und ausgiebigem Süßholzraspeln klimperte Margitta herausfordernd mit den Wimpern und sagte: »Hast du mitbekommen, dass Monika nicht mehr bei Dr. Schmidt wohnt?«

Er spielte den Dummen: »Tatsächlich? Und wieso nicht?«
»Er hatte das Häuschen bereits einem Studentenpärchen versprochen.« Sie lächelte kokett.

»Was du nicht sagst. Wo ist sie denn jetzt? Da ist ein Bademantel von Otto angekommen, den muss sie bestellt haben, ohne mir Bescheid zu sagen. Sagst du mir rasch die Adresse?«

Er schaute möglichst unbeteiligt auf die vorüberflanierenden Menschen. Margitta bestellte zwei Grappa, dann sagte sie: »Sie wohnt bei einer Kollegin aus der Kindertagesstätte. Deren Mann ist für vier Wochen auf Montage. Straße des Friedens 45 bei Wagner, fünfter Stock. Und weißt du was: Sie will dich wirklich nicht zurück.«

Als sie Dieter tief in die Augen sah, erinnerte sie ihn an Liza Minnelli, die großen Augen, der Pagenschnitt, der grell geschminkte Mund.

»Wollen wir es uns nicht noch bei dir zu Hause gemütlich machen?«, hauchte sie und schob sich dabei die letzte grüne Olive in den Mund.

»Margitta, ich bin doch verheiratet«, antwortete er entrüstet. »Wo denkst du hin?«

Schon am nächsten Tag fuhr er zu der angegebenen Adresse. Im fünften Stock klingelte er bei Wagner. Monikas Kollegin öffnete ihm. Sie war eine kleine Frau mit sanften Augen und leuchtend rot gefärbten Haaren.

»Ich komme, um meine Frau zu holen«, sagte er entschlossen und stürmte in die Wohnung.

Monika saß am Wohnzimmertisch der kleinen Wohnung. Im Gegenlicht der milden Abendsonne sah sie wunderschön aus. Ihr Gesicht war wie von einem Strahlenkranz umgeben, ihr kurzes Haar stand etwas struppig in die Höhe. Wie eine Madonna, dachte er.

Verstärkt wurde dieser unwirkliche, fast religiöse Eindruck dadurch, dass Monika die blaurot bestickte folkloristische Bluse trug, die er ihr ganz am Anfang ihrer Ehe von einer Geschäftsreise aus Moskau mitgebracht hatte. Beinahe wären ihm die Tränen gekommen, er musste sich räuspern. Doch seine sentimentale Stimmung verflog sehr rasch.

»Du kommst jetzt mit nach Hause«, sagte er grob und versuchte ihren Arm zu packen. Aber sie entwand sich seinem Zugriff und rief ihrer Kollegin zu:»Schnell, ruf die 110, die sind in zwei Minuten da, haben sie versprochen!«

Monika funkelte ihn böse an und zischte:»Ich bin fertig mit dir!«

Dabei lief sie geduckt um den Wohnzimmertisch herum und starrte ihn mit weit aufgerissenen Augen an, wie ein Dompteur, der ein gefährliches Raubtier im Zaum hielt.

»Du lässt mich in Ruhe, hörst du? Oder ich mache Schluss mit allem, glaube mir, langsam hast du es geschafft, ich bin zu allem fähig.«

Dieter Schmalke verstand nicht.

Was meinte Monika? Was hatte er geschafft?

Bevor er etwas entgegnen konnte, spürte er einen Schlag in der Kniekehle und fiel zu Boden.

Die Frauen knallten die Wohnzimmertür zu und ließen ihn benommen auf dem Boden liegen. Kurz darauf klingelte es, und zwei Polizeibeamte eilten entschlossen in das Wohnzimmer. Der eine nahm Dieter Schmalke in den Schwitzkasten, während der andere die Haustür zum Abtransport aufhielt.

Auf der Wache musste er volle zwei Stunden auf einer harten Bank warten, bis einer der Beamten Zeit hatte, sich mit ihm zu beschäftigen. Es wurde ihm ein amtliches Dokument ausgehändigt, in dem zu lesen war, dass er Hausfriedensbruch begangen habe, ferner bestehe der Verdacht auf Nötigung und Körperverletzung, es liege eine Anzeige gegen ihn vor.

Mit zitternden Händen fuhr Dieter Schmalke nach Hause. Das erste Mal seit langer Zeit war es ihm egal, ob er korrekt mittig parkte oder nicht. Vor lauter Aufregung gelang es ihm nur mit Müh und Not, den Hausschlüssel ins Schloss zu stecken und die Tür zu öffnen. Was hatte Monika nur gemeint, als sie sagte: »Ich mache Schluss.«? Wollte sie sich scheiden lassen? Oder sich das Leben nehmen? Was plante sie? Er nahm zwei Baldrian-Kapseln, setzte sich in den Fernsehsessel, ohne den Fernseher anzumachen, und trank eine Flasche alkoholfreies Bier.

Monika brauchte seine Hilfe, und er musste sie beschützen.

Das letzte Mal, als ich Dieter Schmalke sah, trimmte er wieder einmal seine Gartenhecke. Ich fuhr mit dem Fahrrad an seinem Haus vorbei und sah, wie er einzelne, zu stark gewachsene Äste mit einer Heckenschere abschnitt.

»Sie haben wirklich die perfekteste Hecke, die ich jemals gesehen habe«, sprach ich ihn an.

Er sah von der Arbeit auf und sagte mit matter Stimme: »Herr Nachbar, mir geht es wirklich nicht sonderlich gut. Meine Frau ist immer noch weg.«

Er richtete sich auf und fuchtelte mit der Gartenschere. »Nicht, dass ich ohne sie nicht zurechtkäme. Im Gegenteil, das Haus lässt sich ohne sie besser in Ordnung halten. Aber ich bin so wütend. Etwas ist abhandengekommen, das zu mir gehört. Verstehen Sie, was ich meine? Etwas, das immer gerade war, ist plötzlich schief. Das kann ich nicht ertragen. Ich muss es korrigieren.«

»Was sagt Ihre Frau denn dazu, zeigt sie Kompromissbereitschaft?«

»Monika spricht nicht mit mir. Ich beobachte sie, um herauszubekommen, was sie eigentlich vorhat. Warten Sie, ich zeige Ihnen meine Protokolle.«

Staunend blätterte ich durch das Notizbuch.

Schmalke sagte: »Jetzt will sie in Urlaub fahren, das habe ich von einer Freundin erfahren. Ich werde natürlich ebenfalls fahren, um sie im Blick zu behalten. Sie hat öffentlich mit Selbstmord gedroht, ich muss sie beschützen.«

Ich riet ihm dringend davon ab, seiner Ehefrau in den Urlaub nachzureisen. Die Sache werde nach meinem Dafürhalten eskalieren. Er müsse vielmehr auf Distanz gehen. Wie bei unserem letzten Zusammentreffen empfahl ich ihm eine Psychotherapie. Ich berichtete, dass ich mit dem Leiter der psychiatrischen Tagesklinik gesprochen habe und dieser bereit sei, ihn in Therapie zu nehmen. Schmalke sah mit leerem, gleichsam getriebenem Blick umher.

»Ich werde es mir überlegen«, antwortete er dann. Zunächst müsse er jedoch einen Gerichtstermin hinter sich bringen, seine Frau habe ihn wegen Stalkings angezeigt.

»Haben Sie einen Anwalt?«, wollte ich wissen.

Mein Nachbar schüttelte den Kopf und lächelte.

»Es ist doch alles logisch und nachvollziehbar, was ich tue. Wozu brauche ich da einen Anwalt? Ich kann selber für mich sorgen«, sagte er schließlich und begann, weiter an seiner perfekten Hecke herumzuschneiden.

Dieter Schmalke erspähte das Kanzleigebäude an der Europakreuzung auf der anderen Straßenseite und näherte sich dem Zebrastreifen. Obwohl er sich sicher war, dass er bei dem anstehenden Prozess keine juristische Hilfe benötigen würde, ging er vorsichtshalber doch zu einem Anwalt, um sich Rat zu holen. Ihm war per einstweiliger Verfügung verboten worden, Monika in den Urlaub nachzureisen. Dummerweise hatte er in einer Mail von diesem Plan berichtet. Wenigstens liest sie meine Mails, hatte er gedacht, als er das Schreiben des Gerichts in seinen Händen hielt.

Er überquerte gerade die Straße, als er rechter Hand das

Aufheulen eines Motors hörte. Dieter Schmalke wandte den Kopf und erstarrte – der Wagen raste direkt auf ihn zu. Durch die abgedunkelte Frontscheibe erblickte er das vertraute Augenpaar, das starr auf ihn gerichtet war.

Kurz bevor ihn der Wagen erfasste, schoss ihm die Frage durch den Kopf: Warum dieser Hass ?

Als ich abends das Auto in die Garage parkte, kam der Nachbar von gegenüber zu mir rüber.

»Hast du schon gehört, dass Schmalke überfahren worden ist?«

Er erzählte von dem Unfall an der Europakreuzung. Die Frau sei irgendwo in Italien, man versuche gerade, sie zu erreichen.

»Ja, er hat mir erzählt, dass sie wegfahren wolle. Er plante, ihr hinterherzureisen«, antwortete ich, aber mehr wollte ich nicht dazu sagen, dieses tragische Ende bewegte mich – gerade jetzt hatte sich für Dieter Schmalke die Möglichkeit einer Therapie in der Tagesklinik eröffnet.

Später ging ich in meinem dienstlichen E-Mail-Account den SPAM-Ordner durch, da ich die Nachricht einer Fachzeitschrift erwartete, die sich entgegen den Angaben der Redaktion nicht in meinem Posteingang fand. Doch auch hier war die Nachricht nicht. Stattdessen fand ich eine Mail mit leerer Betreffzeile. Wahrscheinlich war die Nachricht deswegen im Spam gelandet.

Sie war zwei Tage alt und lautete: »Sehr geehrter Herr Professor, vielen Dank für Ihr Angebot, mir einen Therapieplatz bei einem Psychiater zu besorgen. Ich bin jetzt so mit den Nerven fertig, dass ich bereit bin, dieses Angebot anzunehmen. Schon nächste Woche beginne ich mit der Therapie. Ursprünglich wollte ich eine Reise an den Urlaubsort meiner Frau antreten, doch das hat zu gerichtlichen Auseinandersetzungen geführt. Ich hatte gehofft, dass wir uns unter der

Sonne Italiens versöhnen könnten. Aber nun habe ich erfahren, dass Monika gar nicht gefahren ist. Ich denke, das ist auch besser so. So kann ich weiter auf sie aufpassen. Viele Grüße, Ihr Nachbar Dieter Schmalke« ...

1 Die Psychose ist eine schwere psychische Störung mit Verlust des Realitätsbezugs ohne Krankheitseinsicht. Zu den typischen psychotischen Symptomen zählen der Wahn mit einer falschen Einschätzung der Realität und Halluzinationen. Letzteres sind Sinneswahrnehmungen ohne entsprechende Sinnesreize, es werden zum Beispiel Objekte gesehen, die nicht da sind, oder Stimmen gehört, ohne dass jemand spricht. Psychosen treten häufig endogen, ohne äußeren Anlass, zum Beispiel im Rahmen einer Schizophrenie auf. Sie können jedoch auch mit organischen Hirnerkrankungen, etwa im Rahmen einer Demenz, nach Hirnverletzungen oder bei Alkohol- bzw. Medikamentenentzug vorkommen.

2 Neurosen sind Erkrankungen mit Verhaltensstörungen ohne zugrundeliegender Hirnerkrankung. Im Gegensatz zur Psychose bleibt der Realitätsbezug erhalten, das heißt, der Neurotiker ist sich seines Leidens bewusst und potenziell in der Lage, die Ursachen zu ergründen. Sie treten häufig im Rahmen von Lebenskrisen und Konfliktsituationen auf.

3 Zwangsstörungen sind psychische Erkrankungen mit ständig wiederkehrenden Zwangsgedanken, zwanghaften Impulsen und Zwangshandlungen. Mehr oder weniger zwanghafte Handlungen kennt jeder von sich, z.B. das Überprüfen, ob die Haustür verschlossen ist, obwohl man genau weiß, dass man sie abgeschlossen hat. Von einer Zwangserkrankung oder Zwangsstörung spricht man erst, wenn sich derartige Verhaltensweisen ständig wiederholen und ein krankheitswertiges Ausmaß annehmen.

Es besteht die Befürchtung, durch eine Nachlässigkeit für unentschuldbare Fehler verantwortlich zu sein, was dann zu einem Kontrollzwang führt. Häufig ist auch der Zählzwang, bei dem sämtliche alltäglichen Gegenstände gezählt und kategorisiert werden müssen. Ferner kreisen die Gedanken um Verschmutzung, körperliche Ausscheidungen und krankmachende Keime. Die Folge ist der Drang, sich unentwegt die Hände waschen zu müssen oder Dinge zu säubern.

Was ist die Ursache? Für eine organische Ursache im Sinne einer Hirnkrankheit spricht, dass Zwangssymptome auch nach Hirnverletzungen und bei Patienten mit Epilepsien auftreten können. Mit modernen Bildgebungsmethoden konnte gezeigt werden, dass der Regelkreis zwischen Frontalhirn und den motorischen Zentren gestört ist. Das Frontalhirn reguliert Gefühle und Emotionen durch Hemmung; wenn dem nicht so wäre, würden wir wahrscheinlich ununterbrochen essen, trinken und Sex haben. Bei Zwangskranken ist die Hemmung triebhafter Impulse besonders stark ausgebildet. Verhaltenstherapeutische Modelle gehen davon aus, dass frustrierende kindliche Erfahrungen zu einer verfälschten Bewertung von Alltagssituationen führen und aufgrund einer falschen Programmierung banale Situationen mit dem Gefühl von Verantwortung verknüpft werden; dies führt zum Teufelskreis von Angst, Anspannung und Grübeln. Die Verhaltenstherapie knüpft an diesen Punkten an, indem sie eine »Ent-Katastrophisierung« und emotionale Distanzierung zum Ziel hat.

4 Magisches Denken lässt sich häufig bei Zwangskranken beobachten. Z.B.: Wenn ich das rote Tuch anziehe, dann passiert ein Unglück. Es können schlimme Dinge passieren, wenn ich bestimmte Handlungen nicht vornehme oder bestimmte Dinge gedacht werden.

DER SCHLAG

Frank Vossberg stöhnte, als er auf den Wecker blickte. Er hatte wieder einmal verschlafen, obwohl das Ding jeden Morgen um die gleiche Zeit so laut klingelte, dass ein Murmeltier im Winterschlaf davon wach geworden wäre. Okay, er hatte ein bisschen getrunken, aber so viel war es auch wieder nicht gewesen. Es musste an dieser verdammten Klemme in seinem Kopf liegen. Durch die Krankheit hatte er sein Zeitgefühl verloren. Entweder wachte er nachts um zwei auf und wälzte sich schlaflos im Bett, oder er schlief bis elf Uhr vormittags wie ein Stein, nur um danach benommen durch das Haus zu wanken. Egal, er musste zur Physio und war spät dran. Mühsam schlurfte er aus dem Bett und tastete sich mit halbgeschlossenen Augen auf das Bad zu, um dann wenig später unter der Dusche, eingehüllt vom dampfenden Wasser, Lebensmut in sich zurückkehren zu spüren.

Es war jetzt vier Wochen her, dass die Ader in seinem Kopf geplatzt war. Erst vor fünf Tagen war er aus der Rehaklinik entlassen worden. Zwar war die Ungeschicklichkeit seiner rechten Hand fast vollständig verschwunden, aber ganz der Alte war er noch nicht. Wenn er sich aufrichtete, rollte die Umgebung wie auf einem schlingernden Schiff von rechts nach links, und beim Gehen hatte er das Gefühl, nach vorne zu kippen und in einen Abgrund zu stürzen. So fuhr er täglich zur ambulanten Physiotherapie im Klinikum, wo er wieder lernte, auf einem Bein zu stehen oder seine rechte Hand feinmotorisch zu gebrauchen.

Die Katastrophe hatte sich an einem ganz normalen Tag ohne Aufregung, Stress oder besondere Anstrengung ereignet. Während einer Sportstunde in der Halle hatte er sich nach einem Medizinball gebückt und plötzlich einen mörderischen Schlag im Genick gespürt, so, als würde ihm mit einem Hammer der Hinterkopf zerschmettert. Er war mit einem Aufschrei zu Boden gestürzt, und ein unbarmherziger Schmerz breitete sich in Wellen in seinem gesamten Körper aus, wie die Salven eines Maschinengewehrs. Die Schüler der 9b standen erschrocken um ihn herum und betrachteten ihn, als wäre er ein zappelnder Käfer auf dem Rücken.

Der Notarzt kam, und er wurde in die Universitätsklinik transportiert. Das letzte Bild, das er noch vor sich sah, waren die Oberschenkel von Jessica Klein, einem dicklichen Mädchen, das direkt vor ihm stand, und er hatte noch gedacht, dass sie aus ihren Leggins auch schon wieder herausgewachsen war ...

Dann war die Welt um ihn herum in einem violetten Nebel verschwunden.

Wie er später erfuhr, war in seinem Kopf ein Aneurysma[1] geplatzt und hatte ein Leck in eine Hirnarterie gerissen. Das austretende Blut hatte Teile des Gehirns geschädigt. Diese Form von Hirnblutung wird Subarachnoidalblutung[2] genannt. Es wurde ihm erklärt, dass es sich um eine lebensbedrohliche Erkrankung handele, die häufig nicht überlebt werde. Frank Vossberg erfuhr, dass ein Aneurysma eine krankhafte Aussackung einer Arterienwand ist, die meist durch Arteriosklerose, also Verkalkung der Arterien, verursacht wird. Die Aussackung einer Hirnarterie könne aber auch anlagebedingt, sprich von Geburt an, vorhanden sein.

Wie bei einem Fahrradreifen, wenn das Mantelprofil herunter ist und der Luftschlauch durch einen Riss quillt, wölbten sich die inneren Schichten der Arterie blasenförmig nach außen und bildeten eine Aussackung – das Aneurysma, welches nur eine sehr dünne Wand hat, die leicht platzen kann, zum Beispiel bei Erhöhung des Drucks in der Arterie durch das Anheben schwerer Lasten.

»Wahrscheinlich sind Sie von Geburt an mit diesem Aneurysma im Kopf herumgelaufen, und es ist langsam größer geworden, bis es schlussendlich geplatzt ist wie ein zu stark aufgeblasener Ballon«, sagte der junge braungebrannte Arzt mit blonden Locken, der ohne Weiteres auch als Surflehrer durchgegangen wäre, bei der Visite im Uni-Klinikum. Noch am selben Tag war Frank Vossberg in der Neurochirurgie operiert worden. Der Chirurg hatte den Schädelknochen geöffnet und eine Klemme, »Clip« genannt, auf die undichte Stelle gesetzt, damit das Aneurysma von der normalen Blutzirkulation abgekoppelt wurde.

»Die Operation war nicht einfach, in Ihrem Fall macht die Arterie dort, wo das Aneurysma sitzt, einen Bogen, so dass ich den Clip etwas schräg setzen musste«, hatte der Chirurg bei der Visite am darauffolgenden Tag erklärt und lachend hinzugefügt: »Aber es wird schon halten!«

»Soll das heißen, dass es nicht optimal gelaufen ist?«, hatte Frank Vossberg ängstlich gefragt. »Kann diese Klemme verrutschen und das Aneurysma noch einmal platzen?«

»Ach was, das hält wie Bärenscheiße, da müssen Sie sich keine Sorgen machen. Sagen Sie, sind Sie nicht der Sportlehrer meiner Tochter?«

»Gut möglich, Herr Professor, ich bin Lehrer am Gymnasium, für Sport und Geographie. Ich hoffe, ich kann wieder Sport treiben und mich belasten, das ist für mich sehr wichtig.«

»Wenn Sie sich erholt haben, können Sie alles machen,

kein Problem, auch einen Marathon laufen, wenn Ihnen danach ist.«

Der Neurochirurg drückte Vossberg kräftig die Hand und schaut ihm fest in die Augen: »Wird wieder alles sein wie früher, glauben Sie mir.«

Frank Vossberg wickelte sich ein Handtuch um die Hüften und ging die Treppe hinunter, um in der Küche die Kaffeemaschine in Gang zu setzen. Im Vorbeigehen bemerkte er, dass die Terrassentür sperrangelweit offen stand. Das gleißende Licht der Morgensonne drang ins Wohnzimmer und warf ein Streifenmuster auf das Bücherregal. Draußen waren Vogelstimmen zu hören und in einiger Entfernung das Hämmern seines Nachbarn, der seit einigen Tagen an einer Vergrößerung des Geräteschuppens werkelte. War er gestern so betrunken gewesen, dass er ins Bett gegangen war, ohne die Terrassentür zu schließen? Er konnte sich nicht erinnern. Alles, was er noch wusste, war nur, dass er vor dem Fernseher zwei Gläser Cognac getrunken hatte. Dann musste er während der Wiederholung des »Tatort« eingeschlafen sein. Wie er danach ins Bett gekommen war, daran konnte er sich beim besten Willen nicht mehr erinnern.

Er trat zu der offenen Terrassentür und erstarrte vor Entsetzen. Sofort begann die Operationsnarbe an seinem Schädel zu jucken und zu brennen. Über die Veranda und das angrenzende Rasenstück verstreut lag der Inhalt seiner Brieftasche: Ausweis, Kreditkarten, ADAC-Karte, Führerschein, Quittungen, Rabattmarken und Visitenkarten. Die leere Brieftasche lag aufgeklappt im Rosenbeet, und als er sie von der feuchten Erde aufhob, stellte er mit einem raschen Blick fest, dass die 200 Euro fehlten, die er gestern am Bankautomaten abgehoben hatte.

Als er zum Haus zurückblickte, sah er, dass in den Fensterrahmen des großen Terrassenfensters ein Loch gebohrt worden war. Durch diese Öffnung hindurch musste mit einer Drahtschlinge der Fensterriegel geöffnet worden sein. Wahrscheinlich war das Loch mit einem altmodischen Handholzbohrer gemacht worden, denn auf dem Fensterbrett lag Sägemehl.

Er stand im Garten vor dem offenen Fenster und rieb mit zitternden Fingern das Sägemehl zwischen seinen Fingern, als könnte er aus der Beschaffenheit der Holzpartikel eine wichtige Botschaft herauslesen. Was er begriff, war schockierend: Während er oben im ersten Stock in seinem Bett geschlafen hatte, waren Einbrecher in sein Haus eingedrungen! Später, im Haus, fielen ihm auch die lehmigen Fußspuren auf dem weißen Sofabezug auf. Frank Vossberg stand reglos im Wohnzimmer und registrierte aufmerksam Detail für Detail, gleichzeitig war er aber wie geistesabwesend, als weigerte sich sein Gehirn, das Geschehene als real zu akzeptieren.

Endlich kam er in Bewegung: Er musste gleich los, die Physiotherapeutin wartete, und er hatte noch nicht einmal seinen Kaffee getrunken. In der Küche drückte er auf den rot glimmenden ON-Knopf der Kaffeemaschine, die sich mit dem vertrauten blubbernden Geräusch in Gang setzte.

Er griff nach dem Hörer des Festnetztelefons und wählte 110.

»Hallo, hier ist Frank Vossberg, bei mir ist heute Nacht eingebrochen worden, bitte kommen Sie rasch.«

»Es kommen gleich zwei Beamte zu Ihnen und schauen nach dem Rechten«, erwiderte eine beruhigende Stimme am anderen Ende der Leitung.

Ihm wurde klar, dass er die Physiotherapie absagen und telefonisch einen neuen Termin vereinbaren musste. Benommen ging er durch das ganze Haus.

Ich muss mich anziehen, bevor die Polizei da ist, dachte er, als er sich mit dem Handtuch um die Hüften an dem großen

Spiegel im Flur vorbeigehen sah. Auf dem Weg zurück ins Schlafzimmer stellte er fest, dass in seinem Arbeitszimmer der Laptop fehlte, die Schreibtischschubladen standen weit auf und waren durchwühlt. Seine Münzsammlung, die er als Notgroschen für schlechte Zeiten zusammengekauft hatte, war auch verschwunden, ebenso sein iPhone und die Kassette mit jenem Rest des Familienschmucks, der ihm nach der Scheidung von Brita geblieben war. Er schaute in die Schubladen und schluchzte. Der Gedanke, dass Fremde so dreist in seine Privatsphäre eingedrungen waren, war ihm unerträglich.

Schweißperlen traten auf seine Stirn, und er begann so stark zu schwanken, dass er sich an einer der Schubladen festhalten musste. Dann überkam ihn ein Gedanke, groß und mächtig: Das überstehe ich nicht. Ich werde sterben! Er wankte zu dem Kästchen in der Küche, in dem er seine Medikamente aufbewahrte, und brach eine Tablette Bisoprolol[3] aus dem Blister.

»Damit nicht zum zweiten Mal eine Ader in Ihrem Gehirn platzt«, hatte der Arzt gesagt, als er ihm das Medikament, einen blutdrucksenkenden Betablocker, verschrieb.

Er setzte sich auf den gelben Stuhl in seiner Küche und wartete auf die Polizei. Einmal mehr erinnerte er sich an die furchtbaren Schmerzen in der Turnhalle. Obwohl ihm die Ärzte erklärt hatten, dass das Gehirn selbst schmerzunempfindlich sei und die Schmerzen, die ihn niedergerungen hätten, dadurch entstanden seien, dass das Blut aus der geplatzten Arterie die empfindlichen Hirnhäute gereizt habe, war er sich in diesem Moment sicher, den Clip in seinem Kopf zu spüren. Er meinte, genau sagen zu können, wo dieses Stück Metall saß, das einen neuen Hirnschlag verhindern sollte, und er spürte, wie es durch den Druck des pulsierenden Blutes abzurutschen begann, sich immer mehr von der Arterie löste, die ein zweites Mal platzen und ihn gänzlich vernichten würde.

Mit pochendem Kopf stand er auf und ging zur Eingangstür, damit die Polizeibeamten das Haus betreten konnten, auch wenn er komatös auf dem Boden liegen würde. Da bemerkte er, dass sein Autoschlüssel nicht wie gewöhnlich auf der Kommode lag. Als er die Haustür öffnete, sah er den leeren Carport. Sein neuer BMW, noch lange nicht abgezahlt, war verschwunden.

Frank Vossberg schloss erschüttert die Tür.

»Fassen Sie bitte nichts an«, hatte der Polizist am Telefon gesagt, »wegen der Spurensicherung.«

Sei's drum, dachte er. Einen Kaffee würde er wohl noch trinken dürfen. Er schenkte sich ein. Mit der dampfenden Tasse in der Hand ging er zum Fernsehsessel, zog die Blutdruckmanschette seines elektronischen Gerätes um seinen Oberarm und drückte auf LOS. Das Gerät begann zu arbeiten, pumpte sich auf, piepte schließlich. 150 systolisch, der erste Wert, und 100 diastolisch[4], der zweite Wert. Viel zu hoch, so hoch war sein Blutdruck lange nicht mehr gewesen! In der Klinik hatte man ihm eingeschärft, stets auf einen normalen Blutdruck zu achten.

Wenn die Polizei kam, durfte er sich auf gar keinen Fall aufregen. Er schluckte vorsichtshalber noch eine Tablette, setzte sich an seinen ausgeraubten Schreibtisch und trank von dem Kaffee, der bitter schmeckte, da er ihn schwarz und ungesüßt gelassen hatte. Im Garten sah er den Inhalt seiner Brieftasche wie Treibgut herumliegen und bemerkte, dass einige der Vasen, die zuvor auf dem Fensterbrett gestanden hatten, nun ordentlich aufgereiht in dem Beet vor dem Haus lagen. Waren die Einbrecher überrascht worden? Waren ihnen die Vasen im Weg gewesen? Immerhin schienen sie nicht zerschmettert zu sein. Die Diebe hatten wohl keinen Lärm machen und ihn nicht aufwecken wollen.

Als es an der Haustür klingelte, stand er auf und öffnete. Vor ihm standen zwei Polizeibeamte. An ihren Gürteln prangten demonstrativ die Dienstpistolen. Hinter den Gardinen der Nachbarn gegenüber bemerkte er eine Bewegung. Der Streifenwagen, der vor dem jetzt verwaisten Carport stand, hatte wohl Aufmerksamkeit erregt. Wären sie besser in der letzten Nacht so neugierig gewesen, dachte er verbittert.

Mit forschendem Blick gingen die Beamten im Hause umher, schrieben in Notizblöcke und fertigten Skizzen an.

»Gleich kommt jemand von der Kriminalpolizei, der wird sich um die Details kümmern«, sagte der Stämmigere der beiden.

Tatsächlich klingelte es kurze Zeit später wieder an der Tür, und ein stark schwitzender und erschöpft dreinblickender Mann mit verwaschener Jeansjacke und brauner Cordhose stand vor Frank Vossberg.

»Matschke, Kriminalkommissar«, sagte er und drückte mit seiner feuchten Hand Vossbergs Rechte.

Als der Kommissar die offene Terrassentür sah, meinte er: »Einen Moment, ich muss ein dringendes Telefonat erledigen.«

Er ließ Vossberg stehen, trat auf die Veranda, tippte eine Nummer in sein Handy und ging telefonierend im Garten auf und ab.

»Das ist ja wohl die Höhe«, hörte Vossberg ihn rufen. »Ich sitze hier bei diesem verwirrten Lehrer, und keine Sau ist bereit, Unterstützung zu schicken. Ich brauche hier eine Spurensicherung, hier sind … Wie bitte? Was soll das heißen, das hat sowieso keinen Sinn? Das wird ein Nachspiel haben, das könnt ihr mir glauben!«

»Gibt es Schwierigkeiten, Herr Matschke?«, fragte Vossberg vorsichtig, als der Kommissar das Telefonat beendet hatte.

Allmählich verlagerte sich das Brennen von der Oberfläche seines Kopfes in das Schädelinnere. Frank Vossberg war sich sicher, dass der Clip in seinem Hirn kurz davor war, von der Arterie abzurutschen, und er jede Sekunde dem verschwitzten Kommissar in die Arme sinken würde. Gleichzeitig stellte sich im Inneren seines Kopfes ein Vibrieren ein, so als wäre ein Zahnarzt mit seinem hochfrequenten Bohrer in die Tiefen seines Gehirns geraten. Trotzdem riss er sich zusammen.

»Kann ich Ihnen einen Kaffee bringen?«, fragte er den Kommissar.

»Ja, Kaffee wäre gut, gleich kommt die Spurensicherung.«

Doch die Spurensicherung kam nicht.

Nachdem er dem Kommissar eine Tasse heißen Kaffee gebracht hatte, stand Vossberg etwa eine Viertelstunde neben dem Kriminalbeamten auf der Veranda und fühlte dem Pochen in seinem Schädel nach.

»Ich glaube, ich rufe meinen Anwalt an«, sagte Frank Vossberg zu dem erstaunten Kommissar.

Er wählte Freddy Wempkes Handynummer, den er vom Fitnessstudio her kannte.

Es meldete sich der Empfang der Kanzlei Wempke und Partner. Kurz darauf hatte er den Anwalt am Apparat. In gewohnt forscher Art beruhigte der alte Freddy ihn: »Frank, als Erstes atmest du tief durch, es gibt Schlimmeres als einen Einbruch, das passiert in unserer Stadt jede Nacht mehrere Male. Verglichen mit dem Schlaganfall, den du gerade erlitten hast, ist das eine Lappalie, hörst du?«

Frank Vossberg seufzte: »Schon klar, schon klar … Aber die machen gar nichts, stehen nur blöd rum und warten.«

»Lass sie nicht gehen. Die Polizei ist verpflichtet, die Spuren zu sichern. Wenn es heute Nacht mehrere Einbrüche gegeben hat, kann es dauern, bis sie da sind, aber lass dich nicht abwimmeln. Übrigens, sag dem Beamten, dass dein BMW ein GPS hat, damit kann man das Fahrzeug orten. Ruf bei BMW an, die werden dir sagen, was zu tun ist.« Vossberg bedankte sich bei Freddy Wempke und legte auf.

Dann wählte er die eingespeicherte Nummer der BMW-Niederlassung.

»Ah, Herr Vossberg«, meldete sich eine freundliche Stimme.

Vossberg berichtete, was vorgefallen war.

»Was, das schöne neue Auto, schon gestohlen? Für die GPS-Ortung brauchen wir eine Genehmigung der Polizei, die ist ja, wenn ich es recht verstehe, gerade in Ihrem Haus. Ohne Genehmigung können wir aus Datenschutzgründen leider nichts machen.«

Vossberg ging in den Garten, wo der Kriminalbeamte erneut mit seinen abwesenden Kollegen telefonierte.

»Ich bin kurz davor, den Scheiß hier hinzuschmeißen und mich krankzumelden!«, rief er gerade, bevor Vossberg ihn vorsichtig ansprach.

»Entschuldigen Sie bitte, ich habe gerade mit meinem Anwalt gesprochen, und mit der BMW-Niederlassung. Es wäre möglich, das geklaute Fahrzeug zu orten, es hat nämlich GPS an Bord. Sie müssten da nur zustimmen, dann kann BMW das veranlassen.«

Der Kriminalkommissar schaute Vossberg an, als wäre er aus einer geschlossenen Anstalt entlaufen.

»Ich rufe gleich zurück, Rudi, hier gibt es Probleme«, sagte er und steckte das Handy in die Hosentasche.

»Also, eine Ortung über GPS geht nicht so ohne Weiteres, Verstoß gegen Landesgesetze. Auch ein Einbrecher hat ein Recht auf Privatsphäre, ob Sie's glauben oder nicht«, sagte er und blickte Frank Vossberg streng an. »Ja, da schauen Sie. Aber so ist es nun mal, und ich kann da nichts machen.«

Frank Vossberg spürte den Bohrer in seinem Kopf intensiver. Er zwang sich, ruhig zu bleiben.

»Wollen Sie mir sagen, Sie lehnen es ab, mein Fahrzeug zu

orten, weil Sie die Privatsphäre der Verbrecher schützen wollen?«

Der Kommissar sah ihn besorgt an und ergriff seine Schulter:»Herr Vossberg, jetzt regen Sie sich mal bloß nicht auf.«

Frank Vossberg holte tief Luft und wollte gerade zu einer Entgegnung ansetzen, als der Kommissar ihn plötzlich anbrüllte:»Nicht aufregen, habe ich gesagt, ruhig bleiben.« Vossberg spürte den warmen Atem des Kommissars im Gesicht. Fassungslos wandte er sich ab und rief erneut seinen Anwalt an.

»Das gibt es doch nicht«, meinte Freddy empört,»von so einem Gesetz ist mir nichts bekannt. Ich rufe im Innenministerium an und lasse das klarstellen!«

In der Zwischenzeit hatten sich die beiden uniformierten Beamten verabschiedet, und Kriminalkommissar Matschke war alleine mit Vossberg zurückgeblieben. Nach einiger Zeit klingelte sein Handy, er ging während des Gesprächs wieder hinaus in den Garten, kam dann aber rasch zurück und blaffte Frank Vossberg an:»Also passen Sie auf: Wenn Sie bis zum Innenministerium gehen, um sich über mich zu beschweren, dann wird das hier erst recht nichts!«

Vossberg hob entschuldigend die Hände.

»Herr Matschke, ich habe mich nicht über Sie beschwert, ich habe nur über meinen Anwalt die Sachlage klären lassen. Allerdings muss ich zugeben, dass ich tatsächlich nahe daran bin, mich über Sie zu beschweren. Bis jetzt haben Sie überhaupt noch nichts gemacht, außer Kaffee zu trinken, zu warten und in meinem Garten zu telefonieren. Sie hätten ja den Tathergang schon aufnehmen können, oder Ähnliches.«

Der Kommissar seufzte.»Passen Sie auf, guter Mann: Ich warte auf den Erkennungsdienst. Solange der nicht eingetroffen ist, kann ich gar nichts machen. Ich kann hier auch nicht weg, weil Sie als gefährdete Person gelten. Sie kann man nicht allein lassen, in Ihrem Zustand.«

»In welchem Zustand?«, fragte Frank Vossberg irritiert.

»Sehen Sie? Jetzt regen Sie sich wieder auf. Bleiben Sie ganz ruhig, ganz ruhig, um Himmels willen, ganz ruhig, haben Sie verstanden?«

Frank Vossberg traute seinen Ohren nicht. Wusste die Polizei etwa über den Clip in seinem Kopf Bescheid? Wie konnte das sein?

Vossberg riss sich zusammen.

»Herr Matschke«, wandte er sich in sachlichem Tonfall erneut an den Kommissar, »was ist jetzt mit der GPS-Ortung?«

»Ach, Sie mit Ihrer Ortung!«, schnaubte der Kommissar. »Wissen Sie, was die Diebe als Erstes tun? Die bauen den Chip aus.«

»Aber es besteht doch immerhin eine kleine Chance, sie zu schnappen, wenn man weiß, wo sie sind. Ich bestehe darauf!«

Der Kommissar sah Vossberg mit großen Augen an: »Sie haben hier auf gar nichts zu bestehen, hier gehen die Ermittlungen ihren klassischen Gang. Sie sind ein klassischer Fall, also wird klassisch ermittelt, verstehen Sie?«

Frank Vossbergs Telefon klingelte.

»Hier Freddy, wie ist es denn weitergegangen? Hat die Polizei das GPS endlich freigegeben?«

Der Kommissar näherte sich Vossbergs Telefonhörer und rief: »Wiegeln Sie bloß das Opfer nicht auf, Herr Rechtsanwalt! Sie brauchen auch nicht noch mal in Schwerin anzurufen! Was glauben Sie eigentlich, wer Sie sind?«

»Was ist das denn für ein Vogel?«, empörte sich Wempke auf seine hemdsärmelige Art. »Wie laufen die Ermittlungen, Frank?«

»Es wird noch gar nicht ermittelt, der Kommissar wartet auf die Spurensicherung«, antwortete Vossberg resigniert.

»Das ist Verleumdung!«, rief der Kommissar aus dem Hintergrund.

»Frank, der Typ ist ja nicht ganz dicht, ich werde mich über ihn beschweren. Ich würde auch gerne kommen, aber ich habe einen Gerichtstermin. Wenn du etwas brauchst, ruf in meiner Kanzlei an ...«

Die Beamten der Spurensicherung trugen weiße Overalls, blaue Überschuhe und Haarnetze. Sie bestreuten die vom Fensterbrett entfernten Gegenstände mit einem klebrigen schwarzen Pulver und zogen mit Folien die Fingerabdrücke ab. Außerdem wurden Fotoaufnahmen gemacht, und man fertigte ein Protokoll an. Die Professionalität der Beamten wirkte beruhigend auf Vossberg. Vor allem die junge Frau, die selbst in dem unförmigen Overall aussah, als sei sie ein Model von Karl Lagerfeld, tat ihm gut. Sie erklärte ihm, dass schon mehrere Häuser in der Stadt nach dem gleichen Muster ausgeraubt worden seien. Erst würden die Gewohnheiten der Opfer detailliert ausgespäht, dann erfolge der Einbruch. Immer in Häuser ohne Alarmanlage.

Vossberg empfand ein unheimliches Gefühl bei dem Gedanken, dass er mehrere Tage lang Ziel einer Observation gewesen sein musste. Die Gewissheit, dass Fremde in seinem Haus gewesen waren, während er selig geschlafen hatte, wurde ihm noch unangenehmer. Wie könnte er sich jemals wieder in sein Bett legen und sich sicher fühlen? Der Schlaf war ein Zustand der Hilflosigkeit, in dem man darauf vertrauen musste, dass man nicht bedroht war, ansonsten konnte man nicht loslassen und in die Träume gleiten.

Was wäre passiert, wenn die Einbrecher in der unteren Etage nicht genug Beute gefunden hätten und in sein Schlafzimmer eingedrungen wären, um weiterzusuchen? Ein Schlag auf den Kopf, der Clip wäre verrutscht, und es wäre um ihn geschehen gewesen.

Als er endlich wieder alleine war, ließ er sich erschöpft in einen Sessel im Wohnzimmer sinken. Die Kaffeetasse in seiner Hand zitterte, und er starrte auf die Regalwand gegenüber. Vor Britas Auszug war sie vollgestopft gewesen mit Reiseliteratur, Kochbüchern und Romanen. Jetzt klafften erhebliche Lücken, und das Regal sah leer und ausgeräumt aus. Brita hatte vieles mitgenommen, was eigentlich ihm gehört hatte. Die kompletten Bände seines Lieblingsautors Henning Mankell zum Beispiel oder die Reiseführer von Südamerika. Dabei hatte er die Südamerika-Reisen lange vor ihrer Zeit unternommen. Und jetzt auch noch der Einbruch. Ihm war, als sei er zweimal ausgeraubt worden. Dass Brita ihn verlassen hatte, war allerdings schon über ein Jahr her. Nach einem kurzen, aber heftigen Drama war sie ausgezogen. Sie hatte herausgefunden, dass er seit geraumer Zeit ein Verhältnis mit einer jungen Referendarin gehabt hatte. Dabei war es nicht einmal das erste Mal gewesen, dass Frank fremdgegangen war.

Für ihn war die Eroberung einer Frau eine der vielen sportlichen Disziplinen, die er mit Energie und Durchhaltevermögen betrieb. Mit Liebe hatte das nichts zu tun. Brita und er hatten keine Kinder gehabt, das machte die Trennung immerhin leichter. Auch hatte er nach einer kurzen Trauerphase begonnen, das Dasein als Single durchaus zu genießen. Die Vorteile lagen auf der Hand: Niemand wartete auf ihn, und er war niemandem Rechenschaft schuldig. Dies war ein durchweg wunderbarer Zustand, fand er. Zunächst hatte er sich einen Urlaub in Thailand gegönnt. Damals war er allerdings noch gesund gewesen und hatte keinen Clip im Kopf gehabt.

Inzwischen wurde ihm immer klarer, dass er Britas Mitgefühl ganz gut gebrauchen könnte. Auch wenn er es sich kaum hatte eingestehen können, hatte er Brita im Krankenhaus täglich vermisst. Nach dem Erwachen aus der Narkose, einen riesigen Verband um den glattrasierten Kopf, umgeben von piepsenden Überwachungsgeräten, hatte er mit seiner linken, nicht gelähmten Hand automatisch am Bettrand entlanggetastet und nach ihrer Hand gesucht. Er vermisste den ruhigen Blick ihrer braunen Augen und ihren Optimismus: »Wird schon«, hatte sie immer gesagt, wenn das Gefühl in ihm hochstieg, vor einem unüberwindlichen Hindernis zu stehen.

Doch Brita war nicht gekommen. Nicht ein einziges Mal. Ob sie überhaupt Bescheid wusste? Seit dem Schlaganfall fühlte er sich hilfsbedürftig und allein, und er war mehrmals kurz davor gestanden, sie anzurufen und zu überreden, zu ihm zurückzukehren.

Während er auf das halbleere Regal starrte, wurde sein Hass auf die unbekannten Einbrecher immer größer, so als würde sein Körper allmählich von einer toxischen Substanz durchsetzt. Er stellte sich vor, was passiert wäre, wenn er heute Nacht von den Geräuschen der Einbrecher wach geworden wäre. Er hätte den Baseballschläger ergriffen, den er bei einem deutsch-amerikanischen Sportfest überreicht bekommen hatte, und wäre die Treppe hinuntergegangen, bereit zu kämpfen und sein Eigentum zu verteidigen.

In einer Ratgebersendung im Fernsehen, die er kürzlich gesehen hatte, war zwar geraten worden, sich im Falle eines Einbruchs ruhig zu verhalten und auf gar keinen Fall die Aufmerksamkeit der Einbrecher auf sich zu lenken. Doch was für ein armseliger Schlappschwanz musste man sein, um sich im Schlafzimmer in seinem Bett zu verkriechen, während unten im Haus der eigene Besitz abtransportiert wurde?

Vor seinem inneren Auge schlug er einem der Kerle die große chinesische Vase aus dem Flur über den Schädel, und sie zersplitterte in tausend Stücke. Diese Fantasie tat ihm gut. Langsam gewann er wieder Struktur und fühlte sich nicht mehr so wehrlos und schwach. Die heißen Wogen des Hasses in ihm wurden schwächer, das Zittern in seiner Hand ließ nach.

Die Platanen im Garten warfen lange Schatten auf die Veranda. Irgendwo knatterte ein Rasenmäher. Das war der Moment, in dem Frank Vossberg beschloss, sich an den Einbrechern zu rächen. Doch als Erstes musste er sein Haus sichern. Gleich morgen würde er sich mit einem der Spezialisten in Verbindung setzen. Er maß seinen Blutdruck. 135 zu 90, gar nicht so übel, bei der Aufregung.

Vor geraumer Zeit hatte er sich eine Blutdruck-App für sein iPad besorgt, jetzt konnte er das Blutdruckprofil des gesamten Tages auf dem Schirm vor sich sehen. Der Schirm zeigte grünlich fluoreszierend die letzten fünfzehn Messwerte als Kurve an, dem steilen Anstieg am Morgen folgte die Normalisierung. Jetzt waren die Werte systolisch und diastolisch[4] wieder im Normbereich. Das gab ihm das Gefühl, Herr der Lage zu sein und alles unter Kontrolle zu haben.

In diesem Moment klingelte es erneut an der Haustür.

»Hauptkommissar Block, vom Dezernat Einbruch«, stellte sich ein Männchen mit struppigem rötlichen Haar und faltigem Gesicht vor. »Entschuldigen Sie die Störung, aber Sie müssen hier noch unterschreiben, dass Sie mit der Ortung Ihres gestohlenen BMWs einverstanden sind. Wir werden dann das Dokument an BMW weitergeben, und es kann losgehen.«

Frank Vossberg starrte den Beamten an, als wäre er ein Gespenst. Er konnte nicht anders, als ihn anzubrüllen: »Sie haben wohl den Verstand verloren! Der Einbruch ist fünfzehn Stunden her, und da kommen Sie mit diesem Wisch? Das hat doch jetzt keinen Sinn mehr, die sind doch schon längst in der Taiga oder sonst wo!«

Erregt kritzelte er seine Unterschrift auf das Formular und schloss die Tür hinter dem Beamten. Schwer atmend nahm er wieder sein Blutdruckmessgerät und drückte auf den LOS-Knopf, 195 zu 110. Viel zu hoch, höher als 140 durfte es auf keinen Fall sein. Sonst war er bald wieder reif für die Intensivstation. Um sich zu beruhigen, nahm er eine Kapsel Baldrian. In diesem Moment tat es ihm leid, dass er den Beamten so angebrüllt hatte. Aber dachte eigentlich auch einmal jemand an ihn?

In dieser Nacht schlief Frank Vossberg unruhig, in seinen Träumen platzten die Arterien in seinem Gehirn, schwarzes Blut pulsierte ihm aus Nase und Ohren und saugte sich in die weißen Laken, während vermummte Polizisten seine Möbel zu einem Lastwagen schleppten. Er lief ihnen nach, die Vermummten zogen die Revolver, Schüsse fielen. Er erwachte. Baldrian reichte nicht aus, er brauchte etwas Stärkeres, er musste morgen unbedingt zum Arzt. Auf keinen Fall durfte er jetzt durchdrehen, er musste einen kühlen Kopf bewahren und darauf vorbereitet sein, dass die Schweine wiederkommen würden. Keuchend ging er ins Bad, um ein Glas Wasser zu trinken.

Im Wohnzimmer machte er alle Lichter an. Die Vasen standen wieder auf dem Fensterbrett. In dem schwarzen Staubfilm auf der Rosenthal-Vase, die Brita und er seinerzeit zur Hochzeit geschenkt bekommen hatten, waren Fingerabdrücke zu sehen. Ob sie einem der Einbrecher gehörten? Oder waren es seine eigenen?

Auf dem Boden neben der Couch, am Rande des Teppichs bemerkte er eine Reflexion. Er bückte sich und hob einen kleinen silbernen Fisch auf. Es war ein Ohrring. Vossberg stellte sich einen Einbrecher vor, der einen Fisch am Ohrläppchen hängen hatte. Wie lächerlich, durchfuhr es ihn, ein Einbrecher mit Ohrring. Wieder stieg Hass in ihm auf, und er gab sich den Fantasien hin, die mit ihm kamen: zupacken, den Hals mit einem Messer abtrennen, den abgeschnittenen Kopf mit Verachtung in einen Papierkorb werfen, fertig, Fall erledigt, Ruhe im Viertel.

An dem Tag, als Frank Vossberg in meine Sprechstunde kam, hatte ich einen Termin mit der Controlling-Abteilung unserer Verwaltung, es ging um die Verbesserung der Zusammenarbeit mit den Krankenkassen, die den Aufenthalt der Patienten in unserer Klinik bezahlten.

»Hoffentlich bleibt genug Zeit vor dem Termin in der Verwaltung«, sagte ich zu meiner Sekretärin Frau Sommer, als ich sah, dass ein zusätzlicher Patient in der Sprechstunde angemeldet war.

»Das ist Herr Vossberg, der Sportlehrer meines Sohnes«, sagte Frau Sommer, »ich habe ihm gesagt, dass Sie nur wenig Zeit hätten. Er meinte, er habe nur eine Frage, es würde nicht lange dauern.«

Damit es schneller ging, holte ich Herrn Vossberg im Wartebereich ab.

Würde man einen Spielfilm über eine Schule drehen wollen, zum Beispiel eine Neuauflage der »Feuerzangenbowle«, dann wäre Frank Vossberg die Idealbesetzung für den Sportlehrer. Er sah aus wie ein in die Jahre gekommener Olympionike, schlank, Puma-Trainingsjacke, graumeliertes, kurzgeschorenes Haar, kantiges Gesicht und an den Füßen blütenweiße Sneakers.

Er begrüßte mich mit festem Händedruck und sagte noch auf dem Gang: »Vielen Dank, dass Sie heute Zeit für mich haben, ich brauche dringend Ihren Rat.«

Als er mir wenig später gegenübersaß, fiel die Lockerheit, die er draußen eben noch zeigte, von ihm ab wie ein Umhang, den er abgestreift hatte. Er sah mich unsicher und ängstlich an und fummelte unentwegt an dem Bändchen einer kleinen Herrenhandtasche herum, die er um seine Schulter trug und die seltsam altmodisch auf mich wirkte. Unter seinem linken Arm klemmte ein prall gefüllter Leitz-Ordner voller Dokumente.

Er setzte sich aufrecht auf den Besucherstuhl, räusperte

sich und sagte mit fester Stimme: »Ich bin vor etwas mehr als vier Wochen hier im Klinikum an einem Aneurysma operiert worden, jetzt möchte ich wissen, ob der Clip in meinem Gehirn sicher sitzt oder ob die Gefahr besteht, dass er wegrutscht und ich wieder eine Gehirnblutung bekommen kann.« Ich blickte ihn fragend an.

»Warum kommen Sie denn damit zu mir? Ich habe Sie nicht operiert«, antwortete ich, zwar sehr direkt, aber ehrlich interessiert.

Um Vossberg zu beruhigen, fügte ich hinzu: »Ich gehe einmal davon aus, dass der Clip lebenslang hält. Dass ein Clip abrutscht, mag theoretisch möglich sein, aber ich habe es noch nie erlebt.«

»Ich habe gelesen, dass es durchaus vorkommt«, meinte Frank Vossberg.

Er rückte näher: »Die Sache ist nämlich folgende: Ich habe eine Mission zu erfüllen. Ich werde unsere Stadt von dem Geschwür des Einbruchsdiebstahls befreien. Jeder glaubt, er kann sich nehmen, was er will. Niemand ist mehr in seinen vier Wänden sicher, es ist nicht nur unser Eigentum gefährdet, sondern auch unser Leben und unsere Gesundheit sind in Gefahr. Es ist höchste Zeit, dem ein Ende zu setzen. Um meine Aufgabe erfüllen zu können, brauche ich aber Ihre Bestätigung, dass ich nicht bei der nächsten Aufregung zusammenbreche.«

»Lieber Herr Vossberg«, entgegnete ich, nun doch etwas ungeduldig. »Ich habe Sie terminlich dazwischengequetscht, weil ich dachte, dass Sie ein akutes neurologisches Problem haben. Über die Einbrüche in unserer Stadt wollte ich mit Ihnen eigentlich nicht diskutieren.«

Er beugte sich über den Schreibtisch und fegte beinahe die kleine Glasskulptur eines polnischen Künstlers zu Boden, die ich bei der Weihnachtsauktion des Kunstvereins ersteigert hatte. Ich nahm mir vor, sie von dort zu entfernen, damit sie nicht eines Tages von einem erregten Patienten als Wurfgeschoss gegen mich verwendet werden konnte.

»Sie wohnen doch in der neuen Eigenheimsiedlung am Kloster, ich weiß das, weil einer meiner Kollegen Ihr Nachbar ist. Dort ist doch bereits auch mehrmals eingebrochen worden. Oder täusche ich mich?«

Er starrte mich mit einem hypnotischen Blick an, seine Pupillen waren ganz weit, so als hätte er Kokain geschnupft. Ich tastete mit meiner linken Hand so unauffällig wie möglich nach dem tropfenförmigen Glasobjekt, um es mit den Fingerspitzen weit weg an den Rand des Schreibtischs zu manövrieren.

»Haben Sie keine Angst vor Einbrechern?«, fragte er weiter.

»Wir haben eine moderne Alarmanlage, das beruhigt.«

»Tja«, seufzte er, »das habe ich versäumt. Bei mir haben sie eingebrochen, und ich hatte gar nichts, keine Alarmanlage, keine gesicherten Fenster, gar nichts.«

Vossberg saß nun wieder ruhig im Besuchersessel und sah aus, als habe ihn der Temperamentsausbruch ausgelaugt. Auf seiner Stirn standen kleine Schweißperlen wie feines Kondenswasser.

»Kommen Sie, ich messe erst einmal Ihren Blutdruck«, sagte ich, stand auf und legte die Blutdruckmanschette um seinen muskulösen Arm.

Ich pumpte auf.

»Ihr aktueller Blutdruck beträgt 150 zu 98. Das ist nicht lebensgefährlich, aber immerhin zu hoch. Der erste Wert darf nicht über 140 sein. Am besten, er liegt bei 130 und darunter. Der zweite Wert darf nicht über 90 sein. Sie brauchen vor allem Ruhe, Herr Vossberg.«

Frank Vossberg sah mich so ungläubig an, als hätte ich ihm gerade erklärt, dass er die nächsten Monate von Kopf bis Fuß eingegipst verbringen müsste.

»Ruhe? Ich und Ruhe? Während ich seelenruhig in meinem Bett geschlafen habe, sind Verbrecher in mein Haus eingedrungen. Sie könnten jeden Augenblick wiederkommen! Die Polizei zeigt kein Interesse daran, den Fall aufzuklären. Täglich werden in unserer Stadt Wohnungen und Häuser ausgeräumt, da muss man sich doch kümmern!«

Er schaute mich eindringlich an: »Ich kann nicht ruhig sein, ich muss etwas tun!«

»Ich verstehe«, lenkte ich ein. »Aber Sie müssen mir jetzt wirklich sagen, was ich für Sie tun kann. Sie sind in der hiesigen Neurochirurgie mit Erfolg operiert worden, und Ihnen geht es ausgezeichnet. Sie können wieder ganz normal sprechen und Ihre Gliedmaßen bewegen. Der Einbruch bedeutete zwar Stress für Sie, aber prinzipiell hat er nichts mit Ihrer Vorerkrankung zu tun. Außerdem teile ich Ihre Skepsis gegenüber unserer Polizei nicht, ich glaube, sie tut ihr Möglichstes.«

»Ich war schon mehrmals bei Prof. Schneider, dem Neurochirurgen. Aber der versteht noch nicht einmal, was ich von ihm will.«

Vossberg legte seinen Aktenordner auf den Tisch und deutete auf die Fotokopie des Operationsberichts.

»Hier steht, ich zitiere: ›Freilegung eines 0,6 mm im Durchmesser messenden Aneurysmas. Das Aneurysma stellt sich mit breiter Basis dar. Es wird versucht, einen Clip über den Fuß zu setzen, zunächst wegen des ungünstigen Zugangs ohne Erfolg, dann gelingt es.‹ Da haben wir es!«, rief Vossberg plötzlich aus. »Der Clip sitzt nur provisorisch, er kann jeden Moment abrutschen, wenn mein Blutdruck ansteigt, zum Beispiel bei Stress – plopp –, geht er ab, und ich bekomme eine zweite Blutung.«

»Offensichtlich muss ich Ihnen, um Sie zu beruhigen, einige wichtige Tatsachen in Bezug auf den Hirnkreislauf erläutern.«

Ich nahm ein weißes Blatt Papier, um meine Erläuterungen zu illustrieren.

»Sie müssen wissen, dass die Nervenzellen unseres Gehirns einen enormen Sauerstoffbedarf haben. Sie sind so empfindlich und sensibel, dass sie Schwankungen im Sauerstoffangebot überhaupt nicht gut vertragen. Deshalb besitzt das Gehirn einen eigenen, vom allgemeinen Körperkreislauf unabhängigen Kreislauf. Dieser Mechanismus wird Autoregulation genannt. Im Bereich der Halsarterien gibt es Druckmesser, die ständig den allgemeinen Blutdruck im Körperkreislauf messen. Wenn dieser bei Anstrengung oder bei Aufregung ansteigt, dann ziehen sich im Gehirn spezielle Adern zusammen, sodass der Druck im Hirnkreislauf konstant bleibt. Wenn im Körper der Blutdruck abfällt, dann kommt es zu einer Erweiterung dieser Arterien, damit die Menge des im Gehirn zirkulierenden Blutes immer die gleiche ist. Das heißt, der Blutdruck im Gehirn ändert sich trotz Schwankungen des Körperblutdruckes so gut wie gar nicht, und die Gefahr, dass Ihr Clip abrutscht, wenn Sie sich einmal aufregen, ist äußerst, ich wiederhole, äußerst gering.«

»Heißt dies, dass ich überhaupt keine Angst haben muss?«, fragte Vossberg verwundert.

»Im Prinzip heißt es das. Sie können alles machen, was Sie wollen, Sie dürfen nur nicht übertreiben. Wenn der Blutdruck ganz extrem ansteigt, versagt die Autoregulation[4]. Ein Klavier würde ich an Ihrer Stelle nicht mehr transportieren.«

Meine Ausführungen schienen Vossberg tatsächlich zu entspannen. Ich hoffte, dass er nun gehen würde, doch anscheinend hatte er noch etwas auf dem Herzen.

»Herr Professor, Sie sind Arzt, ich kann Sie doch auch persönliche Dinge fragen? Wie ist es mit Sex? Ich lebe zwar getrennt, aber ich glaube, eine der Physiotherapeutinnen hat einen Blick auf mich geworfen, und dieses einsame Herumsitzen macht mich ganz depressiv.«

»Das, was ich allgemein über die Autoregulation des Gehirns gesagt habe, gilt selbstverständlich auch für Fälle sexueller Aktivität«, beruhigte ich ihn. Dann fuhr ich fort: »Sie müssen nicht dasitzen und jede halbe Stunde den Blutdruck messen, das bringt gar nichts. Sie sollten ihn ein-, zweimal täglich kontrollieren, anhand dieser Werte wird dann der Trend Ihres Blutdruckes festgestellt und die Therapie eingestellt.«

Er erhob sich und stand eine Zeitlang unschlüssig vor meinem Schreibtisch, wobei er auf den nagelneuen Turnschuhen wippte, sodass auf dem Parkettboden ein quietschendes Geräusch entstand. Dann senkte er den Blick und nahm die polnische Glasskulptur in die Hand.

»Schön ...«, sagte er, »dabei so einfach, im Inneren ist auch noch etwas zu sehen. Es ist wie ein Geheimnis.«

Ich stand auf, ging um den Schreibtisch herum und nahm ihm vorsichtig das Glasobjekt aus der Hand, einerseits beeindruckt von seiner Feinfühligkeit, die sich so unerwartet offenbarte, andererseits dachte ich an meine Befürchtung, das schwere Glas könnte als Wurfgeschoss missbraucht werden.

Da ging zum Glück die Tür auf, und Frau Sommer sagte tadelnd: »Sie müssten schon längst in der Verwaltung sein.«

»Herr Vossberg, ich muss los. Kommen Sie ruhig wieder, wenn Sie Bedarf haben, messen Sie ab und an Ihren Blutdruck, und wir sehen uns die Werte gemeinsam an. In Ordnung?«

Frank Vossberg sah befriedigt in die Runde. Nach der Ankündigung in der Lokalzeitung waren über neunzig Interessierte in das Restaurant Klostergarten gekommen. Der Raum, in dem ansonsten Square Dance getanzt wurde, war brechend voll. An den Wänden hingen gerahmte Drucke von Fischerbooten und ein Gruppenbild von Mitgliedern des Tanzclubs, die Herren mit Cowboyhut, die Damen in Petticoats.

Vossberg hatte diese Veranstaltung zum Thema »Sicherheit in unserer Stadt« organisiert. Er stützte sich mit den Armen auf einem Stehpult ab und hielt eine Rede, in der er sowohl die Bedrohung der Bürger durch Diebe als auch die Unfähigkeit der Polizei anprangerte. »Auch Diebe haben ein Recht auf ihre Privatsphäre«, zitierte er genüsslich den Kommissar. Die Tatsache, dass die Fahndung nach seinem gestohlenen Fahrzeug erst fünfzehn Stunden nach dem Diebstahl von der Polizei genehmigt worden war, erntete ebenfalls allgemeines Johlen und Hohngelächter.

Der dicke Wirt strich sich seinen braun gefärbten Mongolenbart und freute sich über den unerwarteten Umsatz. Nur wenn zu laut gebrüllt wurde, beschwichtigte er: »Nicht so laut! Sie können hier nicht einfach die Revolution ausrufen, in meinem Lokal geht das nicht.«

Frank Vossberg rief nicht die Revolution aus, aber er schlug die Gründung der Bürgerinitiative »Sichere Stadt« vor. Und seine Aktion wurde begeistert aufgenommen. Auf Anhieb ließen sich achtunddreißig Mitglieder registrieren, unter anderem der pensionierte Gerichtspräsident Krutzke und ein Allgemeinmediziner aus der Innenstadt, dem bereits zweimal hintereinander der nagelneue Audi vor der Haustür gestohlen worden war.

»Das Ziel unserer Bürgerbewegung ist die Unterstützung der hilflosen Sicherheitsbehörden bei der Prävention von Einbruch und Diebstahl und bei der Verfolgung von Straftätern«, erklärte Vossberg dem aufgeputschten Publikum.

Tags darauf fand der Bericht eines Lokalreporters, der ebenfalls anwesend war, ein starkes Echo in der Bevölkerung, und der Zulauf zur neuen Bürgerinitiative war in den nächsten Tagen enorm. Wenn am folgenden Sonntag Bürgermeisterwahlen wären, würde die Bürgerinitiative »Sichere Stadt« als zweitstärkste Kraft aus den Wahlen hervorgehen, ergab eine Blitzumfrage des Stadtjournals.

Der Polizeipräsident sah sich genötigt, ein langes Interview zu geben, in dem er beteuerte, dass die Polizei ihr Menschenmögliches tue, man allerdings berücksichtigen müsse, dass die Landesregierung fünfhundert Stellen bei der Polizei gestrichen habe. Trotzdem seien die Kollegen sehr engagiert, vor allem im Hinblick auf die Betreuung der Opfer. Ein Opferprogramm sei gerade in Arbeit, damit Geschädigte in Zukunft nach dem Trauma professionell betreut werden könnten.

»Diese Versager«, schrie Frank Vossberg am Sonntag darauf in den Schankraum des Klostergartens. »Die sollen sich nicht nur um die Opfer, sondern erst mal um die Täter kümmern!«

Was folgte, war ein regelrechter Taumel voller frenetischer Reden und aufgeregter Begegnungen.

Vossberg kam es so vor, als wäre in ihm ein Schalter umgelegt worden. Er fühlte sich wieder so lebendig wie vor Monaten, als er noch Marathon gelaufen war, stets bereit, das Optimale aus sich herauszuholen, keinen Stillstand zuzulassen, immer mehr zu leisten. Rasch wurde er zum lokalen Medienstar. Anscheinend traf er bei seinen Mitbürgern einen Nerv. Er gab täglich Interviews. Und jedes Mal, wenn er erzählte, wie der Kriminalkommissar sich habe krankmelden wollen, falls die Spurensicherung nicht sofort komme, bogen sich die Zuhörer vor Lachen.

»So funktioniert unser Rechtsstaat«, wurde er nicht müde zu wiederholen, »wir sind wehrlos, weil die Polizei nicht in der Lage ist, uns zu schützen.«

In den nächsten Wochen organisierte Frank Vossberg eine Bürgerwehr nach amerikanischem Vorbild. Männer aus der Nachbarschaft und Freiwillige aus anderen Stadtteilen liefen Nacht für Nacht mit Stöcken und Schreckschusspistolen bewaffnet Patrouille durch das Viertel. Sie registrierten verdächtige Fahrzeuge und kontrollierten nächtliche Fußgänger.

Einige Male setzten sie Passanten fest und übergaben sie der Polizei. Die Bürgerwehr wurde zu dem Gesprächsthema auf Partys und bei offiziellen Anlässen und bekam in den örtlichen Medien große Aufmerksamkeit geschenkt.

Zwischen ihren Befürwortern und Gegnern kam es zu einer wahren Leserbrief-Schlacht. Viele der Einsender waren der Meinung, dass die Bürgerwehr verboten gehöre, weil sie pure Selbstjustiz sei.

»Natürlich ist es Selbstjustiz, wir müssen das Recht in unsere Hände nehmen, weil die Staatsmacht versagt«, sagte Frank Vossberg dazu anlässlich einer Podiumsdiskussion im Rathaussaal.

Zum Glück war er immer noch krankgeschrieben und musste nicht unterrichten, sodass ihm genügend Zeit blieb, die Einsätze der Bürgerwehr zu koordinieren und selbst auf Streife zu gehen. Wenn er in der Morgendämmerung patrouillierte, die Stimmen der Vögel hörte und in die wenigen beleuchteten Fenster der Küchen und Wohnzimmer seiner Nachbarn schaute, hatte er keinen Zweifel, dass er das Richtige tat: Er kämpfte für eine gerechte Sache und würde keinen Millimeter von seinem Weg abweichen.

Während seiner nächtlichen Gänge kam endlich Ruhe und Frieden über ihn, so intensiv, wie er es vorher nur selten erlebt hatte. Vielleicht hatte er in seinem bisherigen Leben einen falschen Maßstab angesetzt, indem er versuchte, stets der Größte zu sein, der Stärkste, der Schnellste und der Geschickteste. Nach seiner Hirnblutung, dem Desaster seiner Ehe und dem Einbruch waren diese Ziele plötzlich nicht mehr wichtig. Jetzt erst, mit der Bürgerwehr und seiner Öffentlichkeitsarbeit gegen die Stümper bei der Polizei, war er, so schien es ihm, auf dem richtigen Weg. Wenn er durch sein Viertel schritt, fühlte er sich wie ein Westernheld auf staubiger Straße, kurz vor dem Showdown. Konzentriert, geduldig, im Reinen mit sich selbst.

Er wartete, denn er war sich sicher, dass sie kommen würde, die entscheidende Auseinandersetzung mit dem Fischohrring-Mann. Er würde bereit sein.

Doch die Publicity und der Mangel an Schlaf hatten ihren Preis. Abends sank er oft völlig ausgelaugt in seinen Fernsehsessel und schaute ängstlich auf das grünlich schimmernde Display seines Blutdruckgerätes. Zu hoch, der Blutdruck war ständig viel zu hoch. Er musste wieder regelmäßiger die Betablocker nehmen, sagte er sich dann, morgens und abends. Daran musste er sich gewöhnen, er war abhängig von den Produkten der Pharmaindustrie. Doch die unheilvollen Pillen machten ihn noch müder, nicht einmal größere Mengen Kaffee oder Redbull konnten das kompensieren. Und da er eine Mission zu erfüllen hatte, bei der er sich Schlappheit nicht leisten konnte, vergaß er die Pillen immer wieder.

Ihm war bewusst, dass er ein gefährliches Spiel trieb. Aber hatte der Professor ihm nicht versichert, dass der Clip in seinem Kopf halten würde? Außerdem traf er sich nur noch selten mit der Physiotherapeutin Annette, mit der er nach seinem ersten Besuch bei dem Professor, ausgelaugt wie er gewesen war, beinahe täglich Sex gehabt hatte. Die Angst, sich beim Sex zu überanstrengen und so ein Platzen des abgeklemmten Aneurysmas zu provozieren, hatte er rasch in den Griff bekommen. Allerdings war durch die Blutdruck-Medikamente seine Erektion mit der Zeit deutlich schwächer geworden. Er nahm sich vor, darüber einmal mit einem Arzt zu sprechen, aber im Moment musste er sich um Wichtigeres kümmern.

Er hatte eine Sicherheitsfirma beauftragt, eine handybasierte Alarmanlage in sein Haus einzubauen. Wenn eine der Türen oder eines der Fenster geöffnet wurde, ertönte nun eine schrille Sirene im Haus und außerhalb des Hauses. Zusätzlich ging auf seinem Handy per SMS eine Benachrichtigung ein. Seitdem beobachtete er es ständig und wurde nervös, sobald er, wenn auch nur für kurze Zeit, nicht wusste, wo es sich befand.

Als er eines Abends gedankenverloren von einem Treffen der Bürgerbewegung nach Hause kam und die Haustür aufschloss, ertönte das schrille Heulen seiner Alarmanlage, weil er vergessen hatte, vor Betreten des Hauses den Mechanismus zu deaktivieren. Der Nachbar gegenüber schaute aus dem Schlafzimmerfenster und winkte schadenfroh grinsend herüber.

Zunächst waren die Mitglieder der Bürgerwehr paarweise auf Patrouille gegangen. Es war angenehmer, sich auf Streife unterhalten zu können und einander Beobachtungen zuzuflüstern, gemeinsam durch die dunklen Schatten zwischen den schlafenden Häusern zu schreiten. Nachdem jedoch wochenlang kein einziger Einbrecher mit Hilfe der Bürgerwehr gestellt werden konnte und die erwarteten Showdowns mit den Verbrechern ausblieben, wurde das Engagement geringer, und die Lust der Bürgerschützer, die Nächte nicht im wohligen Bett, sondern auf der Straße zu verbringen, schwand. Abend für Abend wurde es schwerer, die Patrouillen doppelt zu besetzen.

Nach weiteren Wochen schließlich kam der Abend, an dem niemand mehr Streife gehen wollte und auch die Standhaftesten sich unter fadenscheinigen Vorwänden bei Frank Vossberg abgemeldet hatten. Ihm blieb nichts anderes übrig, als seine Wachgänge alleine fortzusetzen und, ausgerüstet mit Baseballschläger und Handy, einsam seine Runden durch das schlafende Wohnviertel zu drehen.

So ging er eines Morgens durch das Grau der Dämmerung. Es regnete leicht. Frank Vossberg mochte es, die feinen Tropfen auf seinem Gesicht zu spüren. Sein Weg führte ihn die

Allee entlang, bei den Meiers war wieder der Sohn zu Besuch, sein protziger weißer Porsche stand mitten auf dem Radweg. Er kam häufig von Berlin rüber, wahrscheinlich, um sich von der alten Frau Meier bekochen und seine Wäsche machen zu lassen. Die Bertholds im Stockwerk darüber hatten endlich eingewilligt, einen Gärtner zu engagieren, da Meiers sich schon über den Wildwuchs beschwerten, die Samen des Unkrauts würden auf die Gemüsebeete geweht … Deshalb standen einige Geräte des Gartenbaubetriebs Rondell vor dem Haus. Im nächsten Haus wohnte ein Musikprofessor allein mit seinen zwei Kindern, die Ehefrau war angeblich mit einem Kellner durchgebrannt.

Und dann kam das etwas abseits gelegene Haus der Immobilienmaklerin Kuhnke. Sie war derzeit verreist, das hatte sie der Bürgerwehr extra mitgeteilt, mit der Bitte, ein besonderes Auge auf ihr Anwesen zu haben, das Haus sei voller Meissner Porzellan und wertvoller Bilder: Usedomer Maler, alles geerbt von ihrem Vater, der ein hoher Parteifunktionär gewesen war.

Vossberg sah Licht im Haus. Die Kuhnke ist also wieder zurück, dachte er, komisch, so schnell, sie wollte doch vierzehn Tage auf Malta bleiben. Da fiel ihm auf, dass der Carport leer war und das elektronisch betriebene Tor weit offen stand. Vorsichtig betrat er die Einfahrt und ging in Richtung Hauseingang, den Baseballschläger fest umklammert. Sein Herz pochte laut. Er griff in der rechten Jackentasche nach dem Handy.

Aber er zögerte. Jetzt schon die Polizei anzurufen, dafür war es zu früh, er durfte sich nicht lächerlich machen. Die Polizei war ohnehin nicht gut auf die Bürgerwehr zu sprechen. Er erreichte nun die Frontseite und ging langsam um das Haus herum, bis er den Garten und die Veranda überblicken konnte.

Ihm stockte der Atem, als er den dunklen Lieferwagen

mit offener Heckklappe sah, der mitten auf dem gepflegten Rasen stand. Zwei Männer trugen gerade einen großen, weiß schimmernden Flachbildschirm-Fernseher zum Auto. Dabei raunten sie sich Anweisungen zu. Vossberg ließ langsam seine Rechte zum Handy gleiten. Er bemerkte, wie seine Hand zitterte. Nein, nicht nur seine feuchte Hand, sein gesamter Körper zitterte. Er wurde von einem Zustand intensiver Erregung ergriffen, der jeden klaren Gedanken aus seinem Gehirn vertrieb.

Er schaffte es, die 110 zu wählen: »Hier Frank Vossberg von der Bürgerbewegung. In der Waldstraße 14, bei Kuhnke, wird gerade eingebrochen. Hinten im Garten auf dem Rasen steht ein Lieferwagen, wahrscheinlich mit ausländischer Nummer. Die sind gerade dabei, das Haus auszuräumen. Kommen Sie bitte schnell, am besten ohne Sirene«, raunte er aufgeregt.

»Herr Vossberg, auf Sie haben wir gerade noch gewartet«, erwiderte eine spöttische Stimme. »Wissen Sie, wir halten nicht viel von Blockwarten wie Ihnen.«

Frank Vossberg stöhnte. »Ich will mit Ihnen nicht diskutieren, kommen Sie, hier ist Gefahr im Verzug.«

Er tippte auf die »Beenden«-Taste.

Dann ging er langsam auf die offene Terrassentür zu, mechanisch, ohne nachzudenken und ohne auf das Pochen in seinem Kopf zu achten, das immer stärker wurde. Plötzlich sah er in das verblüffte Gesicht eines Mannes im blauen Jogginganzug, der mit einem Drucker in den Händen im Türrahmen stand. An seinem Ohr baumelte ein glänzender kleiner Fisch.

Auf einen Schlag war Frank Vossberg erfüllt von rasender Wut. Er wollte kämpfen, den Mann zerschmettern, ihn zerstören. Das Pochen im Gehirn steigerte sich mit rhythmischen Schlägen, er hob seinen Baseballschläger und holte weit aus.

238

Der Schlag traf ihn im Genick, mit ungeheurer Wucht. Er fiel wie eine Eiche. Wie die Eiche, die kürzlich vor seinem Haus gefällt worden war.

1 Aneurysmen sind spindel- oder sackförmige Aussackungen von Arterien. Sie entstehen dort, wo die Arterienwand zum Beispiel durch Arteriosklerose vorgeschädigt ist. Arteriosklerose, im allgemeinen Sprachgebrauch auch »Arterienverkalkung« bezeichnet, entsteht durch Bluthochdruck, Rauchen, zu hohe Blutfette oder die Zuckerkrankheit. Andere Ursachen für die Bildung eines Aneurysmas können Arterienverletzungen, Rheuma oder Entzündungen der Arterienwand sein. An der vorgeschädigten Schwachstelle wird die Arterienwand dünn, und die inneren Schichten wölben sich durch den Druck des Pulsschlages von innen nach außen. Dadurch entsteht die Gefahr, dass sie wie ein Luftballon platzt und sich das Blut im Schädelinneren ergießt.
Häufig werden Aneurysmen zufällig gefunden, zum Beispiel, wenn Patienten mit Schwindel oder Kopfschmerzen eine Magnettomographie erhalten. Zwei Prozent der Bevölkerung haben ein unentdecktes, nicht geplatztes Aneurysma der Hirnarterien. Das Rupturrisiko bei einem kleinen, zufällig gefundenen Aneurysma ist sehr gering. Dieses muss nicht behandelt werden, erfordert aber regelmäßige Nachkontrollen. Bei einer Größe über 7 mm steigt die Gefahr einer Blutung, so dass operiert werden sollte, bevor es platzt.

2 Subarachnoidalblutung: Das Gehirn ist von einer weichen und einer harten Hirnhaut umgeben. Unter der weichen Hirnhaut, der Arachnoidea, verlaufen die großen Hirnarterien. Wenn dort ein Aneurysma platzt, ergießt sich das Blut in den Subarachnoidalraum. Da die Hirnhäute sehr schmerzempfindlich sind, führt dies zu einer dramati-

schen Symptomatik, mit vom Genick ausgehenden, unerträglich starken Kopfschmerzen, akuter Bewusstlosigkeit und Lähmungen. In der Klinik kann im Computertomogramm das Blut innerhalb der Hirnfurchen nachgewiesen werden. Da die Gefahr besteht, dass das Aneurysma als undichte Stelle noch einmal platzt und es zu einer erneuten Blutung kommt, wird es so früh wie möglich operativ oder mit einem Katheter ausgeschaltet.

3   Der Betablocker Bisoprolol ist eines der am besten untersuchten und am meisten eingesetzten Medikamente gegen hohen Blutdruck. Betablocker reduzieren die Wirkung des Stresshormons Adrenalin, dadurch wird die Schlagrate des Herzens gesenkt, und die Arterien entspannen sich, wodurch der blutdrucksenkende Effekt entsteht. Die Regulation von Blutdruck und Herzaktion erfolgt durch zwei gegensätzliche vegetative Systeme: Den Sympathikus und den Parasympathikus. Am Herzen steigert der Sympathikus die Herzfrequenz, der Parasympathikus senkt sie. Die Blutgefäße werden vom Sympathikus verengt, vom Parasympathikus erweitert. Der Blutdruck steigt durch die Aktivität des Sympathikus und sinkt bei Stimulation des Parasympathikus. Stress und Aufregung erhöhen die Wirkung des Sympathikus; dadurch steigen der Blutdruck und die Herzfrequenz.

4   Systolischer und diastolischer Blutdruck: Durch das Zusammenziehen des Herzens wird das Blut stoßweise in die Schlagadern gepumpt. Dieser Zeitpunkt der Austreibungsphase wird Systole genannt, der gemessene Druckwert ist der systolische Blutdruck. Wenn das Herz nach dem Pumpvorgang wieder erschlafft, um die Herzkammern neu mit Blut zu füllen, sinkt der Blutdruck entsprechend ab. Der zu diesem Zeitpunkt gemessene Druck ist der diastolische Wert. Als noch normal gelten ein systolischer Blutdruck bis 140 mm Hg und ein diastolischer

Blutdruck bis 90 mm Hg. Der ideale Blutdruck ist niedriger, nämlich zwischen 120 und 130 systolisch und 70 und 80 diastolisch. Hoher Blutdruck muss unbedingt behandelt werden. Wer zu hohem Blutdruck neigt, sollte sich ein Blutdruckmessgerät verschreiben lassen. Bewährt hat sich bei gefährdeten Patienten das Führen einer Blutdrucktabelle, die Werte sollten dann regelmäßig mit dem Hausarzt besprochen und die Blutdruckeinstellung entsprechend angepasst werden.

In Deutschland leiden über zwanzig Millionen Menschen an Bluthochdruck. In den meisten Fällen handelt es sich um den sogenannten essenziellen Hochdruck, der durch mangelnde Bewegung, Übergewicht und Stress verursacht wird. Hoher Blutdruck ist die Hauptursache von Schlaganfall und Herzinfarkt. Eine Einstellung des Blutdrucks auf normale Werte senkt erheblich das Risiko, eine dieser Krankheiten zu bekommen.

KARIN

Auf der Tanzfläche stampften seine Kommilitonen zu »Keep on Running« von der Spencer Davis Group. Einer seiner Lieblingssongs, dynamisch und wild, er katapultierte ihn binnen Sekunden in einen Zustand völliger Euphorie.

Alle Prüfungen waren bestanden, er hatte es endlich geschafft: Seit gestern Mittag 14 Uhr war er Arzt. Jetzt saß er mit einem Bier in der Hand auf einem blauen Cordsofa in Monikas geräumiger Altbauwohnung. Über ihm an der Wand hingen Plakate von Angela Davis und »Magical Mystery Tour« von den Beatles. Um sich herum hörte er glückliches Gelächter und aufgeregte Berichte von Prüfungssituationen: Was der Professor gesagt, was man gewusst habe und was nicht, weil vergessen, verwechselt oder nicht gelernt. Ein Jahr lang hatte sich seine Lerngruppe einmal pro Woche bei Monika getroffen und mit Kräutertee den Stoff für die unterschiedlichen Fächer gepaukt. Alle hatten bestanden. Und jetzt wurde gefeiert.

Er ging in den Flur. Mit der Bierflasche in der Hand bewegte er sich in kleinen Schritten zur Musik. Immer wieder umarmte ihn jemand, drückte ihm die Hand oder klopfte ihm anerkennend auf die Schulter. Als »Keep on Running« zu Ende war, ging er zum Plattenspieler und legte dieselbe Platte noch einmal auf. Die stampfenden Bässe, die ausdrucksstarke Stimme Steve Winwoods – genau das wollte er jetzt hören, immer wieder. Er fischte noch ein Bier aus der Küche und schaufelte sich eine Pizzaecke auf einen Teller.

Plötzlich stand ein Mädchen mit langen braunen Haaren und weißem Pullover neben ihm. Sie hatte fast asiatisch anmutende Augen und musterte ihn interessiert.

»Du magst diese Musik?«

Irgendwie muss man ja ein Gespräch beginnen, dachte er skeptisch und sah sie an. Sie war schlank und hatte eine warme Ausstrahlung.

»War das jetzt anerkennend oder kritisch gemeint?«, fragte er dann zurück.

Sie lächelte verschmitzt, prostete ihm mit einem Rotweinglas zu und sagte: »Ich finde, die Musik passt zu dir. Ich höre gerne Klassik.«

»Höre ich auch, um zu entspannen. Während meiner Lernphase habe ich unentwegt Mozart gehört.«

»Das ist gut. Aber du könntest Mozart auch mal hören, ohne etwas dabei zu machen, einfach dasitzen und zuhören. Du wirst merken, wie gut das tut.«

Sie lächelte ihn an, dann ließ sie ihn stehen. Er war perplex.

»Vielleicht ist sie ein Engel«, dachte er. »Auf jeden Fall nicht von dieser Welt.«

Dort, zwischen den tanzenden und diskutierenden Menschen, entschwand gerade ein himmlisches Wesen in die Tiefen der Wohnung, dessen war er sich sicher. Auf einmal ärgerte er sich, dass er sich ausgerechnet heute Abend keine Mühe mit der Garderobe gemacht hatte. Er hatte den Pullover aus kratziger Lamawolle aus dem Weltladen angezogen, dazu seine ältesten Jeans. Der Pullover war grau und mit braunen Inka-Stickereien versehen, die eine Reihe Lamas zeigten. Wenn er schwitzte, roch er tatsächlich nach Lama, ein Umstand, der in den Anden sicherlich niemanden störte. Zum Glück schien sein Äußeres nicht abschreckend zu wirken, denn wenig später erschien das Mädchen ein zweites Mal in der Küche und löffelte etwas Obstsalat in ein Schälchen. Sie blieb neben ihm stehen, lächelte ihn mit strahlenden Augen an und fragte: »Was ist dein nächstes Ziel?«

»Wer bist du überhaupt?«, fragte er zurück.

»Ich heiße Karin«, sagte sie. »Ich bin mit Monika aus deiner Examensgruppe befreundet.«

»Seltsam, ich dachte, ich kenne Monikas Freundinnen alle.«

Sie spitzte die Lippen. »Du kennst eben nur ihre Medizinerfreunde. Ich bin Psychologin und arbeite in der Psychosomatik an meiner Doktorarbeit. Komm, wir setzen uns dort auf die Kissen«, schlug sie vor.

Als sie in der ruhigeren Ecke saßen, sagte er: »Zuerst werde ich entspannen, aber nicht zu lange, höchstens vier Wochen Urlaub. Dann fange ich mit der Medizinalassistentenzeit an der Uni an, erst Innere, dann Neurologie.«

Ihm war das Sitzen auf den Polstern etwas unangenehm. Er stand auf.

»Ich hole uns noch etwas zu trinken.«

In den hohen Räumen war es ziemlich schummrig. Nur ein paar kleine Lampen und einige Kerzen verbreiteten spärliches Licht. Monika kam im geblümten Sommerkleidchen aus der Küche, wie immer gut gelaunt und adrett: »Schau dich genau um, ein paar der Mädels habe ich nur wegen dir eingeladen.« Er wusste das zu schätzen. Es war erst drei Monate her, dass Birgit ihm den Laufpass gegeben hatte. Die Lernerei und der Stress, den er sich mit dem Examen gemacht hatte, waren ihr auf die Nerven gegangen.

»Und trink nicht so viel. Du weißt, dass du nichts verträgst«, riet ihm Monika und schaute amüsiert auf die Flasche in seiner Hand.

Inzwischen lief »When a man loves a woman« von Percy Sledge. Die Paare tanzten eng umschlungen im Halbdunkel.

Plötzlich stand Karin wieder vor ihm, nahm ihn in den Arm und bewegte sich mit ihm im Takt der Musik. Sie schmiegte sich eng an ihn und erschien ihm dabei leicht und geschmeidig, wie ein Negativ seiner selbst, ein perfektes Gegenstück, das sich jeder seiner Bewegungen anpasste.

Er roch ihr Haar, von dem der Duft exotischer Blumen ausging. Und doch war sie ihm so vertraut, als würde er schon seit Ewigkeiten mit ihr tanzen. Als er ihr das sagte, antwortete sie ernst: »Wir haben uns in einem früheren Leben schon einmal gekannt.«

»Glaubst du etwa an Seelenwanderung?«, fragte er.

Sie lachte: »Bis zum heutigen Tag eigentlich nicht.«

Nachdem Birgit mit ihm die Geduld verloren hatte und abrupt aus seinem Leben verschwunden war, hatte er beschlossen, erst einmal allein zu bleiben. Aber Karin, mit der er bald darauf wieder auf der Couch saß und sich über den Louvre in Paris und die Museen von Venedig unterhielt, zog ihn in ihren Bann. Wozu sich Gedanken machen? Genieße das Leben, sagte er sich. Es kommt, wie es kommen soll.

Als die Party sich im Morgengrauen ihrem Ende näherte und er für nur noch bedingt fahrtauglich erklärt worden war, fuhr Karin ihn nach Hause. Erst als er vor seiner Haustür aus ihrem Käfer stieg, merkte er, dass er tatsächlich schwankte. Er atmete tief die morgendliche Luft ein und hörte in den Büschen des kleinen Parks die ersten Vögel singen.

Der Zeitungsbote auf dem blauen Rad warf die Rhein-Neckar-Zeitung in die markierten Briefkästen. Vor einem Briefkasten, der vor Reklame überquoll, fluchte er laut: »Do bassd jo nix mehr nei!«

Sie lachten, und er nahm sie in den Arm.

»Du bist bestimmt neugierig, wie ich wohne. Komm doch einfach mit hoch.«

»Nein«, sagte sie bestimmt. »Du gehst jetzt schön alleine

ins Bett. Und wenn du Lust hast, ruf mich an. Monika hat meine Telefonnummer. Am Wochenende gibt es einen Truffaut-Film, den sollten wir uns anschauen.«

Sie küsste ihn auf beide Wangen, so wie in Frankreich üblich, und fuhr lächelnd davon. Am nächsten Tag rief er sie an, und sie gingen, ganz so wie sie es geplant hatte, in »Die Braut trug Schwarz«. Im dunklen Kinosaal nahm er ihre Hand, drückte sie sanft und jubilierte still, als er ihre Erwiderung spürte.

»Schöner Film, allerdings sehr viele Morde«, flüsterte er ihr ins Ohr.

»Ich hätte nicht gedacht, dass du so empfindlich bist«, neckte sie ihn.

»Ich glaube, das liegt daran, dass ich verliebt bin«, flüsterte er, und sie verstärkte den Druck ihrer Hand, die immer noch in der seinen lag. Auf dem Weg zu ihren Fahrrädern gingen sie durch eine abfallende Gasse in Richtung Neckarbrücke, und er legte den Arm um ihre Schultern. An der Brücke blieb sie stehen und sah ihn an, als hätte sie soeben eine gewichtige Entscheidung gefällt: »Hast du Lust, mit zu mir zu kommen und Schallplatten zu hören?«

In den folgenden Wochen sahen sie sich täglich und verbrachten wie selbstverständlich auch die Nächte miteinander. Abends tranken sie Jasmintee und hörten Platten aus ihrer Klassiksammlung. Debussy, Ravel und Sibelius waren neue Erfahrungen für ihn. In den Jahren zuvor war er stets aktiv und unruhig gewesen, immer über dem Eichstrich, und hatte sich selten einen Moment der Ruhe gegönnt. In Karins Gegenwart entspannte er sich. Sie wurde für ihn wie das Seil, mit dem der aufgeheizte Fesselballon mit der Erde verbunden blieb, eine begehbare Camera obscura, in die Reize nur stark gefiltert Zugang haben.

Als sein Mitbewohner wegen eines Studienortwechsels

überraschend auszog, verfügte er plötzlich über eine Dreizimmerwohnung mit Dachterrasse und Blick über die Dächer der Heidelberger Altstadt. Dass Karin bei ihm einzog, war für beide das Natürlichste der Welt.

Es musste zwei Monate nach Karins Einzug gewesen sein, als er einmal von seinem Assistenzdienst in der neurologischen Klinik nach Hause kam und an der Wohnungstür einen Zettel vorfand: »Klingel bei mir, Karin ist im Krankenhaus. Heidi.« Er rannte ein Stockwerk tiefer und klingelte bei der Nachbarin. Die Tür ging sofort auf, vor ihm stand Heidi, ein Glas Rotwein in der zitternden Hand, und heulte.

Sie war eine sportliche Blondine, die in der neugeschaffenen Marketing-Abteilung der Stadtverwaltung arbeitete. Heidi erzählte ihm stockend, dass sie sich am Nachmittag mit Karin zum Kaffeetrinken bei ihr verabredet habe. Doch Karin sei nicht gekommen und habe auch nicht abgesagt, was untypisch für sie war. Heidi war dann hinaufgegangen und hatte bei ihr geklingelt, doch niemand öffnete. Sie war sich aber sicher, dass Karin zu Hause sein musste, denn sie war ihr im Treppenhaus begegnet, als sie nach Hause gekommen war. Das Treppenhaus war hellhörig, und sie hätte mitbekommen müssen, wenn Karin das Haus wieder verlassen hätte. So hatte Heidi den Ersatzschlüssel geholt, den Karin ihr für Notfälle gegeben hatte, und die Wohnung geöffnet. Sie fand Karin ohnmächtig auf dem Bett und rief den Notarzt, der sie sofort in die Klinik bringen ließ.

»Wo liegt sie?«, fragte er zutiefst beunruhigt, kaum dass Heidi geendet hatte. Dann fuhr er so schnell es ging zum Klinikum zurück. Dort angekommen stürzte er den gelbgetünchten Gang entlang zur Anmeldung der Notaufnahme. Schwester Agnes sah ihn verwundert an.

»Ach, der junge Herr Doktor, hat er etwas vergessen?«, meinte sie schnippisch.

»Schwester Agnes, ist hier gerade eine Karin Schulze eingeliefert worden? Sie ist eine gute Freundin von mir.«

Schwester Agnes schüttelte missbilligend den Kopf.

»Ja, das Fräulein ist hier. Im Behandlungsraum. Sie haben
ihr den Magen ausgepumpt. Selbstmordversuch vermutet
man. So sind die jungen Dinger, denen geht es eben zu gut.
Dr. von Häubel ist bei ihr.«

Hubert von Häubel, Oberarzt der psychiatrischen Klinik,
damals jedoch an die Neurologie delegiert, um seine Fach-
arzt-Ausbildung abzuleisten, saß am Schreibtisch und schrieb
an einem Bericht, als ich ihn aufsuchte. Er blickte auf, wies
mit den Augen zur Untersuchungsliege und tat dann so, als
wäre er beschäftigt.

Auf der Liege, unter einem riesigen Plakat, auf dem ein
menschliches Skelett abgebildet war, lag Karin und lächelte
ihm matt entgegen. Er ging zu ihr und nahm ihre Hand. Mit
einem Tuch tupfte er behutsam eine getrocknete Speichelspur
aus ihrem rechten Mundwinkel.

»Was machst du für Sachen?«, fragte er zärtlich. »Was ist
passiert?«

Sie zuckte mit den Schultern.

»Alles ist gut, komm, wir gehen nach Hause«, flüsterte sie
und streichelte sachte seine Hand.

Oberarzt von Häubel wandte den Blick von den Formu-
laren ab: »Fräulein Schulze hat mir erzählt, dass Sie ihr Lebenspartner sind.«

»Was ist geschehen?«, fragte er.

Von Häubel stand auf. Mit seinem gelben Rollkragenpull-
lover und den rostroten Cordjeans unter dem weißen Arztkittel machte er einen schmucken Eindruck.

»Ich glaube nicht, dass Karin sich umbringen wollte«,
sagte er ruhig. »Ich gehe von einem epileptischen Anfall[1]
aus.«

Er runzelte die Stirn. »Wieso sollte Karin epileptische Anfälle bekommen? Das halte ich für genauso wenig plausibel
wie einen Selbstmordversuch.«

Er blickte zu Karin hinüber, die unter einer braunen Woll-
decke lag. Einige Sonnenstrahlen, die durch die hohen Kli-
nikfenster drangen, verfingen sich in ihrem Haar.

»Nehmen Sie sie erst einmal mit nach Hause. Ich schlage
vor, dass wir nächste Woche ein paar Untersuchungen machen, um festzustellen, was die Ursache ihres Zustandes war.«

Er senkte die Stimme. Karin sollte diesen Satz anscheinend nicht hören: »Wenn es ein epileptischer Anfall war, hat
das zunächst keine Konsequenzen. Allerdings müssen wir
darüber nachdenken, ob wir nicht mit einer antiepileptischen
Behandlung[2] beginnen.«

Ihm schnürte es bei diesen Worten den Hals zu. So viel
wusste er auch als Berufsanfänger: Eine Epilepsie tritt selten
aus heiterem Himmel auf, meist hat sie eine konkrete Ursache. Und die sitzt im Kopf.

Zu Hause setzte Karin Jasmintee auf, erschöpft und verunsichert. Sie saßen auf der kleinen Couch in ihrem Zimmer,
tranken Tee und hörten ein Klavierkonzert von Mozart. Er
hatte die Kerze auf ihrem Schreibtisch angezündet, und sie
beobachteten das Flackern der Flamme. Karin schaute ihn
an: »Es ist nichts Schlimmes, ich weiß es.«

Am nächsten Morgen berichtete Oberarzt von Häubel auf
der Konferenz von den Ereignissen seines Nachtdienstes.
Dann sprach er von Karin: »Karin Schulze, eine fünfundzwanzigjährige Diplompsychologin. Bisher gesund, auch in
der Familie keinerlei Anfallsleiden bekannt. Sie wurde desorientiert und bewusstseinsgetrübt von ihrer Nachbarin auf
dem Bett ihres Zimmers liegend aufgefunden. Keine äußeren
Verletzungen. Bei der Untersuchung waren die Muskeleigenreflexe[3] rechts lebhafter als links.«

Er schaute erstaunt hoch: Dies war ihm bisher nicht bekannt gewesen. Jeder Neurologe hat einen Reflexhammer in der Kitteltasche, mit dem er die Sehnen an Armen und Beinen der Patienten beklopft. Wenn die Muskeleigenreflexe auf einer Seite lebhafter sind als auf der anderen, spricht dies für eine »zentrale« Schädigung. Irgendetwas im Gehirn oder im Rückenmark ist dann womöglich nicht in Ordnung.

Professor Gansmeyer, der Klinikdirektor, war ebenfalls hellhörig geworden. Er war eine imposante Erscheinung, stark übergewichtig, und konnte sich kaum auf dem Konferenzstuhl halten. Dazu rauchte er wie ein Schlot, auch und gerade während der Besprechungen. Umständlich holte er jetzt einen Pfeifenstopfer aus der Hosentasche, stopfte die Pfeife, zündete sie an und paffte ein paar riesige Rauchwolken in die Luft. Dann sagte er: »Da wird ein Tumor dahinterstecken. Sollen wir sie nicht zu den Kollegen ins DKFZ schicken?«

DKFZ war die Abkürzung für das Deutsche Krebsforschungszentrum in Heidelberg. Im Gegensatz zum Klinikum besaß es einen Computertomographen. Heutzutage würde bei einem Patienten nach einem ersten epileptischen Anfall auf jeden Fall eine Schichtuntersuchung des Gehirns durchgeführt werden, entweder mit Röntgenstrahlen mittels Computertomographie oder durch eine Magnettomographie. Eine Standardprozedur, die nach kurzer Zeit erledigt wäre. Anfang der Siebzigerjahre jedoch steckte die Computertomographie des Gehirnes noch in den Kinderschuhen. Eines der ersten Geräte in Deutschland stand im DKFZ in Heidelberg.

»Daran habe ich auch schon gedacht, das wäre ein idealer Fall«, sagte von Häubel eifrig.

Prof. Gansmeyer drehte den mächtigen Kopf zur Seite und sah nun ihn an. »Sie sind der Lebensgefährte?«, fragte er.

Also hatte von Häubel ihn bereits eingeweiht.

»Ja, ich kenne Frau Schulze gut.«

»Dann begleiten Sie sie ins DKFZ, da können Sie etwas lernen.«

Er erschrak. Ob das so eine gute Idee war?

Der Gedanke, dass er sich vom Geliebten zum behandelnden Arzt verwandeln könnte, gefiel ihm nicht. Trotzdem antwortete er: »Ja, gerne, sehr interessant, danke«, und ging auf den Vorschlag ein.

Eine Woche später hatte Karin einen Termin für die Computertomographie. Bevor sie das futuristische Gebäude des DKFZ neben der Kinderklinik betraten, küssten sie sich lange.

»Deine Karin ist ganz gesund, das wird sich gleich bestätigen, warte nur ab«, sagte sie, aber er sah Tränen in ihren Augen.

Karin wurde in eine riesige Röhre gelegt, wo sie allein ausharren musste. Er stand währenddessen im weißen Arztkittel inmitten von Ingenieuren und Wissenschaftlern im akustisch abgetrennten Technikraum hinter einer röntgendichten Scheibe und sah nur noch Karins weiße Turnschuhe aus der Röhre ragen. Die Untersuchung dauerte damals nahezu zwei Stunden. Schicht für Schicht wurde Karins Hirn gescannt und auf zwei großen Bildschirmen im Technikraum abgebildet. Die Weißkittel um ihn herum betrachteten sie konzentriert.

Plötzlich rief eine technische Assistentin: »Da, ein Tumor!«

»Wo?«, fragte einer der Ärzte, ein großer spindeldürrer Mann, an dem der Kittel schlotterte, als hätte er ihn zwei Nummern zu groß gekauft. Auf der Brust baumelte eine hellblaue Plakette, welche die Röntgenstrahlen messen sollte, denen er ausgesetzt war.

Die schrille Assistentin zeigte auf eine Stelle im Bereich von Karins linker Hirnhälfte. Damals waren die Ergebnisse der Computertomographie noch relativ unscharf und verschwommen. Trotzdem erkannte man einen dunklen Fleck, etwas größer als eine Kirsche, der sich deutlich von den übrigen Hirnstrukturen abhob.

»Tatsächlich, das ist ja fabelhaft, holt den Mullweber, der muss das sehen«, rief der Dürre mit fanatisch aufgerissenen Augen.

Kurze Zeit später betrat Professor Mullweber, einer der DKFZ-Oberen, den Raum, warf einen langen Blick auf die Bildschirme und sagte dann: »Herzlichen Glückwunsch! Ich bitte um eine genaue Fotodokumentation. Was wissen wir über die Patientin? Ist jemand von den behandelnden Ärzten anwesend?«

Er stand in einer Ecke des Messraumes und kämpfte mit den Tränen. Er ahnte, welche Folgen die Diagnose eines Hirntumors[4] für Karin und ihre junge Liebe haben würde. Doch er nahm seine Kraft zusammen und sagte mit fester Stimme: »Es handelt sich um eine fünfundzwanzigjährige Patientin, einmaliger epileptischer Anfall, rechtsgesteigerte Muskeleigenreflexe. Wir haben klinisch einen linkshirnigen Tumor vermutet.«

»Da lagen Sie richtig, Herr Kollege. Sehen Sie im Schläfenlappen diese runde Struktur? Sie liegt sehr nahe am motorischen Sprachzentrum. Hat die Patientin eine Aphasie[5]? Kann sie normal sprechen?«

»Nein, keine Aphasie«, sagte er, ehe ihm die Stimme versagte.

Die Mannschaft im Messraum war so euphorisch ob des Erfolgs ihres neuartigen Computertomographen, dass seine Welt völlig unbemerkt zusammengebrochen war.

»Eine Sprachstörung ist das nächste Symptom, das zu erwarten ist.«

Der Professor zog einen Kugelschreiber aus der Brusttasche und deutete damit auf den Schirm: »Hier ist der Rand des Tumors, und hier liegt das motorische Sprachzentrum. Der Tumor ist rund und glatt begrenzt, ich gehe davon aus, dass es sich um ein Astrozytom[6] handelt.«

Er versuchte sich ins Gedächtnis zu rufen, was er für das Examen gelernt hatte. Astrozytom: halb gutartiger, halb bösartiger Hirntumor, wächst langsam, mittlere Überlebenszeit, also drei bis vier Jahre.

»Du wirkst traurig«, flüsterte Karin, als sie endlich nach Hause fuhren.

Er räusperte sich und sagte mit brüchiger Stimme: »Mach dir keine Sorgen. Es ist eine Zyste, wahrscheinlich gutartig, die auf das gesunde Gehirn drückt. Das war die Ursache des Anfalls.«

Karin schwieg. Sie spürte, dass er ihr nicht die Wahrheit sagte. Als sie einen Parkplatz gefunden hatten und er mit vielen Manövern den großen Citroën in die Parklücke rangiert hatte, räusperte er sich: »Okay. Es sieht nicht aus wie eine gutartige Zyste. Die Experten meinen, dass es ein hirneigener Tumor ist, ein Astrozytom.«

Er schaute auf die Passanten, die sich zwischen den parkenden Autos hindurchschlängelten.

Da spürte er ihren Mund nahe an seinem Ohr: »Wir nennen es für uns einfach Zyste. Das klingt viel freundlicher.«

Sie gingen weiter ins Kino und sahen sich bevorzugt französische Filme an, trafen sich mit Freunden und fuhren in das nahe gelegene Elsass, zum Einkaufen und um das französische Flair auf den Plätzen und in den Cafés zu genießen. Trotz der Tumordiagnose veränderte sich ihr Leben zunächst nicht sonderlich. Außer vielleicht, dass Karin noch verbissener an ihrer Promotion arbeitete. Und dass sie nun täglich Mylepsinum[7] nahm, ein Medikament, das epileptische Anfälle verhindern sollte. Die Tabletten machten sie müde. Morgens war sie kaum wach zu bekommen und saß schweigsam und mit verquollenen Augen am Frühstückstisch.

So verging mehr als ein halbes Jahr, bis er einmal mitten in der Nacht von ungewohnten Geräuschen aufwachte. Zunächst glaubte er, dass Karin im Schlaf redete. Er knipste die Nachttischlampe an und sah sie mit halboffenen Augen daliegen. Ihre Lippen bewegten sich schmatzend, der Kopf war nach rechts gedreht, und der rechte Arm zappelte mit schraubenden Bewegungen hin und her. Sie hatte keinen bösen Traum, sondern einen »komplex fokalen Anfall«[8].

Es gibt Menschen mit angeborener Epilepsie. Bei ihnen treten ohne Vorankündigung generalisierte Krampfanfälle auf. Sie führen zu Zuckungen von Armen und Beinen; häufig zerbeißen die Patienten die Zunge, und es kann wegen eines Krampfes der Beckenmuskulatur zu einem unkontrollierten Urinabgang kommen. Die Patienten verlieren im Verlaufe des epileptischen Anfalls oft das Bewusstsein.

Es gibt aber auch epileptische Anfälle, die als Symptom einer Schädigung des Gehirns auftreten. Sie werden fokale epileptische Anfälle genannt. Durch einen Hirntumor oder eine Narbe nach einem Schlaganfall kann das Gehirngewebe so gereizt sein, dass es mit elektrischen Entladungen reagiert. Je nachdem, welches Hirnareal betroffen ist, äußert sich die Krampfaktivität in rhythmischen Zuckungen von Armen und Beinen oder Sprachstörungen. Wenn der Tumor wie in Karins Fall im linken Schläfenlappen liegt, können Anfälle entstehen, bei denen der Patient in seinem Bewusstsein eingetrübt ist und die Finger unmotiviert Bewegungen vollführen. Es kommt dann zu charakteristischen Schmatzbewegungen des Mundes. Dies liegt daran, dass im Schläfenhirn entwicklungsgeschichtlich alte Zentren lokalisiert sind, die mit der Steuerung von Sexualität und triebhaftem Verhalten zu tun haben. Deshalb äußern sich epileptische Entladungen dieser Region in Schmatzen, Grunzen, Saugen und Befingern.

Er schüttelte Karins Schultern. »Karin, Liebes! Mach die Augen auf, ich bin bei dir.«

Doch sie war nicht ansprechbar. Sollte er den Notarzt rufen? Was hatte das für einen Sinn? Er rief sich ins Gedächtnis, dass sich ein Anfall normalerweise von allein erschöpfte. Und tatsächlich wurde sie bald ruhiger, irgendwann machte sie die Augen auf und schaute benommen um sich, wie aus einem tiefen Schlaf erwacht. Als sie ihn sah, lächelte sie.

»Warum schläfst du nicht?«, fragte sie mit verwaschener Stimme, »es ist doch mitten in der Nacht …«

Nach dem zweiten Anfall wurde Karins Mylepsin-Dosis erhöht. Sie schien sich an das Medikament zu gewöhnen, denn trotz der höheren Dosierung wurde die Müdigkeit nicht stärker.

Wieder folgte eine Periode unbeschwerten Beisammenseins. Ihnen war zwar bewusst, dass diese Zeit nicht ewig andauern konnte, aber sie waren glücklich, arbeiteten und genossen die freien Stunden. Sie wollten das Problem nicht verdrängen, aber sie wollten es auch nicht jeden Tag in einer Glasvitrine präsentiert bekommen.

Mit den Ärzten war vereinbart worden, das Computertomogramm nach einem Jahr zu wiederholen, um zu sehen, ob der Tumor weiter fortgeschritten war oder stillgehalten hatte. Eine aktivere Behandlung – Bestrahlung, Operation oder Chemotherapie – hätte in diesem Stadium keinen Vorteil gehabt und nur Schaden angerichtet, wie sie eingehend mit Oberarzt von Häubel besprochen hatten: Bei einer Operation wäre die Gefahr, das Sprachzentrum zu schädigen, zu groß gewesen und eine Bestrahlung brachte bei den noch gutartigen Astrozytomen nichts. Also hieß es, abzuwarten und Tee zu trinken. Und genau das taten sie. Jasmintee.

Im Sommer beschlossen sie, in Urlaub zu fahren. Ihr Ziel war Italien. Wie immer fuhren sie einfach los, ins Blaue hinein, ohne Reservierung, ohne Plan. Sein grüner Citroën schwebte auf seiner Hydraulik und schnurrte ohne Anstrengung über den Brenner. Karin schmiegte sich an ihn wie ein zufriedenes Kätzchen. Kurz bevor sie losgefahren waren, hatte sie die Zusage für eine feste Stelle an der Klinik für Kinderpsychiatrie bekommen.

Aus dem Kassettenrecorder dröhnten »San Francisco« und »Tequila Sunrise«. Am Ostufer des Gardasees machten sie in Malcesine Station, einem wunderschönen Städtchen am Wasser. Im Innenhof der alten Burg fotografierte sie ihn neben der Büste Goethes, der sich dort während seiner Italienreise aufgehalten hatte. Sie kamen in einem kleinen Hotel unter und saßen abends unter den Arkaden mit Blick auf den kleinen Hafen, während die untergehende Sonne das Wasser silbrig-ockerfarben überzog.

»Es ist so schön«, seufzte Karin. Da sie ein Medikament gegen die Epilepsie nehmen musste, trank sie nur wenig Alkohol. Jedoch bestand sie an diesem Tag darauf, zwei Gläser Prosecco zu bestellen.

»Haben wir es nicht gut miteinander?«, fragte sie. »Sind wir nicht die glücklichsten Menschen auf dieser Welt?«

Er sah sie zweifelnd an. Die Sonne ging unter, die an der Kaimauer vertäuten Boote schaukelten sanft auf dem Wasser und warfen immer längere Schatten. Ein junger Mann kam auf einem Motorroller angerattert, hinter ihm stand kerzengerade ein Mädchen mit wehendem Haar und hielt sich an den Schultern des Fahrers fest.

»Purer Übermut«, sagte er und ließ offen, wen er mit dieser Bemerkung meinte, Karin oder die verwegene Beifahrerin.

»Seitdem ich weiß, dass ich so ein Ding im Kopf habe, hat sich für mich vieles verändert«, sagte sie plötzlich und sah ihn mit ruhigen Augen an. »Schöner ist es geworden und intensiver. Ich genieße jede Stunde, nehme jede Sekunde bewusst wahr. Die meisten Menschen werden uralt, aber sie spüren ihr Leben überhaupt nicht. Das ist bei mir nicht mehr so. Die Zeit mit dir ist so schön und so wertvoll für mich.«

Der Kellner kam vorbei, Karin gab ihm ein Zeichen: »Ich hätte gerne die Spaghetti und dazu ein Glas Chianti.«

In der ersten computertomographischen Kontrolluntersuchung nach einem Jahr war der Tumor unverändert. Sie waren erleichtert, ein Aufschub. Mittlerweile hatte er mit der Facharztausbildung in der neurologischen Klinik begonnen. Karin arbeitete nach wie vor in der kinderpsychiatrischen Klinik und machte eine Ausbildung zur Familientherapeutin. Beider Leben war angefüllt mit Arbeit und Verpflichtungen, trotzdem war es interessant und abwechslungsreich. Auch verstanden sie sich sehr gut; im Gegensatz zu seinen früheren Versuchen, eine Beziehung zu führen, gab es keinen Streit und kein böses Wort.

Ein weiteres Jahr später traten allerdings jene Sprachstörungen auf, die der Professor im Krebsforschungszentrum vorhergesagt hatte. Karin rang immer öfter mit einem bestimmten Wort, das ihr plötzlich nicht mehr einfiel, oder sie verwechselte Begriffe. So sagte sie zum Beispiel »Blank« statt »Bank« oder »Spille« statt »Spinne«.

Eine Kontrolluntersuchung in der Computertomographie ergab ein Wachstum des Tumors. Während er noch vor einem Jahr einen Durchmesser von 3,8 cm gehabt hatte, maß er jetzt 4,2 cm.

Mit den Röntgenfolien unter dem Arm suchte er eines Tages Oberarzt von Häubel in dessen Zimmer auf. Wie immer herrschte dort eine penible Ordnung, sogar die Bleistifte auf

dem Schreibtisch lagen im rechten Winkel zur Schreibtisch-
unterlage. Über der Untersuchungsliege, auf der Karin nach
ihrem ersten Anfall gelegen hatte, hing jetzt eine Reproduk-
tion von Paul Klees »Der goldene Fisch«.

Von Häubel pinnte die Folien an den Lichtkasten und zog
zum Vergleich die Voraufnahmen aus der Röntgentüte hervor.

»Der Prozess ist tatsächlich etwas größer geworden«,
sagte er bedächtig. »Das Beste wäre, man könnte den Tumor herausoperieren, aber wie gesagt: Er liegt zu nahe am
Sprachzentrum, sie könnte danach nicht mehr sprechen. Wir
müssen abwarten.«

»Was ist mit Freiburg?«, fragte er den Oberarzt. In Freiburg wurde, wie er wusste, eine stereotaktische Abteilung
aufgebaut.[9]

Von Häubel nickte: »Sie haben recht. Langsam müssten
die so weit sein. Wir sollten Karin dort vorstellen.«

Also fuhren sie nach Freiburg. Die Schwestern empfingen sie
mit großer Freundlichkeit, die Operation, um Näheres in
Erfahrung zu bringen, sollte am folgenden Nachmittag statt-
finden. Er war bei Karin im Krankenzimmer, bis es Abend
wurde und die Stationsschwester andeutete, dass er gehen
müsse. Sie wollten Karin für die Operation vorbereiten. Er
wünschte ihr Glück und ging zu Fuß in sein kleines Hotel in
der Nähe des Münsters zurück.

Nachdem er in einer Weinstube zu Abend gegessen hatte,
ging er in sein Zimmer, um noch etwas zu lesen. Bald klopfte
es energisch an der Tür. Als er öffnete, stand Karin mit trä-
nennassen Augen vor ihm. Im fahlen Licht des Hotelkorri-
dors wirkte sie wie eine Erscheinung aus einer anderen Welt.
Rote und blaue Kreuze auf ihrer Stirn markierten die Positio-
nen, an denen ihr der Eisenring für die Operation auf den
Kopf geschraubt werden sollte. Ihr Haar war im Bereich der
linken Kopfseite abrasiert.

Sie sah ihn wütend an: »Ich kann das nicht, ich musste da weg.«

Er nahm sie in die Arme und bedeckte den rasierten Teil ihres Schädels mit Küssen.

»Unsinn, wir haben doch besprochen, dass es das Beste für dich ist.«

»Das ist nicht gut.«

Sie sah ihn an und rang nach Worten: »Stell dir vor, ich bekomme noch nicht einmal eine Narkose! Ich werde wach sein, während irgendwer in meinem Hirn herumfuhrwerkt.«

Sie ging zum Hotelbett und begann sich auszuziehen. »Lass mich wenigstens heute Nacht noch bei dir sein.«

Nach der Operation blickte Karin ihn mit großen Augen an. Sie konnte nicht mehr sprechen, und nur mühsam behalf sie sich mit Zeichensprache. Wie konnte es angehen, dass es Karin nach dem Eingriff so schlecht ging? Er bereute es, ihr die Behandlung in Freiburg vorgeschlagen zu haben.

Professor Mandlinger, der operierende Arzt, sah ihn über die randlose Lesebrille hinweg erwartungsvoll an.

»Herr Professor«, sagte er, »ich bin ebenfalls Arzt, und ich hätte gerne mehr Informationen über die Therapie, die Sie durchgeführt haben. Wie viel Radioaktivität haben Sie in den Tumor eingebracht? Wann sind Kontrollen notwendig? Wann sehen wir, ob der Tumor kleiner geworden ist?«

»Junger Herr Kollege, ich habe keine Aktivität eingebracht. Jedenfalls noch nicht. Die erste Stufe ist schließlich rein diagnostisch. Ich habe aus 18 Stichkanälen Material für die feingewebliche Untersuchung entnommen, und jetzt wissen wir, dass es sich um ein Astrozytom handelt. Die Behandlung schließen wir dann in einer zweiten Sitzung an.«

Er war erschüttert. »Soll das heißen, dass Sie bei Karin 18 Proben entnommen haben, nur um zu erfahren, dass es sich um ein Astrozytom handelt? Das haben wir schon gewusst! Wir sind hier, weil sie behandelt werden soll!«

Der Professor musterte ihn kalt aus mausgrauen Augen. »Sie sind töricht, junger Kollege. Bevor ich radioaktive Substanz in das Gehirn eines Patienten einbringe, muss ich genau wissen, um was für einen Tumor es sich handelt. Ich kann nicht einfach drauflos bestrahlen.«

»Aber Karin hat jetzt eine beinahe komplette Sprachstörung, das ist Ihr Werk!«

»Mäßigen Sie sich!«, fuhr ihn der Professor an. »Das Gehirn ist an dieser Stelle etwas geschwollen, das geht wieder zurück. Da, wo der Tumor sitzt, funktionieren die Nervenzellen sowieso nicht mehr.«

Er hätte sein Gegenüber in diesem Moment erwürgen können.

Hinterher sah er die Sache dann etwas anders: Der Professor war zwar ein unangenehmer Typ, aber insgeheim musste er ihm recht geben. Ohne eine histologische Untersuchung[10] konnte man nicht bestrahlen. Wieder empfand er es als Dilemma, gleichzeitig Karins Arzt und Lebenspartner zu sein. Auf der einen Seite standen die medizinischen Fakten (und es mussten rationale Entscheidungen gefällt werden), auf der anderen Seite die Sorgen und die Angst um Karin.

Zu Hause war Karin sehr geduldig. Sie übte unermüdlich, ging dreimal in der Woche zur Sprachtherapie, und abends saßen sie am Tisch und spielten Scrabble, Stadt Land Fluss oder Rommee.

Ihr letztes gemeinsames Silvester verbrachten sie in Berlin. Er buchte ein Zimmer in einem plüschigen Hotel in der Nähe des Ku'damms und ergatterte Karten für das Silvesterkonzert mit Herbert von Karajan.

Als Karajan vor das Orchester trat, ohne Frack, aber im

Anzug mit Stehkragen, strahlte Karin vor Freude. Karajan blickte stolz ins Publikum und gab mit herrischer Geste den Einsatz für eine Ouvertüre von Verdi. Karin drückte von der ersten Minute an seine Hand, so fest, dass es schmerzte und noch Stunden später die Abdrücke ihrer Fingernägel auf seinem Handrücken zu sehen waren. Beim zweiten Stück, der ungarischen Rhapsodie von Franz Liszt, weinte sie und lächelte glücklich.

»Ich bin so dankbar, dass ich das erleben kann«, sagte sie leise. »Dieses Jahr wird schwer werden«, ergänzte sie dann und schaute ihm fest in die Augen. »Aber du darfst niemals traurig werden. Ich werde immer bei dir sein.«

Im Frühjahr besserte sich Karins Sprachstörung, und ihre Lebensgeister kehrten zurück. Nur wenn sie aufgeregt war, rang sie noch nach Worten. Inzwischen arbeitete sie sogar wieder in einer Beratungsstelle für psychisch kranke Kinder.

Trotzdem bemerkte er Veränderungen. Ihre Gedankengänge wurden langsamer, ihre Unternehmungslust war schwach, und ihre Ideen, vor denen sie sonst nur so übersprudelte, wurden seltener. Vorsichtig sprach er die Möglichkeit an, ein zweites Mal nach Freiburg zu fahren, um doch in einer weiteren Prozedur die radioaktive Bestrahlung von innen heraus durchzuführen.

Sie wurde sofort zornig: »Nein, nein, nein, mit diesem Quäler will ich nichts mehr zu tun haben.«

Sie klang so resolut, dass Widerspruch zwecklos war. Die Entscheidung gegen die einzige Maßnahme, die damals Erfolg versprach,[11] war gefällt.

Als er eines Tages nach Hause kam, hatte Karin ein großes Plakat der Staufernburg Castel del Monte in Apulien an die Wand über ihrem Schreibtisch gepinnt. Picassos Guernica lag zusammengerollt auf dem Bett.

»Das ist unser Reiseziel in diesem Sommer, ich möchte nach Apulien«, sagte sie.

»Wie sollen wir da hinkommen?«, fragte er.

»Mit deinem wunderbaren Citroën! Mit dem fahren wir bis Bari, und nebenbei sehen wir uns die Toskana und Rom an.«

Sie deutete auf einen Stapel Bücher und Reisemagazine: »Die habe ich von Hubert, weißt du, diesem Historiker, der über uns wohnt. Die Staufer und Friedrich II. sind sein Spezialgebiet. Wusstest du zum Beispiel, dass Friedrich ein Universalgelehrter war und mindestens sieben Sprachen gesprochen hat? Hubert hat mir erzählt, dass er auch einer der ersten experimentellen Psychologen gewesen sei und auf der Suche nach dem Wesen der Sprache Kinder isoliert und ohne verbalen Kontakt habe aufwachsen lassen. Er konnte als Erster zeigen, dass Sprache etwas Erlerntes ist und es keine Ursprache gibt, wie in der Antike oft behauptet.«

»Du willst da wirklich hinfahren?«, fragte er besorgt. »Traust du dir das zu?«

Er sah die Anstrengung, mit der sie um Worte rang: »Ich muss dorthin, ich muss das achteckige Kastell sehen! Es ist ein Kristall, die pure Schönheit.«

Sie sah ihn ernst an: »Es ist mein letzter Wunsch.«

Er wich zurück. »Letzter Wunsch? Wie meinst du das?«

Sie kam näher und küsste ihn.

»Das Ding in meinem Kopf wächst, ich spüre es.«

Zu Beginn des Sommers verschlechterte sich Karins Zustand. Es schien, als wäre ein Schalter umgelegt worden. Bald konnte sie kaum noch sprechen und hatte Mühe zu verstehen, was zu ihr gesagt wurde. Dann war sie nicht mehr in der Lage, ihren rechten Arm zu bewegen. Im Computertomographen zeigte sich eine deutliche Größenzunahme des Tumors.

»Der Tumor ist jetzt entartet, die ganze Zeit über hat er

Ruhe gehalten, jetzt ist er bösartig geworden«, war der traurige Kommentar von Oberarzt von Häubel.

Bei seinem letzten Besuch an ihrem Bett musterte sie ihn aufmerksam, als hätte sie Mühe, sich an ihn zu erinnern. Ihr ehemals ebenmäßiges Gesicht war von den Medikamenten aufgedunsen. Er tauchte einen Watteträger in die Tasse mit Kamillentee und befeuchtete ihre schorfigen Lippen. Sie versuchte etwas zu sagen. Um sie besser verstehen zu können, beugte er sich ganz nah über sie.

»Du musst alles aufschreiben.«

Er küsste sie auf die gespitzten Lippen, die noch den Kamille-Geschmack des Tupfers trugen. Eine seiner Tränen tropfte auf ihr Gesicht.

»Was soll ich aufschreiben?«, flüsterte er und küsste sie wieder.

»Wie schön alles war, mit uns.«

Ich habe es aufgeschrieben.

1 Epilepsie, auch als »Fallsucht« oder »Krampfleiden« bezeichnet, ist die Folge einer anfallartigen Entladung von Neuronen-Gruppen des Gehirns. In Abhängigkeit vom Ursprung der Anfälle wird zwischen einer fokalen und einer generalisierten Epilepsie unterschieden. Bei der fokalen Epilepsie entstehen abnorme elektrische Entladungen in einem umschriebenen Hirngebiet, der Patient bleibt während des Anfalls wach, und es können Zuckungen in Gesicht, Arm und Bein auftreten oder sensible Sensationen, die sich mit einem Kribbel- oder Taubheitsgefühl von Gesicht, Rumpf, Armen und Beinen äußern. Der generalisierte Anfall hingegen betrifft das gesamte Gehirn und ist mit einer Bewusstseinsstörung und dramatischen beidseitigen Krampfsymptomen verbunden; es kommt zu einer Ohnmacht, rhythmischen Muskelverkrampfungen, Zun-

genbiss und Einnässen. Eine mildere Form des generalisierten epileptischen Anfalls ist die Absence mit einem kurzen Anhalten des Bewusstseins (seelische Pausen, Filmriss).

Karin hatte aufgrund der Lage des Tumors eine Temporallappenepilepsie; dieser Begriff wird an späterer Stelle genauer erläutert.

Epilepsien können entweder durch Hirnerkrankungen ausgelöst werden, zum Beispiel durch einen Hirntumor, durch Hirnhautentzündung oder einen Schlaganfall. Es kann sich aber auch um angeborene bzw. vererbbare Formen handeln. Weitere Informationen: http://www.epilepsievereinigung.de

2 Gelegenheitsanfälle können bei jedem Menschen infolge einer Überreizung, hohen Fiebers, Schlafentzugs oder exzessiven Alkoholkonsums ausgelöst werden. Ein einzelner Anfall muss noch nicht behandelt werden.

3 Muskeleigenreflex: Bei der Dehnung eines Muskels wird ein Signal zum Rückenmark gesendet und von dort dann sofort ein Impuls zurückgeschickt, damit sich der Muskel wieder zusammenzieht. Dieser Vorgang wird Eigenreflex genannt. Die Muskeleigenreflexe werden von übergeordneten Zentren im Gehirn gesteuert. Wenn durch eine Hirnerkrankung, zum Beispiel einen Schlaganfall, oder, wie bei Karin, durch einen Hirntumor das motorische Steuerungszentrum im Gehirn gestört ist, führt dies zu einer Enthemmung dieses Reflexbogens. Der Arzt kann dies durch Prüfung der Muskeleigenreflexe, die bei einer Störung der motorischen Hirnzentren gesteigert sind, mit seinem Reflexhammer nachweisen.

4 Hirntumoren sind Geschwülste des Gehirns, die von Hirnzellen oder vom Gewebe der Hirnhäute ausgehen. Sie können sowohl gut- als auch bösartig sein. Gutartige Hirntumoren wachsen langsam, sie lassen sich gegenüber dem

gesunden Gehirn gut abgrenzen. Hingegen wachsen bösartige Hirntumoren schnell in das gesunde Hirngewebe hinein (infiltratives Wachstum) und zerstören es. Die Symptome eines Hirntumors sind Kopfschmerzen, epileptische Anfälle, ferner je nachdem, an welchem Ort des Gehirns der Tumor wächst, Sprachstörungen, Lähmungserscheinungen oder Sehstörungen.

5 Aphasie ist eine erworbene Sprachstörung als Folge einer Hirnerkrankung. Beim Rechtshänder ist das Sprachzentrum in der linken Hirnhälfte lokalisiert. Erkrankungen in dieser Region führen zu einer Störung der Sprache und des Sprachverständnisses. Der Kranke hat Mühe, Worte zu bilden oder sinnvolle Sätze zu formulieren (motorische Aphasie), oder er hat Schwierigkeiten, den Sinn von Gesagtem zu verstehen (sensorische Aphasie). In der deutlichsten Ausprägung, zum Beispiel nach einem schweren Schlaganfall, können beide Modalitäten gestört sein (globale Aphasie). Patienten mit Aphasie werden von speziell dafür ausgebildeten Fachkräften, den Logopäden, behandelt.

6 Astrozytom: Das Gehirn besteht aus den Nervenzellen und dem sie umgebenden Stützgewebe, der Glia. Wenn die Zellen dieses Stützgewebes bösartig entarten und damit beginnen, unkontrolliert zu wachsen, bezeichnet man diese Tumoren als Gliome. Ein Astrozytom, wie es Karin hatte, ist eine gutartige Geschwulst, die von sternförmig verzweigten Stützzellen (Astrozyten) ausgeht. Im Laufe der Krankheitsentwicklung kann der Tumor entarten, und man erkennt seine Herkunft nicht mehr, er wird dann zum nicht mehr gutartigen Gliom. Dies ist bei Karin der Fall gewesen, als es ihr immer schlechter ging.

Ob ein Hirntumor gutartig oder bösartig ist, stellt man durch Untersuchung einer Probe im Mikroskop fest. Nach der Einteilung der Weltgesundheitsorganisation (WHO) werden Hirntumoren in vier Grade eingeteilt: Grad I und II sind gutartige, sehr langsam wachsende Tumoren, Grad III tendenziell bösartige Tumoren, die bereits in das gesunde Gehirngewebe wachsen, und Grad IV völlig entartete bösartige Tumoren, die auch Glioblastom genannt werden. Eine Behandlung der Grade III und IV ist auch heute noch leider nur beschränkt möglich. Die Lebenserwartung ist deutlich reduziert. Das gutartige Astrozytom kann lange Zeit stabil sein, bis es entartet und bösartig wird.

7 Mylepsin (Name der Wirksubstanz: Primidon) ist ein antiepileptisch wirkendes Arzneimittel. Wegen vieler Nebenwirkungen (Müdigkeit, Depression, Verlangsamung) wird es heute nur noch dann eingesetzt, wenn andere Antiepileptika nicht wirken.

8 Komplex fokaler Anfall: Bei Karin war der Tumor in den Schläfenlappen eingewachsen. Von dort ausgehende epileptische Anfälle führen zu einer Umdämmerung, es treten automatisierte Bewegungsabläufe und nicht willentlich gesteuerte Verhaltensweisen in Form von Schmatzen, Grunzen, stereotypen (immer gleichartigen) Handbewegungen, ziellosem Herumlaufen und wahllosem Herumräumen auf. Wenn die Behandlung mit Medikamenten nicht ausreicht, bleibt die Möglichkeit, den epileptischen Herd durch eine Operation zu beseitigen (Stichwort Epilepsiechirurgie).

9 Die stereotaktische Hirnoperation ist ein minimalinvasives Verfahren, das eine millimetergenaue Zielpunktbestimmung im Gehirn zulässt, sodass auch in tiefen Hirnstrukturen gezielt Gewebe entnommen werden kann. Der Kopf des Patienten wird mit Schrauben in einem Rahmen fixiert, sodass er sich nicht mehr bewegen kann und die Ansteuerung eines vorher berechneten Zielpunktes möglich ist. Nach der computergestützten Planung wird durch

eine kleine Schädelöffnung beim wachen Patienten der Zielpunkt im Tumor angesteuert und die Probe entnommen. Es können aber auch kleine radioaktive Stifte in den Tumor eingelegt werden, sodass dieser von innen zerstrahlt wird.

10 Histologie: Gewebeproben von einem Tumor werden in feine Scheiben geschnitten, gefärbt und unter der starken Vergrößerung eines Mikroskops betrachtet. Durch diese Untersuchung kann die Bösartigkeit eines Tumors eingeschätzt werden.

11 Karins Geschichte ereignete sich zwischen 1977 und 1980. Obwohl es inzwischen bei der Behandlung von Hirntumoren viele Fortschritte gab, hat sich jedoch die Überlebenszeit von Patienten mit Gliomen nicht wesentlich verbessert. Heute würde man das Wachstum des Tumors nicht mehr mit einem Computertomographen, sondern mit empfindlicheren Magnettomogrammen kontrollieren. Bei niedergradigen Gliomen würde man auch heute noch abwarten. Bei einem Tumorwachstum wird eine Operation empfohlen, diese wäre, wie bei Karin, jedoch wegen der Nähe des Tumors zum Sprachzentrum auch heute nicht möglich. Allerdings wird an einigen Kliniken eine Tumoroperation durchgeführt, bei der der Patient wach bleibt und fortwährend sprachliche Aufgaben erfüllen muss, damit der Operateur eine Verletzung der Sprachregion sofort bemerkt. Nach dem heutigen Stand wäre eine stereotaktische Hochpräzisions-Strahlentherapie möglich; dabei handelt es sich um eine millimetergenaue Höchstdosisbestrahlung des Tumors mit einem Linearbeschleuniger (Cyber-Knife), die so präzise ist, dass durch eine einmalige Bestrahlung der Tumor unter Schonung des umliegenden Gewebes zerstört wird. Um wie viel länger Karin unter Ausschöpfung dieser neuen Methoden gelebt hätte, kann indes niemand sagen.

DANKSAGUNG

Ich bedanke mich bei Prof. Alfons Hamm, Direktor des Instituts für Klinische Psychologie der Ernst-Moritz-Arndt-Universität Greifswald, sowie bei Prof. Harald Freyberger, Direktor der Psychiatrischen Universitätsklinik Greifswald/Stralsund, die mich durch Anregungen und kritische Diskussionen bei der Entstehung dieses Buches unterstützt haben.

INHALT